中國學術思想 研究輯刊

十四編

林慶彰 主編

第 15 冊

魏晉士人之悲情意識研究（下）

黃雅淳 著

花木蘭文化出版社

國家圖書館出版品預行編目資料

魏晉士人之悲情意識研究(下)／黃雅淳 著 — 初版 — 新北市：
花木蘭文化出版社，2012〔民101〕
目 6+204 面；19×26 公分
（中國學術思想研究輯刊 十四編；第 15 冊）
ISBN：978-986-322-025-1（精裝）
1. 魏晉南北朝哲學　2. 知識分子
030.8　　　　　　　　　　　　　　　　101015380

ISBN-978-986-322-025-1

中國學術思想研究輯刊
十四編　第十五冊　　　　　　ISBN：978-986-322-025-1

魏晉士人之悲情意識研究（下）

作　　者　黃雅淳
主　　編　林慶彰
總 編 輯　杜潔祥
出　　版　花木蘭文化出版社
發 行 所　花木蘭文化出版社
發 行 人　高小娟
聯絡地址　新北市永和區中正路五九五號七樓
　　　　　電話：02-2923-1455／傳眞：02-2923-1452
網　　址　http://www.huamulan.tw 信箱 sut81518@gmail.com
印　　刷　普羅文化出版廣告事業
封面設計　劉開工作室
初　　版　2012 年 9 月
定　　價　十四編 34 冊（精裝）新台幣 56,000 元

魏晉士人之悲情意識研究（下）

黃雅淳　著

第六章　魏晉士人悲情意識之呈現（一）
——曹植的飄泊轉蓬

　　長久以來，文學作品被視爲一面鏡子，反映了當代的社會現實與歷史事件。然而，如此只看到作品與社會之間的關係，卻忽略了創造作品的主體——人。同時也忽略了文學自身最爲重要的內容——作家的感性衝動與激情。正如學者蔣述卓所言：

> 文學的本體，最終只能到人——眞實的具有極豐富的感性力量和生命衝動力的人當中去尋找。〔註1〕

本文從魏晉時期的眾多優秀詩人中選擇了曹植、阮藉、嵇康和陶淵明四位作爲論述的重點。因爲曹、嵇、阮、陶諸位較之其他詩人更富於典型意義。〔註2〕曹、嵇、阮、陶諸人，皆深懷儒學的濟世思想，眞切地關心現實政治。在青年時代，他們均有建功立業的理想，雖歷經挫折，對世事也未忘懷。其中，曹植所處的時代承接建安，身爲王室宗親，對用世從政始終懷有天眞而熱忱的期待，其政治情結至死不解。生活在天下多故的魏晉之際的嵇康、阮籍，一方面通過

〔註1〕　見蔣述卓《從文學本體出發看中國文學的發展》，《新華文摘》1987年第十期。
〔註2〕　黃節先生在《阮步兵詠懷詩注・自序》中嘗言：「（鮑）參軍沈抑藩府，（謝）康樂未忘華冑，其詩雖工，其於感發人心，不若嗣宗爲至。」在此期詩人的人生悲劇中，這兩類詩人儘管殊途同歸，但其人格詩品，卻頗有高下。《毛詩序》云：「詩者，志之所之也，在心爲志，發言爲詩。」作者心靈情感抒發的同時，也展現了他的胸襟懷抱。同樣是人生的悲歌，在不同的詩人作品中，涵蓋的思想、社會內容則有高卑深淺之別。故章學誠《文史通義》卷四〈質性〉中言：「吾謂牢騷者，有屈賈之志則可，無屈賈之志則鄙也」而曹、嵇、阮、陶等詩人，他們的文品及人品均有「屈賈之志」的堅持，故具有典型意義。

嵇康那種對司馬氏的大膽反抗和不合作態度中顯露出的忠臣烈士之節，依稀保留了曹植時代知識份子的政治熱情與鋒芒；另一方面，又通過阮籍那種遺落世事，飲酒放誕的處世方式，顯示了這一時期以及往後歲月裏，知識份子因受到挫折而扭曲的政治激情，和他們對現實政治更爲成熟的冷靜態度。到晉宋間的陶淵明，在關心世亂的同時，對政治生活採取了完全退隱的方式。他們在內心始終執著於對人生志業的追求，從汲汲用世到反抗現實，再從佯狂放誕到退隱躬耕，此四位的生命情調呈現了魏晉士人對待現實人生的變化過程。他們苦苦掙扎於其間，但終無計擺脫政治和人生的悲劇。曹植抑鬱而終；嵇康反抗而亡；阮籍放蕩自晦，仍未能逃脫統治者有形或無形的迫害之網；只有陶淵明，算是從主觀到客觀都實現了某種超越，然而，他爲這種超越所付出的痛苦代價也非比尋常。

由於魏晉社會中，充滿了嵇康所感慨的「大道愿不舒」或陶淵明所深嘆的「眞風告退，大僞斯興」式的道德淪喪和理想幻滅。對這些眞誠的詩人而言，不堪的是，他們不僅親眼目睹了那些不肖之徒，假傳統道德之名，行貪縱放蕩之實，在根本上背棄君父大節、綱常名教，卻盡量的藻飾虛禮，用「綜覈名實」手段打擊對手。而他們自己或因厭惡權勢者標榜禮教、陰行詐術的虛僞行徑；或爲避免政治迫害而晦跡韜光，甚且不得不親手埋葬一些夙昔的人生理想，並採納某些違心的行爲方式，混跡老莊、越禮任誕。作爲知識份子中出類拔萃者的曹、嵇、阮、陶等士人，在易代之際因理想破滅而感受到的內心痛苦與煎熬是非常深刻的。以下四章乃分別論之。本章先從曹植飄泊轉蓬的悲情論起。

第一節　吁嗟此轉蓬，居世何獨然——曹植一生的悲劇

充滿入世精神的傳統儒學強調知識份子的用世進取，從先秦到兩漢的儒者，都心無旁騖地致力於通經術、立功名，以實現其人生的價值。由於早期「道尊於勢」的遺風猶存，當時士大夫在政治生活中的地位相當崇高，心態較爲平衡。對宇宙、社會與人生的關係，不遑多加思慮。東漢以來，知識份子的社會使命感和獨立人格意識急劇發展，積極參與政治與追求個人精神自由這兩方面的渴望，變得日益強烈。然而，東漢以降，世道陵夷，社會動亂，

統治者在思想與政治方面對士大夫的箝制打擊日見嚴厲，威脅到知識份子的現實生存。而社會思想、道德、價值觀念的新舊變化，也嚴重衝擊到對士人的原有追求。尤其如曹植這類思想真誠的詩人，處世有強烈的理想主義傾向，其理想主義精神與他們一如往昔的渴求用世之志相互交織，往往令他們在現實政治中涉入極深而苦惱極重；而他們對儒家傳統道德和價值觀的看重，又使他們在社會意識形態的巨大擾動面前，陷於人生哲學的困惑與矛盾。而此種矛盾與困惑就在其後發展為玄學中對自然名教關係的思索，並引導一些士人開始在原有正統哲學之外去尋求答案與解脫。但在曹植生活的魏漢之際，哲學思想上尚沒有一套完整成熟的，可替代傳統價值系統的玄學理論來使像他這樣的知識份子解脫自慰，而他又偏具有執著的理想追求和近於楚《騷》的氣質個性，加上人生遭遇的不幸，種種因素，導致曹植在思想上長期處於新與舊、理想與現實衝突的狀態。精神上的徘徊追尋，情感上的迷網抑鬱，均通過詩作來抒發表現，此當是我們了解其悲情人生的總契紐。

曹植在青年時代，一度有被立為嗣子的可能和建功用世的機會。《三國志》本傳載：

> （植）每進見難問，應聲而對，特見寵愛。…太祖征孫權，使植留守鄴，戒之曰：「吾昔為頓丘令，年二十三，思此時所行，無悔於今。今汝年亦二十三矣，可不勉歟！」植既以才見異，而丁儀、丁廙、楊修等為羽翼，太祖狐疑，幾為太子者數矣。

曹植天資盛藻，魏武好文，故特蒙欣賞；同時曹植為人「性簡易，不治威儀，輿馬服飾，不尚華麗」（《三國志》本傳），亦有類其父不喜虛矯，「佻易無威重」的風格。為此，曹操頗覺「是兒類我」，有重用之意。雖然已立曹丕為世子，五官中郎將，但曹操卻在建安十九年出征孫權時，特意安排曹植鎮守鄴城。按曹魏制度，這一責任通常只有身為儲貳的世子才能承擔。以往曹操數次出征，也都是用世子曹丕鎮鄴，臨時處理國中的緊要事務。故從此次曹操臨行前的一番安排，可以看出其用心與期待。這是曹植一生在政治最被重視的時期，也是他實現理想的機會。然而很快曹操即對曹植失望。從表面看來是因「植任性而行，不自雕勵，飲酒不節」。建安二十二年，曹植「嘗乘車行馳道中，開司馬門出」，以致「太祖大怒，公車令坐死。由是重諸侯科禁，而植寵日衰。」（見《三國志》本傳）蓋曹操一向以陰謀權術待人，亦隨時提防他人以己之道，治己之身，故治國法度森然，對諸子也約束極嚴。

司馬門為王官外門，舊制除天子外嚴禁在此馳騁馬車。昔漢文帝時，太子曾與梁王共車入朝，過司馬門而不下車，遂被公車令張釋之劾為「不敬」。所以曹植的私開司馬門行馳道中的大膽之舉，不僅是公然違反了曹操的嚴規和一向的法度，其中還牽涉及僭擬天子儀制之罪。故曹操為之震怒，從此對諸子更嚴加防範，有事出征，必攜子同行，防備他們再有越軌行為。

由於曹植在其父心中地位的明顯下降，於是在建安二十二年，曹丕被正式立為太子。儘管如此，到建安二十四年，蜀將關羽圍攻駐襄樊的魏將曹仁，曹操還是欲以曹植為南中郎將、行征虜將軍去救曹仁，並準備召見曹植予以誡敕。雖然有此緩和父子關係並可望立功的機會，可是曹植卻因被曹丕灌醉而不能前去聽敕受命。曹操再次發怒，悔而罷之。

曹植雖在政治上失勢，但只要曹操在世，總存在復被起用的可能，其生命的安全也能得到庇護。而自曹操在延康元年病逝之後，曹植便不再能受朝廷的寬容。此時他二十九歲，從此結束了在鄴城的公子生活，開始了人生的痛苦經歷。

延康元年十月，曹丕受漢禪登位，是年冬，即遣諸弟就國。〔註3〕對曹植而言，被迫離開自幼習居的舊都鄴城去臨菑，情感上是非常痛苦的，何況在極堂皇的「就藩」理由下，隱含了極深的屈辱和悲哀。他內心骨肉分離的傷痛，在〈聖皇篇〉中，有委婉的表達：

> 祖道魏東門，淚下沾冠纓。扳蓋因內顧，俛仰慕同生，行行日將暮，
>
> 何日還闕庭？車輪為徘徊，四馬躊躇鳴。路人尚酸鼻，何況骨肉情。

在此之前，友人丁氏兄弟已被曹丕治罪殺死，此次曹植的離鄴，亦成為對他迫害的一個開端。第二年，在臨菑的「監國使者」灌均，秉承文帝的旨意，奏「臨滋侯植醉酒悖慢，劫脅使者」。因此罪名，曹植幾至被殺，由於太后的力請，文帝才先貶曹植為安鄉侯，再改鄄城侯。曹植在鄄城不久，又因「以信人之心，無忌於左右」，〔註4〕被東郡太守王機和防輔吏倉輯等誣陷。「機等吹毛求瑕，千端萬緒，然終無可言者。及到雍，又為監官所舉，亦以紛若」。〔註5〕曹植遂再次得罪，到黃初三年，始封鄄城王。當時曹氏諸王地位極其低

〔註3〕 曹植〈聖皇篇〉記此事云：「三公奏諸公，不得久淹留。藩位任自重，舊章咸率由。」按史載，是年11月始「復三公」，則曹植離鄴，必在11月後。

〔註4〕 同上註，《曹集詮評》卷八〈黃初六年令〉，頁128。

〔註5〕 同上註。

下，《通鑑》魏文帝黃初三年載：

> 諸侯王皆寄地空名而無其實；王國各有老兵百餘人以爲守衛，隔絕
> 千里之外不聽朝聘，爲設防輔監國之官以伺察之；雖有王侯之號而
> 儕於匹夫，皆思爲布衣而不能得。法既峻切，諸侯王過惡日聞。

而文帝對曹植又視爲待罪之臣格外加以折辱，在諸侯王皆爲郡王時，僅封曹植爲縣王，食邑減至二千五百戶，爲原建安時臨菑侯食邑的四分之一。黃初四年，曹植徙封雍丘，同時獲准在當年夏天入朝覲見。天眞任性的曹植又因此險些罹禍，史載：

> 初，植未到官，自念有過，宜當謝帝。乃留其從官著關東，單將兩
> 三人微行，入見清河長公主，欲因主謝。而關吏以聞，帝使人逆之，
> 不得見。太后以爲自殺也，對帝泣。會植科頭負鈇鑕，徒跣詣闕
> 下。……帝猶嚴顏色，不與語，又不使冠履。植伏地泣涕，太后爲
> 之不樂。詔乃聽復王服。（《三國志》本傳注引《魏略》）

曹植爲此一再上疏自責。更令曹植深慟的是，在京城期間，兄弟中〔註6〕與他友誼之情最篤的任城王彰暴疾身亡，或云是被文帝毒死；〔註7〕初秋諸王歸藩，有司又借口「二王歸藩，道路宜異宿止」，不許曹植與司馬王彪同路而歸。有感於同根手足「一形往不歸」而至親骨肉「離別永無會」，曹植作了淒愴悲婉的〈贈白馬王彪〉七章，如：

> 踟躕亦可留，相思無終極。秋風發微涼，寒蟬鳴我側。原野何蕭條，
> 白日忽西匿。歸鳥赴喬林，翩翩屬羽翼，孤獸走索群，銜草不遑食。
> 感物傷我懷，撫心長太息。（其四）
>
> 太息將何爲，天命與我違。奈何念同生，一往形不歸。孤魂翔故城，
> 靈柩寄京師。存者忽復過，亡歿身自衰，人生處一世，去若朝露分。
> 年在桑榆間，景響不能追。自顧非金石，咄唶令人悲。（其五）

曹植懷著悲苦的心情所見到的每個景物：寒蟬淒切、白日西匿、飛鳥投林，

〔註6〕　黃節注《曹子建詩集》中引《魏志》云：「卞皇后生文皇帝、任城王彰、陳思王植。孫姬生楚王彪。」

〔註7〕　《世說新語·尤悔》魏文帝忌弟任城王驍壯。因在卞太后閤並圍碁，並噉棗，文帝以毒置諸棗蒂中。自避可食者而進，王弗悟，遂雜進之。既中毒，太后索水救之。帝預敕左右毀缾罐，太后徒跣趨井，無以汲。須臾，遂卒。復欲害東阿，太后曰：「汝已殺我任城，不得復殺我東阿」。（見余嘉錫《世說新語箋疏》，頁895）

孤獸索群，無不是藉景抒發心中難堪之情。想起任城王的暴死，悲傷難已；回顧自身，也是朝不保夕。與任城王死別、與白馬王生離，人生之無常無奈，眞誠深情如曹植者，怎能不憤懣哀傷？而終文帝之世，曹植遂不再有入朝京師，母子兄弟相見的機會。

曹植情志所鍾，原在建功立業，雖屢遭罰黜，仍天眞地以爲立功是自己贖罪的最好方式。直到黃初四年獲譴後，他在上文帝的〈責躬詩〉中，還極力陳請：

> 願蒙矢石，建旗東嶽，庶立毫釐，微功自贖。危軀受命，知足免戾。
> 甘赴江湘，奮戈吳越。天啓其衷，得會京畿，遲奉聖顏，如渴如饑。
> 心之云慕，愴矣失悲。天高聽卑，皇肯照微。

他立功贖罪之心雖切，卻不知出征領兵，本具政治上的利害關係，苟若立功而增加聲望，更爲乃兄所不樂見，此種願望與請求，適足以增加文帝的猜忌與嫉恨而已。

一再求用而不遂，或許使曹植也終於對個中原委有所悟覺，於是他在黃初五年連上三表，將以前魏武賜與的鎧甲、銀鞍及自己所飼的駿馬全部交給朝廷。從表面看，此姿態只是表明其安於閒居之心，實際上則是欲以獻馬、鞍、甲等物來求得免於猜忌和迫害。〔註8〕也許，曹植此舉眞使其兄感到略爲放心。黃初六年，文帝東征途中，遂過雍丘宮與曹植相見，又給他增戶五百以示優待。這時曹植又開始夢想能蒙文帝諒宥，可再去「修吾往業，守吾初志」。〔註9〕但甫及一年，文帝在洛陽病歿，其子明帝即位。

太和元年，曹植名義上徙封浚儀，二年，又還封雍丘，到太和三年年底，又被改封到較爲富庶但離京更遠的東阿。這幾次徙封，不僅隱隱可見朝廷對他的猜疑之心依然未消，還透露出了明帝對曹植生活上雖可略加優待，但卻決不願他參與政事的基本態度。

在曹植的心中，其固有的政治熱情卻因處境的稍有改善而重新燃起。太和年間，他一再上表求用，指陳將略，議論朝政，對國事表示了極大的關心。

〔註8〕 周一良先生在《魏晉南北朝史札記》中，對《宋書·劉義慶傳》所載「世路艱難」，「不復跨馬」事申論以爲，當時「騎馬一事在某種程度上竟成政治野心之表現」；「劉義慶唯恐政治上遭猜忌，不敢復跨馬馳騁，遂轉而招聚文學之士，遊心於著述。」此雖是劉宋朝事，但當日曹植的身分處境，亦與之相類，甚且更加艱難。

〔註9〕 同註六。

時值三國鼎立中期，蜀將諸葛亮以攻爲守，屢出祁山，威脅魏之關中；孫吳與之遙相呼應，藉長江天險，據保東南，國勢方盛。曹魏面臨的是東西兩線作戰的形勢，但明帝即位之初，對吳軍事卻頗爲冒險，以致在太和二年，發生了大司馬曹休中周魴僞降之計，兵敗病死之事。素感「抱利器而無所施」（本傳）的曹植，在此壯士立功之秋，作詩表示自己的報國之志：

> 僕夫早嚴駕，吾行將遠遊。遠遊欲何之，吳國爲我仇。將騁萬里途，
> 東路安足由。江介多悲風，淮泗馳急流。願欲一輕濟，惜哉無方舟。
> 閒居非吾志，甘心赴國憂。（《雜詩》其五）

又上〈求自試表〉，陳說自己「與國分形同氣，憂患共之」，希望能有機會去「乘志蹈險，騁舟奮驪，突刃觸鋒，爲士卒先」：

> 志欲自效於明時，立功於聖世。……夫自衒自媒者，士女之醜行也。
> 干時求進者，道家之明忌也。而臣敢陳聞於陛下者，誠與國分形同
> 氣，憂患共之者也。冀以塵霧之微，補益山海，熒燭末光，增輝日
> 月。是以敢冒其醜而獻其忠，必知爲朝士所笑。

詩中表明忠於王室、效忠報國的心態。當時朝廷之內，亦隱藏危機。魏室一向不重宗親，所封諸王，毫無拱衛王室，藩屏天子的能力。而異姓之臣，卻已在潛結黨羽，暗懷叵測，一些有遠見的士人，開始深以蕭墻內的「鷹揚之臣」爲憂。曹植爲魏室至親，對此事之關切，尤過於他人。他在此時期所上的〈陳審舉表〉、〈求通親親表〉、〈諫發諸王國內士息表〉等，皆極力闡述宗王屏衛皇室的重要；所作的〈大魏篇〉、〈磐石篇〉、〈豫章篇〉、〈丹霞蔽日行〉等詩篇，也深含扶本培根之義。

　　然而，明帝對曹植的一系列建言，僅在枝末上有所採納，其餘大者，唯回文答之而已。至太和五年，明帝得子，曹植上疏求存問親戚，朝廷遂同意他在年底入覲，時隔八年，曹植終於重睹宮闕。在京期間，明帝對曹植一再賜食賜物，似乎優渥有加；次年二月，又以陳四縣封植爲陳王，邑三千五百戶。然而，曹植「每欲求別見獨談，請及時政，幸冀試用，終不能得」（見本傳）。當他意識到自己在朝中的位置，眞如當年不幸而言中，是「圈牢之養物」時，內心更爲凄愴：

> 微才弗試，沒世無聞，徒榮其軀而豐其體。生無益於事，死無損於
> 數，虛荷上位而忝重祿，禽息鳥視，終於白首。此圈牢之養物也。……
> 常恐先朝露，塡溝壑，墳土未乾而聲名並滅。（〈求自試表〉）

曹植心系王室，然而一再的失望落空，不斷的遷徙流離，加深了他內心的飄泊無依之感。在〈吁嗟篇〉中，他以轉蓬自喻，表達了自己的流離之苦：

> 吁嗟此轉蓬，居世何獨然！長去本根逝，宿夜無休閒。東西經七陌，
> 南北越九阡。卒遇回風起，吹我入雲間。自謂終天路，忽然下沈泉。
> 驚飆接我出，故歸彼中田。當南而更北，謂東而反西，宕若當何依，
> 忽亡而復存。飄颻周八澤，連翩歷五山，流轉無恆處，誰知我苦艱。
> 願爲中林草，秋隨野火燔，糜滅豈不痛，願與根荄連。

此詩逼真的地描繪出他連年播遷的痛苦感受，也繼承了屈原眷戀故土的情懷。黃節先生注此詩云：〔註10〕

> 屈原〈卜居〉曰：「吁嗟默默兮，誰知吾之廉貞。」子建此篇，……
> 意蓋本之。

又引丁晏曰：

> 《魏志·陳思王傳》：十一年而三徙都，常汲汲無歡。

在中國文人的文化意識中，本土觀念強烈，如屈原的〈招魂〉即反映了人們希冀將野外游蕩的魂魄招喚回家的宗教觀念。在空中飄泊的轉蓬離根而逝，無法把握自己的命運，只能隨風飄流。在〈九愁賦〉中，他又以孤客、獨舟、單雁自喻，表現了他的淒苦心境：

> 嗟離思之難忘，心慘毒而含哀。踐南畿之末境，越引領之徘徊。眷
> 浮雲以太息，攀登而無階。匪徇榮而愉樂，信舊都之可懷，恨時王
> 之謬聽，受姦枉之虛辭。揚天威以臨下，忽放臣而不疑。登高陵而
> 反顧，心懷愁而荒悴。念先寵之既隆，哀後施之不遂。雖危亡之不
> 豫，亮無遠君之心。……傷時俗之趨險，獨悵望而長愁。感龍鸞而
> 匿跡，如吾身之不留。竄江介之曠野，獨渺渺而汎舟。思孤客之可
> 悲，愍予身之翩翔。

他精神極度痛苦，惆悵於自己的處境，悒鬱寡歡。

曹植本博學多才，悟性極高，對老莊之學也素有研習，然而卻未能在當時復受到重視的老莊哲學中尋得解救之方，此乃與其稟賦的氣質有關。他對儒家積極有爲的人生哲學習染甚深，其氣質又多愁善感，故不能在老莊哲學中獲得安慰，反而與他固有努力進取的周孔遺教形成衝突，產生了更大的矛盾與困惑。他最終了解到嚴酷的現實不容許他實現儒家的濟世之志而憂憤；

〔註10〕見《曹子建詩集注》卷二，頁319及《曹集詮評》卷五，頁68。

同時，老莊的沖夷淡泊之教，尚不足以撫平心中的痛楚，但又隱隱搖撼著他一向入世的理想。如此，曹植在現實生活的沈憂積憤中，更有因儒道兩種思想的相互衝擊而造成的自我懷疑與批判，連環百結，不能自解，心態極爲痛苦複雜，就在太和六年十一月，他因「悵然絕望」，鬱鬱而終，年僅四十一歲。

第二節　願欲一輕濟，惜哉無方舟——曹植悲情的形成

曹植雖具有高貴的品質和卓異的才華，但卻先失寵於其父，繼而又受到其兄、侄的迫害猜防，始終未能實現其建功立業的夙願。其一生的政治失意就其本質而言是必然的。其原因具體有二：

一、思想性情與曹氏集團的政風不合

曹植素來抱有儒學的政治理想又具有不善利用時勢的拙誠耿介性格，其思想和爲人根本上與其父兄及曹氏集團有很大的不同。曹氏父子對於儒術並不看重其深層的社會政治理想而只崇尚其中雜以刑名法術的統治手段。《三國志》卷一〈武帝記〉謂曹操「少機警，有權術，而任俠放蕩，不治行業」；又云「攬申商之法術，該韓白之奇策」，可知他是崇尚法家的統治者。

文帝曹丕，與曹植閱歷相近且文才亦高，《三國志》卷二〈文帝紀〉稱其「天資盛藻，下筆成章，博聞強識，才藝兼該」。但在思想與爲人卻與曹植殊不相類，後人論丕植二人風格，每謂曹丕「巧詐」，曹植「拙誠」；〔註11〕或謂「文帝衰薄，陳思溫厚」，〔註12〕可見他們天性之不同。《三國志》卷二〈文帝記〉注引〈魏書〉中道出曹丕文化學術的淵源：

> 年八歲，能屬文，有逸才，遂博通古今經傳諸子百家之書。善騎射，
> 好擊劍。

由於曹丕自幼好習各類經傳諸子百家之書，又喜騎射擊劍，顯然其志趣近於政事統治之學，且不免受道、法、縱橫諸家陰謀權詐捭闔之術的影響。所以曹丕

〔註11〕見黃節注《曹子建集注》卷二〈當事君行〉（頁334），注引朱乾語：「事君之道，惟自盡其心，寧拙誠爲眾所惡，毋巧詐爲眾所愛也。魏志稱植任性而行，不自雕勵；丕御之以術，矯情自飾，宮人左右並爲稱說，故遂定丕爲太子。然則丕之巧詐，不如植之拙誠也。」

〔註12〕同上註，頁342，注引譚元春語：「文帝衰薄，陳思溫厚，眞詩人也」。

長成之後，內尊申韓，好用智謀，為人不誠，處世每「御之以術，矯情自飾」（《三國志》卷十九〈陳思王植傳〉）。曹植〈侍太子坐〉詩中有「翩翩我公子，機巧忽若神」之句，雖本意在褒美乃兄，但亦委婉道出了曹丕好權詐的特質。及至登上帝位，曹丕更是一面標榜仁孝，弘揚儒教，以為緣飾之具；一面卻恣意放縱，墮亂禮制，對臣下也有很多刻毒寡恩挾忿報復之舉。〔註13〕而其子明帝曹叡，同樣是「沈毅斷識，任心而行」、「特留意於法理」之人。可知曹氏統治者在行政上較倚重陰謀權術。

曹植的稟賦則與上述三曹不同，史書載：

（植）年十餘歲，誦讀書、論及辭賦數十萬言，善屬文。（《三國志》卷十九本傳）

曹植喜愛詩賦，最初或只是發自天性，久之，不免深受傳統詩教影響。《毛詩序》言《詩》之用，可以「經夫婦，成孝敬，厚人倫，美教化，移風俗」。析而言之，在古代，儒家詩教的功用大致有三：

（一）政治功能：如孔子所云「邇之事父，遠之事君」，使學者產生忠愛君父，憂國憂民的情懷，樹立政治理想。

（二）社會功能：《詩》中包含了豐富的社會生活內容，「可以興，可以觀，可以群，可以怨」，學者藉以通曉民情，匡正風俗。

（三）思想道德功能：因為《詩》「發乎情，止乎禮儀」，「樂而不淫」，「哀而不傷」，學詩者可以陶冶性情，培養美質。

曹植正是因為具有靈慧真摯的品質，又自幼耽愛詩賦，受到儒家詩教的薰陶，所以他的一生，於家國、君王、父母、兄弟、友朋之間。意篤念深，宅心誠厚；為人處世，也天真任性，不作巧偽欺詐之行。觀曹植所作之詩賦，儼然有儒者仁厚之風，劉熙載《藝概》中謂讀曹植詩「諷詠之間，悠然得其性情之正」，故推許為「風雅正宗」；鍾嶸《詩品》評曹植詩「其源出於《國風》」，「譬人倫之有周孔」；近人黃節先生注曹集，〔註14〕亦云：

陳王本國風之變，發樂府之奇，驅屈宋之辭，析楊馬之賦而為詩，六代以前莫大乎陳王矣。至其閔風俗之薄，哀民生之艱，樹人倫之式，極情於神僊而義深於朋友，則又見乎辭之表者，雖百世可思也。

正因詩如其人，所以同為曹氏父子之詩，或如曹操之蒼涼古直，或如曹丕之

〔註13〕《三國志・楊峻傳》載黃初中南陽太守楊峻無辜被殺之事，即為一證。
〔註14〕見《曹子建集評注》序，頁229。

新奇工巧，但唯有曹植之詩，方具有儒雅君子的莊嚴氣象和溫厚感人的情意襟懷。故方東樹在《昭昧詹言》中，結合曹植平生遭遇，感慨指出：

> 陳思天資既高，抗懷忠義，又深以學問，遭遇閱歷，操心慮患。故發言忠悃，不詭於道，情至之語，千載下猶爲感激悲涕。此詩之正聲，獨有千古，不虛耳。

再者，曹植不僅在藝術上受到屈原的影響，才華詞藻與之相彷彿而已；更主要的是他堅持理想，與靈均「屢方直之行，不容於世，上爲讒佞所譖毀，下爲俗人所困」的遭遇相近；而其詩中所具有的「苟余心之所善兮，雖九死其猶未悔」式的繾綣忠懷及至死不渝的追求理想精神，也與屈原情志相通。清人陳廷焯指出曹植詩：

> 幽深窈曲，瑰瑋奇肆，楚辭之末也；沈鬱頓挫，忠厚纏綿，楚辭之本也。……楚辭二十五篇，不可無一，不能有二。宋玉效顰，已爲不類，兩漢才人，踵事增華，去《騷》益遠。惟陳王處骨肉之變，發忠愛之忱，既憫漢亡，又傷魏亂，感物指事，欲語復咽，其本原已與《騷》合。故發爲詩歌，覺湘澤畔之吟，去人未遠。（《白雨齋詞華》卷七）

其言頗有見地。曹植詩中濃厚的《騷》意，實因內心恪守傳統儒學的道德理想，此亦可理解其一生極爲纏綿不解的思想矛盾與痛苦。

　　前文已言及曹氏集團治國行政倚重陰謀權術，對待知識份子亦是以權術相馭。曹操本人，對於是否信用士人，存在著一種矛盾，他出身寒族，雖好文學辭賦，但內心深處，對世族文士，懷有強烈的猜疑之心；但其政治家的才能和遠見，又使他對士大夫在政治生活中的作用頗爲重視，嘗謂「爲國失賢者亡」。〔註15〕於時天下多故，從利害上考慮，亦不可使士人散在民間，滋生事端，甚至用資敵國。總之，曹操對士人的政策，即是欲得一批謀國之臣的襄助，在政治上能培植魏基，統一天下之實利，且邀「得人之盛」的聲譽，〔註16〕又可在實際利害上消彌禍患於無形。但曹植衷心嚮往的政治，卻是純

〔註15〕見《通鑑》卷六十二漢獻帝建安二年。

〔註16〕曹操在把持東漢政權後，開始一再下令徵召士人中有「治國用兵之術」者爲魏氏出謀劃策，運籌帷幄。對盛有才名的文學經術之士，亦盡量網羅到曹氏集團之中。《三國志》中載：「太祖創業，召天下至德」（卷二十七〈王昶傳〉注引〈任嘏別傳〉）；曹植〈與楊德祖書〉亦云「吾王」對文士「設天網以該之，頓八紘以掩之」，使之「悉集吾國」。

粹儒家的周孔仁德之政。其所作〈惟漢行〉表述了他在這方面的理想：

> 三光照八極，天道甚著名。為人立君長，欲以遂其生。行仁章以瑞，
> 變故誡驕盈。神高而聽卑，報若響應聲，明主敬細微，三季瞢天經。
> 二皇稱至化，盛哉唐虞庭。禹湯繼厥德，周亦致太平。在昔懷帝京，
> 日昃不敢寧。濟濟在公朝，萬載馳其名。

天道無常，惟德是佑，躬行仁義，乃可終至太平。曹植理想的治國模式，與曹氏一向的政風自是完全不同。最末二句又特別揄揚昔文武周公的尊賢重士，王業昌明，更有異於曹氏的用人之術。在〈豫章行〉中，曹植還盛讚「周公下白屋，天下稱其賢」；〈當欲遊南山行〉中，也通篇稱頌王者不卻眾庶，化育人材的德業：

> 長者能博愛，天下寄其身，大匠無棄材，船車用不均。錐刀各異能，
> 何所獨卻前，嘉善而矜愚，大聖亦同然。

顯然，在統治者與士人的關係上，曹植所奉行的乃是先秦儒家「古之賢王好善而忘勢」〔註17〕的信條，和曹氏那種對士人苛刻少恩，僅圖一時之利用的做法大相徑庭。

在政治上，曹植固然不會公然反對曹氏的篡漢，但是，具有如丁廙所說的「天性仁孝，發之自然」品質的曹植，以其詩人式的溫厚多感，對漢室抱有同情是難免的。後人謂之「憫漢傷魏」，頗能見其內心紓曲之情結。《三國志》卷十六〈蘇則傳〉曾載曹植聞漢禪「發服悲哭」。其感傷的理由中，必然有一份對漢室故君的眷戀之情。而這種感情，是奉申商法術的操、丕等人所不樂聞的。此外，作為曹植的密友楊修和妻叔父崔琰等人的得罪，也可見出曹氏集團對曹植政治傾向的警惕。

楊氏世為大族，詩禮傳家，在東漢號「四世清德，海內所瞻」（《後漢書》卷五十四〈楊震傳〉）修父楊彪政治上始終忠於漢室，不仕曹氏，曹操對其甚為嫉恨，「時袁術僭亂，操托彪與術婚姻，誣以欲圖廢置，奏收下獄，劾以大逆」（同上），賴孔融力救得免死，遂一直託疾不出。

〔註17〕《孟子・盡心上》：「古之賢王好善而忘勢，古之賢士何獨不然？樂其道而忘其勢，故王公不致敬盡禮，則不得亟見。見且由不得亟，而況得而臣之乎？」孟子在此提出了「道」應置於「勢」（即政權）之上。因此傳統儒家的知識份子以「道」自居，而且相信「道」比「勢」更值得尊重。故往往以「道」的標準來批評政治、社會，且認為此是自己的分內之事，此即所謂「以天下為己任」、「天下興亡，匹夫有責」的觀念。

　　楊修少有才學思幹，仕曹後，因穎悟敏捷，善理政事，一度得到曹操賞識。又因他富於才思文藻，故滿朝軒冕，自魏太子以下，爭與之交好。曹植與他尤親密。儘管如此，楊修仍因他出身大族，父彪不與曹氏合作，舅氏袁術公開與曹氏為敵，以及他本人又與曹操政治上的反對派孔融、禰衡為友等社會政治背景而受到懷疑。曹操不欲他過多參與機密，窺知人意。而楊修雖然招忌，卻每因文人露才揚己之習，不思避嫌，又一再與諸侯交通往來，致使被人告發「與臨淄侯曹植飲醉共載，從司馬門出，謗訕鄢陵侯章」（《後漢書》卷五十四注引《續漢書》）其行為更引起曹操對其的反感和警惕。再者，他又捲入曹氏諸子間爭立的矛盾並觸犯曹操控制諸子的嚴格禁令，故最終曹操以其為「袁術之甥，慮為後患」，扣上「前後漏泄言教，交關諸侯」的罪名殺之。

　　崔琰出身冀州名族，年輕時師事名儒鄭玄，受到嚴格而正規的儒學教育。曹操消滅袁紹後自領冀州牧，辟崔琰為別駕從事。但崔琰在言語志趣上與曹操不甚投合，《三國志·崔琰傳》載曹操領冀州後：

> 謂琰曰：「昨案戶籍，可得三十萬眾，故為大州也。」琰對曰：「……
> 未聞王師仁聲先路，存問風俗，救其塗炭，而校其兵甲，唯此為先，
> 斯豈鄙州士女所望於明公哉！」太祖改容謝之。

顯然，從一開始，崔琰就因比較看重道義原則，而與曹操凡事只計較利害的作風相左。寒族出身的曹操，對世家大族的這種迂闊固執深感憎厭，當日雖不得不對崔琰之言權且從之，內心裡卻不免對此人的政治觀念產生懷疑和不滿。崔琰對曹操雖未表現出貳心，但當時曹操正處在逐步篡漢的緊密時期，自知事殊不易，反對者夥，故多疑善怒，對任何非議和批評，都極其敏感。對崔琰這類令曹氏不放心而又「朝上瞻望」的士大夫，尤其畏忌。時值崔琰作書與鉅鹿楊訓，語涉曹操封王事，曹操立即深文羅織，強調其書中所說封王「事佳耳」之「耳」字「非佳語」，「會當有變時」是「意指不遜」（見《三國志》卷十二〈崔琰傳〉）。於是定琰「腹誹心謗」，將他治罪並賜死。

　　崔琰死後不久，曹植妻子崔氏就被曹操藉故賜死，這正是政治上「植寵日衰」的一個結果。曹操以前認為曹植是「兒中最可定大事」，至此他對曹植的捨棄之意已昭然可見。

二、與曹丕的爭立太子

　　除了思想及人格特質的因素外，曹植人生失意的另一因素，和他捲入爭

立太子之事有關。當曹操在世之時，曹丕與曹植均有被立爲魏王太子的希望，雙方各有黨羽擁護，曹操亦長時期猶豫不決，其中情況十分複雜。

建安二十一年五月，曹操進位爲魏王，次年四月，始設天子旌旗，出入稱警蹕。天命在即，對太子之位的爭奪，也在曹操諸子中加緊進行。不論曹植是否情願，他確實被捲進入這場鬥爭，成爲世子曹丕的主要對手。

曹丕有承嗣大位的強烈欲望，倚朝歌長吳質爲謀主，在朝中廣結奧援。朝臣中主張立曹丕爲嗣者大致以兩類居多，一類是注重禮教宗法，講求循名責實的清檢貞素之士，如刑顒、崔琰、毛玠、徐奕、桓階、陳矯等；一類則是好權謀機變的奇智之士，如賈詡等。曹丕自己還活動「宮人左右，並爲之說」。史書中記載的曹丕與吳質密謀、曹丕問計於賈詡之事，均爲曹丕積極主動參與爭立的明證。

曹植身邊，亦有楊修和丁儀、丁廙兄弟爲之遊說，立曹植爲嗣的主張，一度也頗佔上風。其間，除丁、楊等人推波助瀾外，還有一些佞幸投機之徒，和曹植並非以道術相親，只是窺測魏武可能的用心，夤緣求進，追逐潮流。《三國志》中記述佞臣孔桂：

> 性便辟，……太祖愛之，……五官將及諸侯亦親之。其後桂見太祖久不立太子而有意於臨淄侯。因而更親附臨淄侯而簡於五官將。（卷三〈明帝記〉裴注）

雖此，但史書中未曾有明確曹植曾主動參予其事的記載。其後，曹操最終選擇了曹丕爲嗣，但爭立的餘波一直未曾止息，直至建安末年，曹植對曹丕的威脅依然存在。曹操臨死前，曾緊急召回駐節長安的曹彰，但未及曹彰趕到，操即溘然而逝。召曹彰回京的目的爲何，至今成謎，然當時有許多人猜測是與欲改立曹植有關。〔註18〕如《三國志》引《魏略》云：

> 彰至，謂臨淄侯植曰：「先王召我者，欲立汝也。」（卷十九〈任城王彰傳〉裴注）

或因此故，曹丕即位魏王的經過充滿了緊張氣氛與陰謀色彩。《三國志·陳矯傳》載：

> 太祖崩洛陽，群臣拘常，以爲太子即位，當須詔命。矯曰：「王薨於外，天下惶懼，太子宜割哀即位，以繫遠近之望。且又愛之在側，彼此生變，則社稷危矣。」即具官備禮，一日皆辦。門旦，以王后

〔註18〕任城王曹彰後來暴斃或與此事有關，參見前註八。

令，策太子即位。

經過這番對大位的爭奪，曹丕對曹植的嫉恨之心，可謂深入骨髓，即便已登上帝位，也未之稍減，仍銜恨甚深。以後若干年，對曹植的迫害之舉，多由此而發。至明帝曹睿即位時，曹植廢置已久，本不可能再對其侄造成威脅。不料在太和二年正月，當明帝去長安佈置對蜀軍事時，國內卻傳出流言，稱明帝已薨，從駕群臣將迎立雍丘王植云云。在京城的卞太后和朝臣都為之慌懼。明帝四月回洛陽後，對此事頗感不悅，對曹植的猜疑也由此大增。故不久後曹植上〈求自試表〉懇切求用，明帝卻始終「猶疑未見用」。〔註19〕因此，促成了曹植一生的轉蓬流離。

第三節　曹植的政治抱負與人格追求

一、願得展功勤，輸力於明君 —— 曹植的政治抱負

用世建功，是曹植縈繞終身，至死不解的政治情結。青年時期在〈與楊德祖書〉中，曹植曾明確表述他當時的理想志願：

> 辭賦小道，固未足以揄揚大義，彰示來世也。昔楊子雲先朝執戟之臣耳，猶稱壯夫不為也。吾雖薄德，位為藩侯，猶庶幾戮力上國，流惠下民，建永世之業，金石之功，豈徒以翰墨為勳績，辭賦為君子哉。

這樣的理想，表現出他在青年時期以辭賦為小道，只願建功上國的偏執情緒。至明帝太和年間作〈薤露篇〉則更能代表其平生志業的理想：

> 天地無窮極，陰陽轉相因。人居一世間，忽若風吹塵。願得展功勤，輸力於明君。懷此王佐才，慷慨獨不群。鱗介尊神龍，走獸宗麒麟。蟲獸豈知德，何況於士人。孔氏刪詩書，王業粲已分。騁我遒寸翰，流藻垂華芬。

曹植作此詩時已屆中年，經歷了種種人生變故，從翩翩佳公子成為鬱鬱不得志的待罪藩王，因此，詩中表現的思想追求，尤其能夠反映他終身所堅持的傳統儒學之宇宙觀、人生觀。詩中概括了儒學思想中生生不已，陰陽往復，逝者如川，不捨晝夜的宇宙觀以及「天行健，君子以自強不息」的人生哲學。

〔註19〕見《三國志》曹植本傳注引《魏略》。

而詩中更呈現了曹植願輔佐明君，建功立業，且著意文章，垂思翰藻，庶幾達到所謂「三不朽」境界的才志抱負，傳達出對內聖外王，垂教百世的傾心嚮慕，此應可視為他人生追求的真實反映。

　　曹植生逢亂世，從小常隨其父在軍中，所見到的宮室焚燒，田園荒蕪，「白骨露於野，千里無雞鳴」的悲慘景象，使他對艱難的國事和轉死流亡的百姓極為關切和同情。由於受其父雄才大略的影響，曹植期望能在戰亂的時代裏，努力實現「皇佐揚天惠，四海無交兵」（〈贈丁儀王粲〉）的宏願，以解除天下生民的痛苦。而他在太和年間，一再求用時言：

> 太上立德，其次立功，蓋功德者所以垂名也。名者不滅，士之所利，故孔子有「夕死」之論，孟軻有棄生之義。彼一聖一賢，豈不願久生哉？志或有不展也。是用喟然求試，必立功也。〔註20〕

此顯示了曹植對建功立業的執著追求。且曹植身為「藩侯」，與魏室分形共氣、同幹連枝，有極親近的血緣聯繫，故對國家的盛衰治亂極為關切。而這種責任感伴隨著他的一生，雖屢遭兄侄的猜忌折辱而始終不變，在〈吁嗟篇〉中云：

> 願為中林草，秋隨野火燔，糜滅豈不痛，願與株荄連。

他在歷經摧折、不被見用之後，雖見出司馬勢力威脅魏室，國祚危殆，仍決心與曹魏政權同憂共患的忠懷，真乃「仁人孝子」之襟懷也。〔註21〕

二、子臧讓千乘，季札慕其賢──曹植的人格追求

　　從曹植的主觀願望來看，他所希望的只是建功立業，本人並無爭立之心，亦從未為此施用過權術密謀。而其用心的隱微曲折，始終未能為當時人所照察諒解，而文帝等恐其爭位的耽心，有類於鴟鵂之好腐鼠而猜疑鵷鶵。曹植所蒙爭立之名，實關涉到他一生的政治抱負和對理想人格的追求態度，故以下對此略作闡釋。

〔註20〕見《三國志》本傳注引《魏略》。
〔註21〕《曹子建詩注》〈吁嗟篇〉注引朱緒曾言：「子建藩國屢遷，求試不用，願入侍左右，終不能得，發憤而作。『願為中林草』四句，即表所云：『使臣得一散所懷，擴舒蘊積，死不恨矣』之意。無如明帝迄不用，而陳王發病薨。迨明帝顧命，將以燕王宇為大將軍，又納劉放孫資之奸說，改命曹爽、司馬懿。爽遂為懿所殺，魏室英賢誅鋤殆盡，而國祚遂移於典午矣。陳王此詩及〈陳審舉表〉，蓋已預知之焉。……此詩真仁人孝子之詞。」

誠然，崇奉儒學理想的曹植志在用世行道。但出於傳統的「道高於勢」的觀念，儒家知識份子最高理想的實現方式，並非身作帝王，主宰天下，而是要以道術文章為王者師友，輔佐明君，推行教化。〔註22〕此點實為曹植無意與其兄爭奪大位的最重要因素。除此之外，曹植尚有兩重難以逾越的心理障礙，使得他不欲爭取為太子。首先是他固執的忠義觀念，讓他難以割棄與漢室的君臣之分，當時曹氏之篡漢，已如弦上之箭，為其太子，首先須躬行篡政，親廢故君，此是曹植不忍也不願為之事。他在〈三良詩〉中言：「功名不可為，忠義我自安。」或許正說明了他認為人生不可覬覦非分，因為功名自有天定，惟當以忠義自勵的想法。其次則是曹植因深於孝友，而對其兄素懷有慊讓之心。如曹彰奉父遺命趕回洛陽後曾語曹植，先王「欲立汝也」，但曹植對此的態度卻是「不可，不見袁氏兄弟乎？」即此寥寥數語，已足可見曹植心跡。

在曹植詩中反覆出現的幾位古人形象，也向後世透露了他在這些方面的真正追求和內心苦衷。曹植心中的理想人物，是夷齊、季札和周公，他們都屬於兄弟手足間懷道行義的仁人君子。而曹植對他們的感懷，大抵包含了兩種意緒：景仰夷齊，主要呈現了他無意於萬乘之位，卻無法被人理解的苦心寂感；思慕周公，則更多寄託了他自矜才略，渴望盡忠國家卻憂讒畏譏的壯志幽懷。

曹植對夷齊之事的感慨，表達得非常隱微，在〈贈白馬王彪〉詩中，僅言「清晨發皇邑，日夕過首陽。」然而，當此任城王暴殂不久，與白馬王彪

〔註22〕　參見余英時《士與中國文化》中〈道統與政統之間──中國知識份子的原始型態〉，頁84～112。上海人民出版社，1996年六版。余英時先生概括出中國傳統的知識份子的四個特徵：「第一，在理論上，知識份子的主要構成條件已不在其屬於一特殊的社會階級，如『封建』秩序下的『士』，而在其所代表的具有普遍性的『道』。孟子所謂『無恆產而有恆心者，唯士為能』，其根據即在於此。第二，中國的『道』源於古代的禮樂傳統；這基本上是一個安排人間秩序的文化傳統。其中雖然也含有宗教的意義，但它與其他古代民族的宗教性的『道統』截然不同。因此中國古代知識份子一開始就管的是凱撒的事（余英時先生在此以『耶穌』和『凱撒』對舉，分指宗教事務與王國政事）；後世所謂『以天下為己任』、『天下興亡，匹夫有責』等等觀念都是從此濫觴出來的。第三，知識份子不但代表『道』，而且相信『道』比『勢』更尊。所以根據『道』標準來批評政治、社會從此便成為中國知識份子的分內之事。由稷下先生『不治而議論』的事觀之，知識份子這種『言責』早在公元前四世紀時即已為官方所承認。第四，但由於『道』缺乏具體形式，知識份子只有通過個人的自愛、自重才能尊顯他們所代表的『道』。此名便無可靠的保證。中國知識份子自始即注重個人的內心修養，這是主要的原因之一。他們不但在出處辭受之際絲毫輕忽不得，即使向當政者建言也必須掌握住一定的分寸。」

又被迫分道東歸的慘澹時刻，過首陽山而望夷齊之廟，理想與現實的巨大反差及由此生出的感慨，不言自明。黃節先生注此言：

> 子建特言首陽者，見古人兄弟讓國之賢。今文帝與任城王以兄弟猜忌見害，植與彪以兄弟而異宿止，即道路所經，隱然有曠世相感之意。〔註23〕

〈豫章行〉一詩中表現曹植此方面的情感思緒較為集中：

> 鴛鴦自朋親，不若比翼連。他人雖同盟，骨肉天性然。周公穆康叔，管蔡則流言。子臧讓千乘，季札慕其賢。

詩中，首先表達了曹植發自天性對骨肉親情的思慕與看重；亦委婉道出對當時魏室遠宗親而信任司馬氏等異姓狼顧之徒的政治諷諭。其次，曹植通過對季札讓國的仰慕來表達他自己徒效古賢，卻無人理解，難容於當世的寂寞與悲傷。《史記·吳太伯世家》〔註24〕記載：

> 二十五年，王壽夢卒。壽夢有子四人，長曰諸樊，次曰餘祭，次曰餘眛，次曰季札。季札賢，而壽夢欲立之，季札讓不可，於是乃立長子諸樊，攝行事當國。王諸樊元年，諸樊已除喪，讓位季札。季札謝曰：「曹宣公之卒也，諸侯與曹人不義曹君，將立子臧，子臧去之，以成曹君，君子曰『能守節矣』。君義嗣，誰敢干君！有國非吾節也。札雖不才，願附於子臧之義。」吳人固立季札，季札棄其室而耕，乃舍之。

曹植乃武帝曹操之少子，不僅地位身份與季札相類，內心對重友懷義的高邁襟懷，也悠然神往，〔註25〕故〈贈丁儀〉詩中，有「思慕延陵子，寶劍非所惜」之詩句。只是當日季札希宗子臧，無論是否被人理解，終可退耕於野，得遂初志。而千百載下，曹植復效季札之行，卻不僅有「以天下讓，時人莫之知也」的寂寞，〔註26〕更有甚者，是如此亦難以釋兄、姪之懷，終身求進

〔註23〕見黃節注《曹子建詩注》卷一，頁268。

〔註24〕見《新校本史記三家注並附編二種》卷三十一，頁1450，台北，鼎文書局，民國79年7月版。

〔註25〕《史記·吳太伯世家》（同前註，頁1459）中載：「季札之初使，北過徐君。徐君好季札劍，口弗敢言。季札心知之，為使上國，未獻。還至徐，徐君已死，於是乃解其寶劍，繫之徐君冢樹而去。從者曰：『徐君已死，尚誰予乎？』季子曰：『不然。始吾心已許之，豈以死倍吾心哉！』」

〔註26〕黃節注《曹子建詩注》卷一〈贈丁儀〉注中引文中子曰：「陳思王以天下讓，時人莫知之也。此詩於延陵而曰思慕，蓋亦有取延陵讓國事，特故隱其意耳。」

無門，求退無所。其所感受的悵惘，尤爲難堪。

而〈豫章行〉中亦表現了曹植對歷史上像周公這樣的宗室重臣，亦蒙受管蔡之徒流言中傷的憤慨之感。在〈怨歌行〉中，此感慨的寓意更顯深刻沈痛：

> 爲君既不易，爲臣良獨難。忠信事不顯，乃有見疑患。周公佐成王，
> 金縢功不刊，推心輔王室，二叔反流言。待罪居東國，泫然常流
> 連。……

以曹植的身分和才華，既無意於爭位得國，其最理想的用世模式，就是仿傚周公，輔弼王室，曹植內心中也確實以周公自況。由於自身的命運，他對周公當年忠信不顯，屢被猜疑，甚至因管蔡流言而避居東國，憂懼不已的處境，尤其有視昔如今，千古同悲之深慨。故曹植詩中有關周公的典故詞語，實爲曹植的夫子自道之言。在曹植詩中我們看到的是他那因內心情感與道義的激烈衝突而深感痛苦，以及他始終不願逾越兄弟君臣之份的苦心。

值得注意的是，曹植藉怨女思婦之情感表現出來的他對於自身用世不遂、志不獲騁的態度。如〈浮萍篇〉：

> 行雲有返期，君恩儻中還。慊慊仰天嘆，愁心將何愬。日月不恆處，
> 人生忽若遇。悲風來入帷，淚下如垂露。散籃造新衣，被服紈與素。

詩中的女子，在她已被故夫遺棄之後，猶冀君恩中還，雖慨嘆人生無常，爲之仰天而悲，潸然淚下，但其全部幽怨感遇之情，卻寄託在「散籃造新衣，被服紈與素」的芳容莊重之中。顯然，曹植內心所堅持的，始終還是屈原那種「進不入以離憂兮，退將修復吾初服」的芳潔自愛，孤高自賞的態度。而這種在人生失意之際，以操守信念自矜，「和淚試嚴妝」的心態，是中國士人固有的情操。它始自屈原，在漢魏時期，伴隨著士人對自我價值認識的深刻化而有了進一步發展。兩千年來，它不僅成爲知識份子心理人格特徵的一個重要部分，還形成了一種文學的表現傳統。直至近代的王國維先生，也還有「從今不復夢承恩，且自簪花，坐賞鏡中人」（〈虞美人〉）的深婉詞句。中國知識份子可貴復可哀之處，也在此種心態中見出。

漢魏之際，是中國古老歷史中學術與社會風氣發生巨變的一個時期。此時，那些具有詩人氣質而又堅持理想的士大夫，往往因感覺敏銳，產生遠比他人更爲強烈的內心衝突。且在哲學思想上尚沒有一套完整成熟的，可替代

見頁 262。

傳統價值系統的玄學理論來使曹植這樣的知識份子解脫自慰，而他又偏具有執著的理想追求和近於楚《騷》的氣質個性，且秉性「拙誠」，不善於投機利用，以至影響到他一生的政治遭遇。他曾捲入與其兄爭立的經歷，故加深了他的不幸，招致世人的誤解。人生遭遇的不幸，種種因素，導致曹植在思想上長期處於新與舊、理想與現實的彼此衝突狀態。他內心的沈憂積憤，執著的政治社會理想和深刻的矛盾與徨恐等，均在其詩中有曲折委婉的表露。其所秉持的道德標準及相關的社會政治思想，受到當時風氣變化的衝擊，精神上的徘徊追尋，情感上的迷網抑鬱，使其一生終如轉蓬般飄蕩在踽踽孤寂的人世間。

第七章　魏晉士人悲情意識之呈現（二）
——嵇康的幽憤孤哀

　　嵇康是返歸自然的玄學思潮造就出來的典型人物，然而卻是一個充滿悲情的典型。他對高邁人格的追求，內心裏強烈的儒學理想主義及思想中無時不在的憂患之感，這其中包含著甚深的歷史意蘊。論者或視嵇康為性格激烈、狂放任誕的文人典型，其實此非真知嵇康之言。因他性格激烈的表象之下，乃隱忍著他不肯苟合於世，用以鄙夷群小，力抗俗流以及入晉不仕的孤詣苦心。或有論者謂其言「非湯武而薄周孔」、「仁義為臭腐」，則必導致害時亂教、悖棄禮法的時風。其實不論任何世代，若無真摯熱切的心靈，只徒具形式的浮華外道又何益乎風俗世教？嵇康表面上是「越名教而任自然」，其實是以其狷介剛毅之氣，執拗之性拒斥俗流，以人格護衛名教，義不負心，體現了威武不屈的大丈夫志節。如果說王弼、郭象是以思辯方式建構了玄理哲學，用以會通儒道思想，嵇康則是以生命體現了儒道為一的真實內涵。雖然也由於性烈才高，好發議論而得罪當道，被假藉名目處以死刑。當其下獄之時，有大學生數千人為之請命。臨刑東市，視死如歸，顧日影援琴而彈奏絕世名曲「廣陵散」以逝。他完全藐視強權暴政而一任自然的殉道精神與壯美風彩，為魏晉士人的精神樹立了典範高標。本章則欲探索嵇康在辨名析理的智性形貌下，幽憤孤哀的生命情調。

第一節　家世與精神追求

一、嗟余薄祜，少遭不造 —— 嵇康的身世

　　嵇康，字夜叔，生於黃初五年（224 年）。據史書載：「本姓奚，其先避怨，

徒上虞，移譙國銍縣。以出自會稽，取國一支，音同本奚焉。」(《世說新語‧
德行》注引王隱《晉書》)由於史書對於嵇康先人中，究竟係何人因何事而避怨
改姓？其身份爲何？均無交待。且觀《三國志》注引〈嵇氏譜〉述嵇康先世，
僅舉其父兄，以及其兄嵇喜所作的〈嵇康傳〉，只約略述及「家世儒學」，皆未
提及其先世有過顯赫人物，故有學者考證嵇氏避怨改姓說或屬臆測。〔註1〕

　　其父嵇昭，字子遠，仕魏，官督軍糧，治書侍御史。其官職在漢魏年間，
內掌舉劾，出則督導軍糧事。職位不高且早亡，對其教育的影響無多，嵇康
遂由其母和長兄撫育長成。其另一位兄長嵇喜於他死後作傳云：

> 家世儒學，少有儁才，曠邁不群，高亮任性。不修名譽，寬簡有大
> 量。學不師授，博洽多聞。長而好老、莊之業，恬靜無欲，性好服
> 食，常採御上藥。善屬文論，彈琴詠詩，自足於懷抱之中。以爲神
> 仙者，稟之自然，非積學所致，至於導養得理，以盡性命，若安期
> 彭祖之倫，可以善求而得也。……超然獨達，遂放世事，縱意於塵
> 埃之表。撰錄上古以來聖賢隱逸，遁心遺名者，集爲傳贊。(《三國
> 志‧王粲傳》注引嵇喜〈嵇康傳〉)〔註2〕

雖然，他們本是儒學世學，但母兄或因念他從小失怙，對他特別寵愛。同時
他又天資聰慧，個性剛強，不太理會他人的批評和規誡，故養成他適情任性，
崇尚自由，隨順自然的純眞個性，使他慕好老莊。他在〈幽憤詩〉中也自述
這段童年經歷對其性格的養成：

> 嗟余薄祜，少遭不造。哀煢靡識，越在襁褓。母兄鞠育，有慈無威。
> 恃愛肆姐，不訓不師。爰及冠帶，馮寵自放。抗心希古，任其所尚。
> 托好老莊，賤物貴身。志在守樸，養素全眞。

〔註1〕 大陸學者侯外盧在《中國思想通史》中指出「賜姓命名，本極堂皇，在中世
紀初期，一定有微賤之族新發跡，爲塗澤一下門面，而冒用了貴姓，或詭稱
係由貴姓改成今姓的事」、「考康家居譙國，乃曹魏發跡之地，則自其父由賤
族而攀附升騰，實極爲可能之事」(第三卷，頁127、128，北京，人民出版社，
1957年版)侯氏認爲嵇氏家族若爲「避冤仇」就應該逃離本地後再改姓，但
史書上並無嵇氏家族遷徙之說。他又以爲嵇康是譙郡人，而曹操亦是沛國譙
郡人，曹操出身微賤，故當權後用了許多同樣出身微賤的故鄉之人。在當時
譙郡，「奚」爲有名望的大姓，故嵇氏很可能本出寒素，但譬此自稱本姓「奚」，
其後改姓，其實「嵇」應是本姓。

〔註2〕 嵇康之身世和事蹟，雖於史籍中多處述及，然皆屬片面記載，且眞僞相雜。
其中最爲可信，且亦爲最早之記述者，即推《三國志‧王粲傳》注中引述其
兄嵇喜所撰之〈嵇康傳〉。

從「嗟余薄祜」到「不師不訓」數句，表述了嵇康自小失父，賴母、兄扶持，耽於嬌養，疏於教訓的幼年生活境遇。在〈與山巨源絕交書〉中，嵇康亦有「少有孤露，母兄見嬌，不涉經學，性復疏懶」的類似表述；同篇又言「吾新失母兄之歡，意常淒切」，後一語可以看出嵇康對撫養其長成的母、兄的亡故內心極痛，所以在〈思親詩〉中有「奄失恃兮孤煢煢，內自悼兮啼失聲，思報德兮邈已絕，感鞠育兮情剝裂」深情詩句。而這種篤厚的天倫之情，亦可證明嵇康母、兄當年對他的殷勤呵護。加上對他「不師不訓」，故培養出他適情任性的性格。心理學家認爲，一個人早期的生活經驗，特別是童年的生活經驗，可以影響他成年以後的人格，〔註3〕而童年時的嬌養，則易養成一種表現在待人處世時的敏感和感情用事的心理特質。在中國傳統的個性受到約束的社會裏，養成這樣性格者並不多見，而嵇康卻由於幼年所處的這種父親早死，母兄嬌縱的特殊境遇，明顯影響到他日後形成的放誕任性，不受禮法約束的鮮明個性。「爰及冠帶」到「養素全眞」幾句詩，表現了這一個性在老莊思想影響下的進一步發展。老莊的清靜無爲，志在素樸自得，不執著世俗的富貴，此爲他託付生命的精神價值。

嵇康約在二十幾歲時，娶曹操之子沛王曹林之孫女長樂公主爲妻，但曹林這一系在正始年間並未進入權力中心，所以嵇康娶長樂公主後，只補了郎中的小官，不久拜中散大夫，也只是個七品的閒職，而且這閒職似乎也未認眞做過，因其生兒育女之後，仍依然鍛鐵洛邑、灌園山陽，依然游於山林。一生與曹氏政權並無更密切的關係，也一再拒絕司馬氏的辟用。但是不問世事的瀟脫並不意謂著忘情於世事，面對司馬氏集團的所作所爲，雖極爲不齒，然而無力鼎革除惡。因此，嵇康固因不苟同於司馬氏而「傲然自縱」，然而又坐視彼等大奸大惡，內心的隱憂與無奈之苦是難以言喻的。

正始十年（西元 249 年）春正月，太傅司馬懿乘大將軍曹爽兄弟隨帝朝高平陵，率軍發動政變，殺曹爽、何晏等八族，控制了政局。嵇康亦因此辭官而去，閒居不出直至遇害。原就好老莊的嵇康既絕於政途，對當權的司馬集團作消極的抗議。何晏、王弼逝世後，嵇康以多才多藝爲時人所矚目，與阮籍等時於竹林下酣游，世稱竹林七賢。《世說新語‧任誕》云：

〔註3〕　朱道俊《人格心理學》指出個體人格大約在六歲以前，便漸趨固定化。人格輪廓粗定以後的發展，多在型式上的充實。台灣商務印書館，民國 76 年 10 月，頁 5。

> 陳留阮籍、譙國嵇康、河南山濤，三人年皆相比，康年少亞之。預
> 此契者，沛國劉伶、陳留阮咸、河南向秀、琅邪王戎。七人常集於
> 竹林之下，肆意酣暢，故世謂竹林七賢。

竹林七賢並非一有組織性的政治或學術團體，他相互間交往的時間前後不一，政治態度和思想傾向也並不完全一致。隨著政治形勢的發展與司馬氏對異己勢力迫害的加重，山濤和王戎迫於現實，在司馬師繼任司馬懿任大將軍後，分別投效於司馬氏政權；阮籍也不得不擔任司馬氏的從事中郎。竹林七賢在山陽並居的交遊活動很快就分散了。嵇康對司馬氏戴著維護名教忠於王室的面具，而陰狠狡詐的踐踏真正的名教和篡奪自代的行徑深惡痛絕。先後寫了指斥六經的〈難自然好學論〉和〈與山巨源絕交書〉等對虛偽的名教及禮法之士嚴厲而尖銳的批判，這對「鑒於古訓，儀刑唐虞」（《晉書‧武帝紀》）的司馬氏而言，再再犯下了預伏殺身之禍的大忌。

隱士孫登嘗評嵇康「君性烈而才雋，其能免乎？」（《三國志，王粲傳》注引〈嵇康別傳〉）「才雋」則難為時輩所契知，「性烈」則不易為世俗所容合。那時，司馬師寵信的鍾會帶著試探與炫耀的態度前去造訪嵇康，卻受辱而返。《魏氏春秋》〔註4〕記載此事：

> 鍾會為大將軍所昵，聞康名而造之。會，名公子，以才能貴幸，乘
> 肥衣輕，賓從如雲。康方箕踞而鍛，會至，不為之禮，會深銜之。
> 後因呂安事而遂譖康焉。

文中謂鍾會「乘肥衣輕，賓從如雲」可見彼時他恃寵而貴，驕矜自滿之際，受康之羞辱，當是沒齒難忘，必俟機報仇，置康於死地而後快。司馬昭辟康任官，康亦不從，友人山濤舉康自代，嵇康甚至作「絕交書」以示決絕之意。書中公開表示「非湯武而薄周孔」，使司馬氏極為惱怒。此皆與當權派結下日後難解的仇怨。時值友人呂安被陷害入獄，嵇康詣獄為之辯誣，據《世說新語‧雅量》中注引《晉陽秋》云：

> 初，康與東平呂安親善。安嫡兄淫安妻徐氏；安欲告異遣妻，以咨
> 於康，康喻而抑之。異內不自安，陰告安摑母，表求徙邊。安當徙，
> 訴自理，辭引康。

當呂安引證嵇康以自清時，嵇康義不容辭地挺身而出，卻反而被鍾會羅織罪

〔註4〕 《世說新語箋疏‧簡傲》中注引，頁767。

名而下獄。注中又引〈文士傳〉〔註5〕中言：

> 呂安罹事，康詣獄以明之。鍾會庭論康曰：『今皇道開明，四海風靡，
> 邊鄙無詭隨之民，街巷無異口之議。而康上不臣天子，下不事王侯，
> 輕時傲世，不為物用，無益於今，有敗於俗。昔太公誅華士，孔子
> 戮少正卯，以其負才亂群惑眾也。今不誅康，無以清潔王道。』於
> 是錄康閉獄。

《晉書，嵇康傳》亦載述此事：

> （鍾會）言於文帝曰：「嵇康，臥龍也，不可起。公無憂天下，顧以
> 康為慮耳。」因譖「康欲助毋丘儉，賴山濤不聽。昔齊戮華士，魯
> 誅少正卯，誠以害時亂教，故聖賢去之。康、安等言論放蕩，非毀
> 典謨，帝王者所不宜容。宜因釁除之，以淳風俗。」

呂安的案件，實為千古冤獄，係為呂巽、鍾會和司馬昭為了各自的利害而將
一件民事案件政治化為重大的刑事案件，而置嵇康於死地是他們的共同目
的。嵇康遂在魏元帝景元三年（公元 262 年）被司馬氏所殺。史書記載嵇康
入獄曾引起太學生的強烈反彈及社會震撼，太學生集體請願，希望以嵇康為
師，盼望當局能網開一面，免去他的死刑。然而太學生的請願，更觸及了當
局者的隱憂，更應驗了鍾會「害時亂教」的說法，於是一面安撫請願的時賢
與太學生，一面加速對嵇康行刑的時間：

> 康之下獄，太學生數千人請之，於時豪俊，皆隨康入獄，悉解喻，
> 一時散遣，康竟與安同誅。〔註6〕

嵇康臨刑東市前，仍不改平日神情，優雅從容地索琴彈曲：

> 嵇中散臨刑東市，神氣不變，索琴彈之，奏〈廣陵散〉，曲終曰：「袁
> 孝尼嘗請學此散，吾靳固不與，廣陵散於今絕矣。」〔註7〕

他下場的悲憤與英烈，誠千古憾事。然他至死不悔的生命堅持與臨死不懼的
義士風範，令後人永懷不已。

二、抗心希古，任其所尚──嵇康的精神追求

　　對於嵇康所追求的理想人生境界，後人做過各種解釋。有的認為他志向

〔註5〕　《世說新語箋疏，雅量》中注引，頁 344。
〔註6〕　同上註。
〔註7〕　同上註。

高潔，於是猜想嵇康的心態是遨遊塵埃之外，不與流俗爲偶。在他們看來，嵇康彷彿不食人間煙火；〔註8〕或者認爲嵇康之主要心態，是憤世嫉俗，是對於司馬氏之不滿，他的忘情老、莊，並非其本願。他之與俗忤違，並非僅因其超俗之人生追求所致，他的理想人生乃在入世，但由於險惡的時局，所以他並未對這種入世的理想作出明確的表達。〔註9〕

其實，他們都是從嵇康的某一個側面推測心態的全貌。嵇康的親朋對嵇康的評論，當然是更爲可靠的了解他的心態的線索。他的好友向秀後來在〈思舊賦序〉中說「嵇志遠而疏」。距嵇康不太遠的李充在〈弔嵇中散文〉中說：

> 先生挺逸世之風，資高明之質；神簫簫以宏遠，志落落以遐逸；忘尊榮於華堂，括卑靜蓬室；寧漆園之逍遙，安柱下之得一。寄欣孤松，取樂竹林；尚想榮莊，聊與抽簪。……凌晨風而長嘯，托歸流而永吟。乃自足於丘壑，孰有慍於陸沈。〔註10〕

前引的嵇喜與向秀、李充，對於嵇康的描述更有人間意味，雖然他們沒有更詳盡的解說。從他們的這些描述裡，可以看出嵇康追求一種恬靜寡欲、超然自適的生活。這種生活的最基本的特點，便是返歸自然，但又不是不食人間煙火，不是虛無飄渺，而是優游適意，自足懷抱。這正是玄學思潮在人生理想上的一種典型反映。

羅宗強先生在《玄學與魏晉士人心態》中指出：「嵇康是第一位把莊子的返歸自然精神境界變爲人間境界的人」。〔註11〕他認爲莊子物我一體，與道爲一的人生最高境界，其實是一種純哲理的的境界，在現實生活中很難實踐。

〔註8〕 如江淹〈擬嵇中散言志〉以爲嵇康追求的是一種超塵絕俗的理想人生：「曰余不師訓，潛志去世塵。遠想出宏域，高步超常倫。靈鳳振羽儀，戢景西海濱。朝食琅玕實，夕飲玉池津。處順故無累，養德乃入神。曠哉宇宙惠，云羅更四陳。哲人貴識義，大雅明庇身。莊生慕無爲，老氏守其真。天下皆得一，名實外相賓。咸池饗爰居，鍾鼓或愁辛。柳惠善直道，孫登庶知人。寫懷良未遠，感贈以書紳。」（見《江文通集匯注》卷四）及夏完淳襲用江淹詩意，作〈嵇叔夜言志〉：「曰余厭塵罔，振衣潛羽儀，卓犖驚古人，灼灼揚高姿。遠眺八紘外，陵景希清夷。靈鳳矯羽翼，飄然雲際飛。明餐若木華，夜飲蒼淵池。悠悠莊周子，方能悟無爲。爰居饗鍾鼓，徒令達者嗤。長嘯倚天下，採藥南山陲。」

〔註9〕 如陳祚明則以爲：「夜叔情至之人，託於老、莊忘情，此憤激之懷，非其本也。詳竹林沈冥，並尋所寄：『典午』陰鷙，摧戕何、夏，惟圖事權，不斯之舉，賢者嘆之，非必於魏恩深，實亦醜晉鄙。」（見《采菽堂古詩選》）

〔註10〕 見《太平御覽》卷五百九十六。

〔註11〕 見《玄學與魏晉士人心態》，頁110，台北，文史哲出版社，民國81年11月。

但嵇康卻將莊子的人間境界人生化，把它從純哲學的境界，變爲一種實有的境界，「把它從道的境界，變成詩的境界」。

莊子主張返歸自然，泯滅自我，他認爲至人是世事無所繫念於心的，因之也就與宇宙並存，〈齊物論〉中言：

> 至人神矣，大澤焚而不能熱，河漢沍而不能寒，疾雷破山而不能傷，
> 飄風振海而不能驚。若然者，乘雲氣，騎日月，而遊乎四海之外。
> 死生無變於己，而況利害之端乎！

若能超越形體的限制，視死生爲一，同時泯滅物我的界線，就能達到坐忘的境界。進入這個境界之後，便可以隨物遷化，如其〈大宗師〉所言：

> 夫得者，時也，失者，順也，安時而處順，哀樂不能入也。此古之
> 所謂懸解也。

我既不必執著爲我，任自然而委化，也就一切不入於心。故莊子妻死鼓盆而歌；處窮居陋巷，而泰然自若，不受人間哀樂所擾。但這個逍遙的人生至境，難以落實在人生中。莊子提出這樣的哲理境界，或許是期望以這樣的精神去擺脫人間痛苦，是一種對亂世的悲憤之後的反思，但也可能成爲對現實的一種迴避。是以後人各以不同的角度去領悟莊子的返歸自然，由返歸自然而寡欲；或由返歸自然而無欲；甚至由返歸自然而縱欲等，幾乎都不能達到物我兩忘的逍遙之境。然而嵇康卻能把莊子坐忘的精神境界，變成了悠遊從容的生活方式：

> 息徒蘭圃，秣馬華山，流磻平皋，垂綸長川。目送歸鴻，手揮五弦。
> 俯仰自得，游心太玄。（〈兄秀才公穆入軍贈詩〉十九首之十五）
> 琴詩自樂，遠遊可珍，含道獨往，棄智遺身。寂乎無累，何求於人？
> 長寄靈岳，怡志養神。（同上詩之十八）
> 流詠蘭池，和聲激朗。操縵清商，遊心大象。傾昧修身，惠音遺嚮。
> 鍾期不存，我志誰賞？（〈酒會詩〉七首之四）
> 淡淡流水，淪胥而逝，泛泛柏舟，載浮載滯，微嘯清風，鼓楫容裔，
> 放棹投竿，優遊卒歲。（同上詩之二）

悠遊自得的生活，充滿著閑適情趣。他對莊子返歸自然之精神的實踐，不在於任情縱欲，而是表現在不受約束、隨情之所至的淡泊生活。建安以來的士人們在感喟時光流逝、人生短促之後盡情享受人生，在縱樂中有一份悲傷的情調。而嵇康是在對自然的體認中領悟人生的美，是以自己生命對整個大自

然生命的嚮往和契應，自然界無盡的美善唯有透過意境高遠的美心去感受、接納這一切，全神融入其間，獲致渾然忘我的陶醉，這是美的欣趣也是心靈美感的最大滿足。羅光在《生命哲學》一書中有段話，頗能解釋其中的理趣：

> 心靈的生命在發展的歷程中，常一面表達自己的美，一面接受其他物體的美。接受美為欣賞美，欣賞美為美和美相應。生命和生命相融洽，表達美為心靈生命的發揚。愛美，因此是人的天性。〔註12〕

嵇康憑著自己美感的心靈與大自然相接應，他遊獵垂釣或鼓枻泛舟，在閑適中流露一種寧靜的心境。可知嵇康所追求的人生境界充滿著莊子精神，包含著莊子理想人生的意蘊。〔註13〕

他的游心太玄，是一種淡泊樸野、閑適自得的生活，是一種實實在在的人生。正是在這種可感可行的生活中，他才進入心與道合，我與自然合一的境界。「目送歸鴻，手揮五弦」，是一種沈醉在悠閑自得的情景中忽有所悟的體驗。他片刻間體認到生命與自然臻於圓融的人生至樂，獨與天地同往來的忘我之境，但這種體驗是難以言狀的，以其有悟於道，故俯仰自得，從其中得到一種言不能傳的寧靜之美。

嵇康追求的只是一種心境的平和，一種不受約束的淡泊生活，這種返歸自然悠閑自得是建立在具有起碼的物質條件以及親情友誼的慰藉。在〈與山巨源絕交書〉中他說：

> 游山澤，觀魚鳥，心甚樂之。一行作吏，此事便廢，安能舍其所樂，而從其所懼哉！

他嚮往的是擺脫世俗的羈絆，回到大自然中去。他常常與向秀、呂安「率爾相攜，觀原野，極遊浪之勢，亦不計遠近，或經日乃歸，修復常業。」(《世說新語，言語》注引〈向秀別傳〉) 在〈與山巨源絕交書〉中舉出七不堪來陳述自己不願受到世俗的羈絆：

> 臥喜晚起，而當關呼之不置：一不堪也。抱琴行吟，弋釣草野，而吏卒守之，不得妄動：二不堪也。危坐一時，痺不得搖；性復多蝨，

〔註12〕見羅光總主教著《生命哲學》，頁174。台灣，學生書局，1988年11月版

〔註13〕嵇康從悠遊從容的生活中所要體認的，正是莊子所要追求道的境界，如遊心太玄，含道獨往等。他在〈答難養生論〉中言：「有主於中，以內樂外：雖無鐘鼓，樂已具矣。故得志者，非軒冕也；有志樂者，非充屈也，得失無以累之耳。……故順天和以自然，玩陰陽之變化，得長生之永久，任自然以託身，並天地而不朽者，孰享之哉？」即是受莊子的啟示，著重精神的滿足，而輕榮華富貴。

把搔無已，而當裹以章服，揖拜上官；三不堪也。素不便書，又不
喜作書；而人間多事，堆案盈机；不相酬答，則犯教傷義；欲自勉
強，則不能久；四不堪也。不喜弔喪，而人道以此爲重，已爲未見
恕者所怨，至欲見中傷者；雖懼然自責，然性不可化，欲降心順俗，
則詭故不情，亦終不能獲「無咎無譽」，如此五不堪也。不喜俗人，
而當與之共事，或賓客盈坐，鳴聲聒耳，塵囂臭處，千變百伎，在
人目前，六不堪也。心不耐煩，而官事鞅掌，萬機纏其心，世故煩
其慮，七不堪也。

此七不堪，皆在強調自己嚮往的是隨性自然的生活，官場生活不惟有俗務的
干擾，且亦有種種禮法的制約。自知無法忍受，恐將因此而遭禍。只有超脫
於世俗之外，才能有隨情適意的生活：

今但願守陋巷，教養子孫，時與親故敘闊，陳說平生，濁酒一杯，
彈琴一曲，志願畢矣。（同上）

臨川獻清酤，微風發皓齒，素琴揮雅操，清聲隨風起。（〈酒會詩〉
七首之一）

這裡充滿著生活的情趣與樸實的親情，雖處自然之中，卻未離人間，閒適愉
悅，自由自在。莊子純哲理的人生境界，至此成了具體的眞實生活。嵇康駐
足於人間，未曾岩棲隱遁，但他求返歸自然以自適，追尋生活的情趣與理想
的人生，處處有莊子的精神，而處處未離眞實人生。故學者認爲嵇康乃是「詩
化莊子的第一人」，實爲卓見。

對於這樣一種理想人生，嵇康是深思熟慮過的。他不僅在生活中實踐，
而且從理論上自覺追求這種理想人生。他對於如何處世的反復思索，亦呈現
了他在避禍遠世與堅持理想間的掙扎。〈卜疑〉正是這種心情的集中表露，全
文模仿《楚辭・卜居》的形式，藉「宏達先生」與「太史貞父」的對話，一
連提出了二十八種處世態度做爲選擇。這二十八種處世態度，歸納起來，大
抵是三類。

一類是入世。入世有種種方式，或建立大功業，「將進伊摯而友尙父」；
安享富貴淫樂，「聚貨千億，擊鐘鼎食，枕藉芬芳，婉孌美色」；或「卑懦委
隨，承旨倚靡」；或「進趨世利，苟容偷合」；或「愷悌弘覆，施而不德」；或
爲任俠，如「市南宜僚之神勇內固，山淵其志」，「如毛公藺生之山龍驤虎步，
慕爲壯士」等等。

　　一類為出世，或不食人間煙火，「苦身竭力·篳除荊棘，山居谷飲，倚岩而息」；或隱於人間，「外化其形，內隱其情，屈身隱時，陸沈無名，雖在人間，實處冥冥」；或逃政而隱，「如箕山之夫，穎水之父，輕賤唐虞，而笑大禹」；或修神仙之道，「與王喬赤松為侶」；或如老聃之清靜微妙，守玄抱一；或如莊周之齊物，變化洞達而放逸等等。他列出的這二十八種處世態度，可以說幾乎包括了士人出處去就可能的各種方式。而最後通過太史貞父之口，說出了一種選擇：「內不愧心，外不負俗，交不為利，仕不謀祿，鑒乎古今，滌情蕩欲。」這個選擇其實是一些行為準則，還沒有展開為生活方式。但是這已經說明，他並不像任情縱欲的思潮起來之後多數士人那樣把返歸自然當作只是生之本能，他對於返歸自然應該是一種什麼樣的生活，是認真思考過的。從嵇康的詩文中，我們清楚地感到，他有著一個十分明確的生活目標，有一個為自己描繪的非常動人的生活圖景。他嚮往於這樣一種雖處人間而超脫世俗之外，自由閒適、如詩如畫的生活，他一生的精神追求，主要的便是這點。

第二節　「剛腸疾惡，輕肆直言」的性格

　　嵇康雖「託好老莊，賤物貴身。志在守樸，養素全真。」（〈幽憤詩〉）嚮往隨性自由的生活，希望保持自己的高潔，不為世俗所沾染的心態。他作〈養生論〉言「愛憎不棲於情，憂喜不留於意」，要將愛憎、憂喜、哀樂等一切情緒從心中驅逐淨盡，以保持一種平和的精神境界。然而他卻能知不能行，不幸地伴有一個過於執著、切直的性格

　　《世說新語·德行篇》中載：

　　　　王戎云：「與嵇康居二十年，未嘗見其喜慍之色。」

其中注引〈嵇康別傳〉：

　　　　康性含垢藏瑕，愛惡不爭於懷，喜怒不寄於顏。所知王濬沖在襄
　　　　城，面數百，未嘗見其疾聲朱顏。此亦方中之美範，人倫之勝業
　　　　也。〔註14〕

此可見嵇康平日交往上，十分注意自節，做到喜怒不形於色。此亦是他在獄中作〈家誡〉告誡其幼子嵇紹如何在亂世中自保：

　　　　宏行寡言，慎備自守，則怨責之路解矣。……夫言語，君子之機，

　　

〔註14〕見余嘉錫《世說新語箋疏》，頁18。台北，華正書局，民國82年10月版。

機動物應，則是非之形著矣，故不可不慎。

學者常以爲〈家誠〉與嵇康之行事異趣，然而正由於他性格的剛直峻急、輕肆直言，卻要其子謹言愼行，莫在酒後失言得罪人；一方面勗勉孩子堅定志趣，不要自居凡俗，同流合污，一方面又要他適度妥協，別當高不可攀的聖人。這其中的矛盾曲折，正見出他面對時局的堅持與無奈。在〈與山巨源絕交書〉中，他也說明自己希望能如阮籍的口不論人過，與物無傷，但做不到。可見，與人交往時的喜怒不形於色，是他的理性修養，他所追求和平寧靜的人生境界是玄學思想對於情性的一種自我約束，並不是他的性格表現。他一旦感情激蕩，便難以自已，如他在〈與山巨源絕交書〉中自言「剛腸疾惡，輕肆直言，遇事便發。」他的剛烈不妥協，使他以「必不堪者七，甚不可者二」來拒絕山濤的推薦並與他絕交，因爲山濤的行爲與自己的人生理想大相背離。對於呂巽淫弟媳的獸行〔註15〕更是憤慨難忍，在〈與呂長悌絕交書〉中加以責斥與之決裂：

> 足下陰至阻疑，密表繫都，先首服誣都，此爲都故信吾，又（非）
> 無言，何意足下苞藏禍心耶？都之含忍足下，實由吾言。今都獲罪，
> 吾爲負之。吾之負都，由足下之負吾也。悵然失圖，復何言哉！若
> 此，無心復與足下交矣。

對於呂巽的失德與卑鄙，十分痛恨，也懊惱自己從前的識人未明，以至害死呂安。〈與山巨源絕交書〉中他又以「直性狹中，多所不堪」來概括自己的性情，正因自己性情耿直，氣量狹窄，對不合於己心之事難以容忍，有時甚至是以一種傲然蔑視的態度，如對鍾會。除了前引《魏氏春秋》敍其事，《世說新語・簡傲》篇亦載：

> 鍾要于時賢俊之士，俱往尋康。康乃鍛大樹下，向子期爲佐鼓排。
> 康揚槌不輟，旁若無人，移時不交一言。鍾起去，康曰：「何所聞而

〔註15〕據《世說新語・雅量》中注引《晉陽秋》：「初，康與東平呂安親善。安嫡兄淫安妻徐氏；安欲告巽遣妻，以咨於康，康喻而抑之。巽內不自安，陰告安捆母，表求徙邊。安當徙，訴自理，辭引康。」當呂安引證嵇康以自清時，嵇康義不容辭地挺身而出，卻反而被鍾會羅織罪名而下獄。注中又引〈文士傳〉中言：「呂安罹事，康詣獄以明之。鍾會庭論康曰：『今皇道開明，四海風靡，邊鄙無詭隨之民，街巷無異口之議。而康上不臣天子，下不事王侯，輕時傲世，不爲物用，無益於今，有敗於俗。昔太公誅華士，孔子戮少正卯，以其負才亂群惑眾也。今不誅康，無以清潔王道。』於是錄康閉獄。」（《世說新語箋疏》，頁344）

來？何所見而去？」鍾曰：「聞所聞而來，見所見而去。」

嵇康的偉岸清峻對照出鍾會的卑瑣狼狽，鍾會正是當權者眼前的紅人，如何嚥得下這等無禮與屈辱？故懷恨在心，嵇康也因此埋下殺機。

《魏志·王粲傳》注引《魏氏春秋》〔註16〕曰：

> 初，康採藥於汲郡共北山中，見隱者孫登。康欲與之言，登默然不對。踰時將去，康曰：「先生竟無言乎？」登乃曰：「子才多識寡，難免於今之世。」及遭呂安事，爲詩自責曰：「欲寡其過，謗議沸騰。性不傷物，頻致怨憎。昔慚柳下，今愧孫登。內負宿心，外靦良朋。」

《三國志·王粲傳》注引〈嵇康別傳〉亦云：

> 孫登謂康曰：「君性烈而才俊，其能免乎？」

孫登早就看出嵇康的剛直肆言是他的致命弱點，以他的「性烈而才俊」、「才多識寡」生當激烈複雜的魏晉之際，如何能潔身遠禍、保全身心呢？〔註17〕

嵇康雖嚮往莊子的死生無所動心、是非無繫於懷的境界，但在他的詩作中，卻見出他不僅性情剛烈，而且感情濃烈，在〈思親詩〉中云：

> 奄失恃兮孤煢煢，內自悼兮欷失聲。思報德兮邈已絕，感鞠育兮情剗

〔註16〕《世說新語箋疏·棲逸》中余嘉錫箋疏引，頁651。

〔註17〕歷來學者對嵇康、阮籍二人同是德行奇偉，爲衰世所不容，可是阮得以終其天年，而嵇則喪於司馬氏之手的原因，多歸於嵇康之性格，如《顏氏家訓·養生篇》中言：「嵇康著養生之論，而以傲物受刑」；〈勉學篇〉言：「嵇叔夜排俗取禍，豈和光同塵之流也。」宋人葉適則提出不同的看法：「吾嘗讀《世說》，知康乃魏宗室婿，審如此，雖不忤鍾會，亦安能免死耶？嘗稱阮籍口不臧否人物，以爲可師；殊不然，籍雖不臧否人物，而作青白眼，亦何以異。籍之得全於晉，直是早附司馬師，陰託其庇耳。史言：『禮法之士，疾之如仇，賴司馬景王全之。』以此而言，籍非附司馬氏，未必能脫也。今《文選》載蔣濟〈勸進表〉一篇，乃籍所作。籍忍至此，亦何所不可爲。籍著論鄙世俗之士，以爲猶虱處褌中。籍委身於司馬氏，獨非褌中乎？觀康尚不屈於鍾會，肯賣魏而附晉乎？世俗但以跡之近似者取之，概以爲嵇、阮，我每爲之太息也。」（《石林詩話》）葉適的意見，爲魯迅所認同。魯迅在〈再論「文人相輕」〉中言：「嵇康的送命，並非爲了他是傲慢的文人，大半倒因爲他是曹家的女婿，即使鍾會不去搬弄是非，也總有人去搬弄是非的，所謂『重賞之下，必有勇夫』者是也。」（《魯迅全集》第六卷，頁336），作爲曹家女婿，嵇康無可選擇地處於司馬氏的對立處，沒有轉圜的餘地。且如嵇康在〈家誡〉中開篇所言：「人無志，非人也。但君子用心所欲，準行自當。量其善者，必擬議而後動。若志之所之，則口與心誓，死守無貳。恥恭不逮，期於必濟。」此等「口與心誓，死守無貳」的性格，即便意識到面臨的危險，爲了堅持思想的獨立性，也仍會「師心」與「使氣」。此等獨立不羈的態度，自然容易招來殺身之禍。

裂。嗟母兄兮永潛藏，想形容兮内摧傷。感傷春兮思慈親，欲一見兮
路無因。望南山兮發哀嘆，感机杖兮涕汍瀾。念疇昔兮母兄在，心逸
豫兮儔四海。忽已逝兮不可追，心窮約兮但有悲。上空堂兮廓無依，
睹遺物兮心崩摧。中夜悲兮當誰告，獨抆淚兮抱哀戚。親日遠兮思日
深，戀所生兮淚流襟。慈母沒兮誰予驕，顧自憐兮心忉忉。訴蒼天兮
遠不聞，淚如雨兮欻成雲。欲棄憂兮尋復來，痛殷殷兮不可裁。

前文曾述及嵇康幼年喪母，由母、兄撫養成人，與母、兄感情至深。豈料在
嵇康心中如父親般的長兄逝世三、四年後，最疼愛他的母親也離開人世，使
嵇康頓失依靠。想到母、兄的養育之恩，看到空蕩的高堂上母兄用過的遺物，
不覺悲從中來。「奈何愁兮愁無聊，恆惻惻兮心若抽。愁奈何兮悲思多，情鬱
結兮不可化。」撕心裂肺的喪親之痛，是為人子者永世不可解的悲哀。嵇康
這樣濃烈的感情，而又具有剛直峻急的性格，他的人生理想與感情性格之間，
多少造成他內心的矛盾與孤獨。〔註18〕

　　此外，嵇康性格的「剛腸疾惡」，也或許與他的服食導養有關，史書載嵇
康「常修養服食之事」，又經常「採藥山澤」，曾隨王烈入山，採服石髓（未
乾的鐘乳）。「五石散」中諸味藥物如石英、硫黃等，多為增加服食者火氣及
引起精神反常的熱性有毒礦物。魯迅先生對服藥者的社會行為有深入的描
述，指出服五石散對人性格的不良影響：「晉朝人多是脾氣很壞，高傲，發狂，
性暴如火的，大約便是服藥的緣故。」〔註19〕在言及嵇、阮性格的差異時，
魯迅還指出了服藥與飲酒對所嗜者的心理上的不同影響。實際上，藥與酒這
兩種不同的化學物質在人生理上所引的作用亦復不同，慢性酒精中毒多使人
麻木遲緩，而藥之毒性，卻是令人狂暴欲絕的。可見，服食一事，在一定程

〔註18〕　亦有學者指出嵇康所表達出來的至篤親情和志在素樸，並不矛盾，因為他與
　　　　母兄的親情之愛是人生中的至情至性，是先秦儒家孔孟所崇尚的人間價值。
　　　　故由此「可看出嵇康是兼融儒、道兩家的人生價值觀」。（見曾春海《嵇康》，
　　　　頁3，台北，萬卷樓圖書公司，民國89年3月）但筆者以為，人性是複雜而
　　　　多面向的，在「超我」（理想我）與「本我」（真實我）之間的不能協調，是
　　　　人生普遍的困境，嵇康對老莊齊生死的境界應是雖不能至而心嚮往之的態
　　　　度。當然，這應也與魏晉時期「聖人有情」與「聖人無情」的玄學命題討論
　　　　的時代學風有關。此非本論文欲探討的主題，故在此不多論述。（關於魏晉時
　　　　期士人對「情」的態度，台大吳冠宏的博士論文《魏晉玄論與士風新探──以
　　　　「情」為綜合及詮釋進路》論之甚詳，可參看。民國84年4月）
〔註19〕　《魯迅全集》卷三〈魏晉風度及文章與藥及酒之關係〉，北京，人民出版社，
　　　　1981年版。

度上加劇了嵇康個性的峻急性烈。

第三節　嵇康的幽憤孤哀

劉勰《文心雕龍·明詩》中言：

> 正始明道，詩雜仙心，何晏之徒，率多浮淺。惟嵇志清峻，阮旨遙
> 深，故能標焉。

劉勰「清峻」與「遙深」二語，的確切中嵇、阮二人和他們的作品的不同之點。嵇康「嵇志清峻」的內容表現，當然首先是指其詩風的直切不隱，清朗勁健。其更深層的內涵，則揭示了嵇康在精神心理方面的兩大特質及有關的內在衝突。具體而言，所謂「清」，是指嵇康內心強烈的理想主義和追求完美至潔的價值觀念在他詩中表現出的理想與現實的完全無法溝通；所謂「峻」，是指他特有的剛雋激烈性格和任性不羈的為人，導致他詩**裏**顯示出的情感與理智的巨大矛盾。從社會心理學角度，大致可以說，前者表現為嵇康的自我與外物的衝突，而後者表現為嵇康的自我意識與深層意識（「個人無意識」）的衝突。以下便就這兩個造成他一生悲情的原因，加以剖析說明：

一、轗軻丁悔吝，雅志不得施──理想與現實的割裂

（一）自然與名教的執著對立

嵇康的胸襟高邁，才志雋異，博學該覽，性情曠逸不羈，其精神宗尚，反映了他的思想追求和人格層次。他本是「家世儒學」，但自幼父親的早亡，「學不師綬」，成長過程中甚少被約束，因此也在思想上養成不隨流俗的自由精神。這種雖經儒學傳統熏陶，又不曾束縛於經學禮法桎梏的童年機遇，對他成年以後的人生價值產生無形的影響，促成他在信仰上達到追求完美人格和偉大理想的至高境界。不僅以儒學為持身之本，在玄學上，亦能感知王弼、何晏「貴無」之說的精微用意，與阮籍共倡竹林之遊，徜徉林泉，寄情山水，越名教而任自然。

嵇康可以說是一個完全的理想主義者，其內心對儒學理想的追求極為認真，史云嵇康「少有青雲之志」，可見他很早就立志積極用世，建立功業。嵇康對自己的理想，每稱之為「大道」，在抨擊衰世的墮落時，常有「大道既隱」（〈卜疑〉）、「大道沈倫」（〈太師箴〉）、「大道愍不舒」（〈答二郭〉三）的感慨。

而所謂「大道」，在此固不乏一層老莊自然之道的玄虛色彩，但大道衰隱後導致的「智慧日用，漸私其親」（〈太師箴〉）卻更使人聯想到儒家「大道之行也，天下爲公」的理想境界。這種境界**裏**存在的，不僅有「選賢與能，講信修睦」，老有所終，幼有所養的社會大同之理想，也有敦誠仁愛，節義忠信的道德原則。傳統之儒學，本是一種社會理想與道德哲學、世界觀與人生觀融合一體的思想體系，而這時期對加以補充的老莊思想，又強調人格、精神的自由發展。這樣，嵇康對「大道」的景仰憧憬，也不僅僅是對某種社會公正的追求而更包括了對理想人格的追求。所以嵇康不僅對社會的黑暗、道德的淪失及權勢者對儒學原則的踐踏痛心疾首，更與司馬氏虛僞名教掩蓋下的殘暴統治產生極爲尖銳的對立。其詩文**裏**，也處處表現出對當世政治的批判，如〈答二郭詩〉中言：

> 詳觀凌世務，屯險多憂虞，施報更相市，大道匿不舒。夷路殖枳棘，
> 安步將焉如？權智相傾奪，名位不可居。

即充滿對此理想淪亡社會的一片憤世之情。他的〈太師箴〉對「季世」（末世）仕途的險惡、人心的虛僞和貪婪作了更直接的揭露：

> 季世陵遲，繼體承資。憑尊恃勢，不友不師。宰割天下，以奉其私。
> 故君位益侈，臣路生心。讒智謀國，不容灰沈。賞罰雖存，莫勸莫
> 禁。若乃驕盈肆志，阻兵擅權。矜威縱虐，禍崇丘山。刑本懲暴，
> 今以脅賢。昔爲天下，今爲一身。下疾其上，君猜其臣。喪亂弘多，
> 國乃隕顛。

在嵇康看來，一個混亂的世道必然上下腐敗，君臣相猜，賢者受脅，天下爲私，最終家國顛覆。嵇康的區分公與私，固然包含了他的政治觀，但其著眼點，其實更在士人的人格上。他認爲人格上的私，即是一種虛僞的人格，其〈釋私論〉中言這種自我之私，在包裝之下，完全喪失了自然的本質：

> 唯懼隱之不微，唯患匿之不密；故有矜忤之容，以觀常人；矯飾之
> 言，以要俗譽。謂永年良規，莫盛於茲；終日馳思，莫闚其外；故
> 能成其私之體，而喪其自然之質也。

這種人格將名教視爲外在的行爲規範，僅僅從名份上考慮自身行爲的是或非、公或私，因此必然地將他們自己內心的私心隱匿起來，而現出道貌岸然的樣子（作「矜忤之容」），講許多言不由衷的話（發「矯飾之言」）來博取名譽。而他所欣賞的自然人格，則是行爲光明磊落，心胸坦蕩的本質：

> 君子既有其質，又睹其鑒；貴乎亮達，希而存之；惡夫矜吝，棄而
> 遠之。所措一非，而內愧乎神；所隱一闕，而外慚其形。言無苟諱，
> 而行無苟隱。不以愛之而苟善，不以惡之而苟非。心無所矜，而情
> 無所繫，體清神正，而是非允當。忠感明天子，而信篤乎萬民。寄
> 胸懷於八荒，垂坦蕩以永日。

這種自然坦蕩的君子之質，無法忍受虛偽，故不掩飾自己心中所想，也不會
因人的好惡而扭曲是非的界限。無所畏懼，故在言語行為上決不苟且隱藏，
體清神正，自在從容。自然地坦露真性情，卻不是刻意去擺出一種狂傲的姿
態，是在對自我的堅持上，不容去向虛偽的禮教妥協。嵇康嚮往的境界是：

> 傲然忘賢，而賢于度會；忽然任心，而心與善遇；儻然無措，而事
> 與是俱。

從嵇康對理想人格的思索上，終於得出「越名教而任自然」的行為指標。

　　但嵇康的精神人格追求，卻為當時的社會環境所不容。魏晉世路多艱，
執政者為篡逆天下，用盡陰謀手段，通過血腥的屠戮，夷滅政敵，戕害文士。
從司馬懿殺王凌而夷其三族起，到司馬炎的殺張弘而夷其三族，二十二年間
夷三族的就有六起。政治的高壓，給整個社會帶來一種惴惴不安的恐怖氣氛。
而思想上，由於司馬氏將其一切惡行，都以飾以禮法仁義，致使傳統價值的
外在尺度雖還具在，內容卻完全被偷換。崇尚道義，每失準則；堅守大節，
或遭禍患。執權勢者把持是非善惡標準，弒逆之徒，遂成忠臣。甚至精神生
活領域，權勢集團亦欲竊為禁臠，如鍾會所主張的，「今皇道開明，四海風靡」，
當使「邊鄙無詭隨之民，街巷無異口之議」，務不可讓人擅自標立，「負才亂
群惑眾」。〔註20〕當時一些鄉愿之士，小人之儒，曲學阿世，媚俗取容，為區
區名位，亦甘心作統治者之工具，迎合其旨意，成為社會中體現一般道德水
準的「集體意識」的奉行者。權勢者亦通過他們，將專制的範圍，擴張到人
們的思想觀念、生活方式等之上。

　　面臨這樣的仕途，當時的知識份子們，精神上普遍感到壓抑和困擾。他
們中的許多人，儘管內心深奉儒學，卻都採取了崇尚老莊，任誕放達的方式，
對統治者作消極反抗。像與嵇康齊名的阮籍，在險惡處境之中，酣飲長醉，
佯狂自晦，雖內心深懷焦慮，卻終苟全性命。唯有嵇康，可謂我行我素，無
視權威，對當時的政治和社會，都採用直接衝突的態度。鍾會之流說他「輕

〔註20〕見《世說新語箋注疏‧雅量》注引〈文士傳〉，頁344。

時傲世」，〔註21〕倒並非無端構陷之語。所謂「輕時」，實際上反映了嵇康政治上對權勢當局的不合作態度；而「傲世」，則表現了嵇康精神上對代表所謂「集體意識」，亦即權勢附庸的社會流俗的鄙棄和抨擊。

他所標舉的「越名教而任自然」可以有許多不同的生活方式，如在行為上的放縱，任情而行，例如《晉書》本傳中記載阮咸居母喪時，愛上前來弔唁的姑母婢女，其後阮咸姑母攜此婢女離開，阮咸情急之下，不顧身服重孝，遽借客人的馬匹急追此婢，後與此女並騎而返，引起時人的議論批評。本傳中亦載他曾在族人集會時與群豬共飲的狂野行徑；或者如劉伶的裸形屋中，客來而處之泰然的狂態等。他們雖不受名教約束，卻與世無爭，只求自適，故最後亦能以壽終。「越名教而任自然」還可以有另一種生活方式，如孫登，岩居穴處，亦與世無礙。

但嵇康卻與他們不同，他對「越名教而任自然」的認真執著，使他自己在整個思想感情上與世俗及當政者對立。特別是他把這種對立落腳在「非湯、武而薄周、孔」之後，他便把自己從超越名教、返歸自然的願望中拉回世俗敵對者的位置上，而這正是他自己也預料不到的。這種以己之執著高潔來突顯世俗之污濁、名教之偽飾的態度並不是他的初衷。前節論其性格時曾引史書云其「性慎言行」，又王戎與他共居山陽二十年卻未曾見他面有喜慍之色，可見他內心何嘗不懷小心處世、默跡晦名之想。但社會現實卻注定了他無法跳出政治和思想的是非之地，更無法逃名遯世。如唐代牛僧儒評論〈養生論〉之言，他「能忘名利之名，而不能使人忘其名」。〔註22〕當時的政治氣氛，可以容忍阮咸、劉伶的狂放，可以容忍孫登的隱逸，而決不能容忍嵇康如此執著的存在，故他最終為司馬氏所殺，乃是必然之事。而嵇康這種對高遠理想刻苦追求，並堅決不與俗世妥協的態度，正表現出詩人思想中「清」的一面。而這樣的追求傾向，與魏晉之世的現實之間，距離極大。由此造成的，只能是他內心與外界的更加對立衝突。

（二）人間與仙境的雙雙失落

嵇康雖因其剛直的性格而表現出對俗世抗爭的勇氣，但面對強大的黑暗，內心的矛盾和痛苦仍是難以排遣的。他心中時時濃重的寂寞孤獨感，並為之憂思極深。這種情緒，來自他對時代、社會的巨大憂患，也與他覺醒的

〔註21〕同上註。
〔註22〕見戴明揚《嵇康集校注》卷三〈養生論〉引。

自我已隱隱意識到人與宇宙社會的真實關係後產生的精神上的憂思。《晉書》
載，嵇康「胸懷所寄，高契難期，每思郢質」。觀嵇康所著詩篇，可以感覺到
強烈的尋友求知之意，而「郢人」、「郢質」、「鍾期」是他詩中最常使用的典
故之一。但值得注意的是，在嵇康的現實生活中，先後有呂安、二郭兄弟以
性情相交，阮籍、山濤以精神識度相契，向秀以文學相友，王戎參其末流，
趙至和太學諸生為其追隨，總之，並不乏交遊。緣此，嵇康的苦求知音，在
很大程度上並不出於實際的需要，而是他孤獨的內心所流露的一種精神之寄
意。正因如此，在嵇康的詩裏也可以看出，他所期待的知友，從不存在於塵
世之中。〈述志〉詩云：

> 慷慨思古人，夢想見古輝，願與知己遇，舒憤啟其微。

〈酒會〉詩云：

> 酒中念幽人，守故彌終故，但當體七弦，寄心在知己。

〈遊仙〉亦云：「蟬蛻棄穢累，結友家板桐」。顯然，嵇康理想中希望的不過
是友仙、友隱、友古人，而此三類人，現實中均不可遇。雖然，以嵇康這樣
的人品，在當時黑暗污濁的社會中，有郢質不存，曲高和寡之感，是完全自
然的。尤其是嵇康已深切地感受到政治形勢對士人精神的壓迫以及對他個人
「轗軻丁悔吝，雅志不得施」（〈述一〉）、「雲網塞四區，高羅正參差，奮迅勢
不便，六翮無所施」（〈兄秀才公穆入軍贈〉）的遭遇十分感憤。但理想之夢的
破滅，並未能使嵇康放棄內心的原則去屈從現實。相反，它更激發了嵇康對
理想信念的執著不捨和對社會流俗的逆反心理，將濟世之志轉變為對「君子
之節」的堅執。在〈釋弘論〉中，嵇康反覆申言「君子」的處世原則：

> 夫君子者，心無措乎是非，而行不違乎道者也。何以言之？夫氣靜
> 神虛者，心不存乎矜尚；體亮心達者，情不繫乎所欲。矜尚不存乎
> 心，故能越名教而任自然；情不繫乎所欲，故能審貴賤而通物情。
> 物情順通，故大道無違；越名任心，故是非無措也。是故言君子，
> 則以無措為主，以通物為美；言小人，則以匿情為非，以違道為闕。
> 何者？匿情矜吝，小人之至惡；虛心無措，君子之篤行也。

雖然，「虛心無措」一類詞句，頗有老莊沖澹無為的意味，但實際上，它是以
表面上的無為來實現精神上的「守道」，是一種不屈於時，雖居紛亂之世而凝
然不改其初衷的獨立人格的表現。嵇康詩裏「嗟我征邁，獨行踽踽」，「遠遊
可珍，含道獨往」（〈兄秀才公穆入軍贈詩〉）的句子，也是這種肩負理想，守

道獨行的內心操守的象徵。

　　嵇康詩**裏**，一般採用兩種方式來表現他堅持理想、批判現實的態度，其一是以古非今，緬懷上古三代的治世與古賢人的高節；並二是出世遊仙，嚮往高潔的世外仙境。

　　嵇康以古非今，一方面是將心中的理想世界寄之於唐虞之世，另一方面則是將理想的人格許之於柳下惠，老萊妻，東方朔，原憲等古賢哲之士。在他所作的一組六言詩〈六言十首〉中，第一首即名〈惟上古堯舜〉，其中稱頌堯舜的「不以天下私親，高尚簡樸慈順，寧濟四海蒸民」。聯繫當時統治者司馬氏為一家一姓之私利，不惜用盡種種欺詐心機，逆取豪奪，竊據天下，戕害生民的行徑，此詩對現實的批判鋒芒是隱隱可見的。在第二首〈唐虞世道治〉中，嵇康也通過對上古之世「萬國穆親無事，賢愚各得志，晏然逸豫內忘」的褒美，影射譴責了「天下多故」，士大夫咸抱憂懼之心的黑暗時世。以下「知慧用有為」數首，亦諷刺非議了世俗社會違背自然，榮利是競的頹風。在這幾組詩的其餘幾首中，嵇康極力讚美東方朔、柳下惠等古之高士，對他們「內貞」、「靜恭」、「體逸心寬」的傑出品格備加推崇，朱嘉徵稱之為「歌內貞而自樂閑靜也」（《嵇康集校注》卷一注引）。其中，對能篤守君子之節的古賢原憲的稱頌，尤其寄託了他內心的理想人格模式。而此點，也顯示了嵇康思想與現實的抵觸。

　　與「崇古」相比，對仙境的追求，表現出嵇康更徹底的厭棄現實的傾向。而採用這一方式，或許是嵇康在理想與現實的衝突中，對任何世間之物都感到失望，以至將精神寄託，從社會更投向自然的結果。所以在〈答二郭〉詩之二中，有如下的詩句：

　　　　義農邈已遠，拊膺獨咨嗟。朔界貴尚容，漁父好揚波，雖逸亦已難，

　　　　非余心所嘉。豈若翔區外，餐瓊漱朝霞。遺物棄鄙累，逍遙遊太和。

　　　　結友集靈岳，彈琴登清歌。有能從此者，古人何足多。

嵇康筆下的仙境，是非常超世裏俗的場所，其「上蔭華蓋，下採若英，受道玉母，遂升紫庭」（〈重作四言詩〉之七）的安全寧靜氣氛，與黯淡而無望的塵世迥異。對自由的渴望，促成嵇康「逝將離群侶，策杖追洪崖」的選擇，而在此方面的典型詩作，是他的〈遊仙〉〔註23〕一詩：

〔註23〕此詩在流傳中個別字形有誤，如「隆谷」之「谷」，「王喬棄我去」之「棄」
　　　　等，戴明揚先生在《嵇康集校注》已作考訂。

> 遙望山上松，隆谷鬱青蔥，自遇一何高，獨立迴無雙。願想遊其下，
> 蹊路絕不通。王喬棄我去，乘雲駕六龍。飄颻戲玄圃，黃老路相逢。
> 授我自然道，曠若發童蒙。採藥鍾山隅，服食改姿容。蟬蛻棄穢累，
> 結友家板桐。臨觴奏九韶，雅歌何邕邕。長與俗人別，誰能睹其蹤。

此詩所用的語詞符號，提示了顯隱深淺兩層含意義。從淺層的含義來說，詩中先借對挺拔青鬱的山松之讚美來表現了對神仙境界的仰慕；然後寫出詩人在神仙導引下逍遙遨遊，領會自然之道中的快樂，最後則展現了詩人通過採藥服食的學仙實踐，達到了精神和形體上都超過塵世俗輩的高妙遐思。這一層含義與嵇康對神仙長生之術的誠信有關。且嵇康此詩中的許多描寫，令人聯想到儒學理想之境。「遙望山上松，隆冬鬱青蔥，自遇一何高，獨立迴無雙」的詩句所顯示的，完全是一種卓絕的人格特徵。它不僅在詞語上潛以孔子「歲寒而後知松柏之後凋」這一譬喻君子品格修養的名言為出典之一，在實際中，也象徵了嵇康的人格精神。如《世說新語‧容止》篇即載嵇康「蕭蕭如松下風，高而徐引」。其知友山濤亦云，「嵇叔夜之為人，巖巖若孤松之獨立」（同上）。至於篇末的「臨觴奏九韶，雅歌何邕邕」之句，亦頗帶有對儒家上古聖王制禮作樂的理想政治制度的懷想之意。而無論是宗教或政治的理想之境，嵇康對他們的嚮往，都是為了詩中所說的「長與俗人別」，即擺脫污濁的現實。

　　對於像嵇康這樣內心深懷政治和社會責任感而毫不苟且的知識份子，無論回返上古還是求仙問道之舉，都不過是不得已的思想寄託，它注定詩人無法通過此徑消除精神苦惱。在另一方面也可發現，嵇康雖意識到人的孤獨，但卻難以忍受孤獨。他以求仙求隱的方式表現了他自己與一般世俗的決裂，而他這份欲將自己內心世界、情感和自我寄託到另一些外在事物上的心情，更注定了他難以跳脫的幽憤。儘管如此，嵇康仍完全拒絕用犧牲理想來向現實妥協，而他的這一人生選擇，最終為他帶來了殺身之禍。

二、恨自用身拙，任意多永思——情感與理智的衝突

　　嵇康之處世，在其言行亦即其本心和實際所為之間，存在特殊的矛盾。《顏氏家訓‧養生》云：「嵇康著〈養生〉之論，而以傲物受刑」，可見古人於此已曾注意。嵇康身上，這種矛盾的表現是多方面的。比如，嵇康在哲學上慕懷莊老，宣言奉行其貞靜守雌，不忤外物之道，並極力令己「含垢藏瑕，愛惡不爭於懷，喜怒不寄於顏」（《世說新語‧德行》注引〈嵇康別傳〉），達到

夷淡沖和之境界，但實際為人卻「任俠尚奇」（《三國志‧王粲傳》）「不能被褐懷寶，矜才而上人」（《文選》卷十六〈思舊賦〉李善注引干寶《晉紀》），輕時傲世，頗招時忌。在處世之道上，嵇康以東方朔、柳下惠等安貧守賤，自足於懷，於外在之出處清濁略無著意的賢人達士為楷模，又諄諄告誡其子謹慎待人之道，但在實際的交遊出處上，卻難於晦跡韜名，和光同塵，與世推移。對司馬之黨，尤其不假辭色。在內心世界，嵇康堅守儒學傳統，注重忠孝大節，〈家誡〉中教子「當大謙裕」，「當全大讓。若臨朝讓官，臨義讓生，若孔文舉求代兄死，此忠臣烈士之節」，而自己卻一味「略脫禮法，縱酒跌蕩」，不僅倡「越名教而任自然」，甚至公開宣稱「非湯武而薄周孔」。凡此種種，不勝枚舉。而其所以有這些言行舉措的前後不一致之處，當時的隱者孫登認為是由於嵇康的「才高識寡」即才多智少、「性烈而才雋」（見《三國志‧王粲傳》注引）之故。後世亦有人認為嵇康過於清雋，如《世說新語‧品藻》載東晉簡文帝云：「嵇叔夜雋傷其道」，劉峻標注云：「道唯虛澹，雋則違其宗」。而歸根到底，嵇康在人格上表現出來的這種明顯的兩重性，除了前文分析過的政治社會等原因外，主要與他性格的「峻」即剛雋有關，由此，又形成他心中情感與理智的矛盾。

　　嵇康是一個正直，坦蕩，同時內心充滿矛盾的知識份子，當個人與社會發生衝突時，他對自己每有一種懷疑與自省的精神。這種精神，也流露在他的詩作之中，如〈述志〉之二中，即有「恨自用身拙，任意多永思」的自析之語。而表現他內心矛盾與反省最為集中的一首詩，是他被害前寫下的〈幽憤詩〉。此詩可以說是嵇康對自己一生的回顧與反省，其中尤其剖析了自身性格的特點和處世上的失敗之處。：

> 曰余不敏，好善闇人。子玉之敗，屢增惟塵。大人含弘，藏垢懷恥。
> 民之多僻，政不由己。惟此褊心，顯明臧否。感物思怒，怛若創痏。
> 欲寡其過，謗議沸騰。性不傷物，頻致怨憎。昔慚柳下，今愧孫登。
> 內負宿心，外恧良朋。仰慕嚴、鄭，樂道閑居。與世無營，神氣晏
> 如。咨予不淑，嬰累多虞。匪降自天，實由頑疏。理弊患結，卒致
> 囹圄。對答鄙訊，縶此幽阻。實恥訟冤。時不我與。雖曰義直，神
> 辱志沮，澡身滄浪，豈云能補。嗈嗈鳴雁，奮翼北遊。順時而動，
> 得意忘憂。嗟我憤歎，曾莫能儔。事與願違，遘茲淹留。窮達有命，
> 亦又何求。古人有言，「善莫近名」。奉時恭默，咎悔不生。萬石周

　　慎，安親保榮。世務紛紜，祇攪予情。安樂必誠，乃終利貞。煌煌
　　靈芝，一年三秀。予獨何爲，有志不就。懲難思復，心焉內疚。庶
　　勗將來，無馨無臭。采薇山阿，散髮巖岫。永嘯長吟，頤性養壽。

「日余不敏」到「實由頑疏」是全詩很關鍵的一段，它們集中表現了嵇康反
省了自己性格的弱點以及由此成的後果，即因「不敏」「好善闇人」，對世道
人心的險惡過於低估並缺乏應有的智術，以至「顯明臧否」，於險惡之世公開
作危言高論，譏評美惡清濁，遂導致「謗議沸騰」，「頻致怨憎」，令司馬氏鍾
會之徒嫉之若仇，必欲殺之而後快。所以清代沈德潛論此詩以爲：「『好善闇
人』，牽引之由；『顯明臧否』，得禍之由也。」（《古詩源》）而他們顯示了嵇
康在處世原則上是感情超過理智的。

　　所以，儘管嵇康「感悟思愆」，在理智上意識到「子玉之敗，屢增唯塵。
大人含弘，藏垢懷恥。民之多僻，政不由己」，願意「仰慕嚴、鄭，樂道閑居。
與世無營，神氣晏如」，總之晦默無爲，聊以依俗。但事實上他卻格於個人好
惡，行爲與理智之要求相去甚遠。所謂「不敏」、「不淑」、「褊心」、「頑疏」
等，均是如此。捨其性格因素不論，嵇康這種實際行爲對理智的嚴重偏離，
當出自其對儒學深層內涵的篤信與對虛僞崇尙禮法的司馬氏集團的強烈反
感。正如前面所分析的，儒家的高尙社會理想和汲汲進取的精神，對嵇康的
人生觀有很大影響。而他推崇忠臣烈士之節，性情剛亢，龍性難馴，骨子裏
也與《周易》「天行健」，剛強有力者勝的哲學相符而殊不類道家陰柔無爲，
柔弱勝剛強的理論。但嵇康對儒學的虔敬心情受到司馬氏竊國之徒並仁義而
竊之的無恥行徑的嚴重傷害，至使一向任性的嵇康走向統治思想的異端，轉
而到老莊哲學中去追求齊一物我是非，遺落世事。實際上，嵇康等人的崇奉
莊老，很大程度上是激於某種抗憤的情緒，可稱之爲「抗議型出世」。然而每
當應世處變之際，在嵇康思想中幾乎本能地起支配作用，牽制其行爲方式選
擇的，卻又總非在當時環境下最合乎理性的老莊保身哲學，而是儒學知其不
可而爲之的狂者精神。由於對司馬氏集團的政治反感，嵇康的舉動每每不免
情緒化，其結果，即是雖「欲寡其過」，卻總是「謗譏沸騰」；自言「性不傷
物」，依然「頻致怨憎」。最終，是「內負宿心，外恧良朋」，使自己和友人均
罹禍患。而致此結果者，正是他內蘊特質（或者言「情結」）引起的「行爲失
調」。〔註24〕

〔註24〕一個人的人格特質往往通過外顯的行爲來表現，如某人善言論、好運動等特

　　詩中「昔慚柳下，今愧孫登」尤其耐人尋味；柳下惠者，「三黜而不去其國」的有志之士，孫登者，嘿爾不言，隱道不仕的有道之士，而一仕一隱，各得其所。嵇康則於此二者均不可求，仕爲不願，隱亦不能，爲司馬氏所害的結局是不可免的。史載孫登曾當面對嵇康爲人不能理智地洞明世事的弱點提出忠告，以爲康「性烈才儁」，難以「全其年」，並深爲之惋惜，〔註25〕可以說對嵇康的性格特點和行爲矛盾看得很清楚，對他這種特質在現實中的悲劇性命運也早有預見。後世也有人認爲「魏之嵇生，蓋才有餘而學不至者。其情固不忘於用世，而動多悔吝，志不得施」（《嵇康集校注》・附錄・葉渭清《嵇康集》校記序）。而這些，都表明了嵇康理智與情感衝突造成的後果。而他在詩中能念及此，表明了嵇康本人對自己的行爲及後果亦並非沒有冷靜的觀照及反思。

　　即便如此，嵇康仍然不改其剛峻激烈的性格。從「咨予不淑」至「乃終利貞」的這段文字，表現了嵇康對自己無端被禍而感受到的強烈痛苦及憤懣、壓抑、怨尤、期待等種種複雜紆曲的心態。雖表面有悔禍訟冤之意，但其實全無在外來迫害前降心服罪之感。「理弊患結」、「時不我予」、「雖曰義直」等句，均直接表達對司馬氏的強烈抗拒，顯示了其剛直的性格。「嗟我憤嘆，曾莫能儔」，出於內心無比的沈痛與憤激，嵇康在詩中直書胸臆，疑古問今，寄心滄浪，神遊八荒。其悲悵憤鬱之懷，殆有類於陳祚明論阮籍〈詠懷〉所謂「如白首狂夫歌哭道中，輒向黃河亂流欲渡，彼自有所以傷心之故，不可爲他人言。」而其中「古人有言，『善莫近名』，奉時恭默，咎悔不生。萬石周愼，安親保榮。世務紛紜，祗攪予情」諸語，同樣是表現了嵇康內心理智與情感的矛盾及惶恐之感。

　　嵇康在獄中或許預感到自己可能不免於死，因此在全詩之末，於深嘆自己一生「有志不就」之後，亦爲以往行爲上的某些偏失而「懲難思復」，於是其理智又一次作出「庶勗將來，無馨無臭。采薇山阿，散髮岩岫。永嘯長吟，頤性養壽」之抉擇。但這一次他的情感是否會又出來擾亂理智的實現，或者

質，這些外顯的特質不僅別人觀察可見，自己也可覺察，此爲表面特質（surface traits）。但有些特質，蘊藏於個人潛意識之內，別人既不能直接觀察，個人也不易覺知，稱爲內蘊特質（depth traits）。這些人格特質綜合成爲一個有機的組織，表現在個體適應環境時，在其行爲上的傾向。而榮格心理學認爲，個人無意識中有所謂「情結」，它影響人的感情，並能在人的生活中使人行爲失調（參見張春興、楊國樞合著《心理學》第十一章，頁400～401。台北，三民，民國77年2月）。

〔註25〕參見《世說新語・棲逸》、《三國志・王粲傳》及裴注《晉書・嵇康傳》等。

說，嵇康是否將果眞如後世的蘇軾所說的苟得免死，勢將「掃跡滅形於人間，如脫兔之投林」，歷史沒有提供證明。只是，就在這幾句詩裏，我們也能發現情感因素的痕跡──「采薇」句中所含的夷齊隱於西山，不食周粟的典故，已暗示了與司馬氏不共戴天的仇視關係；而「散髮」句所寓的許由優遊林下的典故，也表現了嵇康那種天子不得臣，諸侯不得友的桀傲態度，儘管後來有人認爲這幾句詩是「華亭鶴唳，隱然言外」（見沈德潛《古詩源》），但在當時，縱使嵇康眞有悔意，這些表面上欲思復求隱而骨子裏仍充滿強烈情緒色彩的詩句，是注定了他在司馬氏中決不能倖免的。

通過以上對〈幽憤詩〉的分析，我們不難看出嵇康在情感和理智方面的內心衝突。概括而言，嵇康的思想意識中，本有一套符合理智，順乎習俗的行爲準則，它們和當時的社會並不衝突。然而，嵇康自己並未能完全遵循理智的引導，某些很激烈的情緒因素每每使他不能控制自己的實際所爲而違背初衷。干擾他理智的情感，則大致與三個方面的因素有關；其一是嵇康幼年因母、兄寵育而養成敏感和感情用事的心理特質。其二是由於對外界險惡環境的焦慮而引起的自我防禦反應。〔註26〕魏晉時的社會給知識份子精神自由和個體生存造成的嚴重威脅，在知識份子心理上引起對不測之禍的強烈恐懼，作爲對自我人格的保護，許多人都有一些較激烈的行爲，用以發洩投射，或是壓抑控制內心的痛苦。嵇康作爲敏感任性的詩人，在此方面的激憤情緒是更峻烈的。其三則是人品高潔又絕頂聰明的嵇康由於對狼顧狗偷的司馬氏和作爲其黨羽的一夥鄉愿之士竊國亂政，玷污仁義的醜行極度憎惡而激起的一種極端情緒。嵇康將這種情緒進一步投射於司馬氏。這幾方面的因素導致形成一個極其強大的情結，在性格剛亢的嵇康思想中一次次頑強地表現出來，擾亂其理智並影響其行爲，促成他無以全生的悲劇命運。

第四節　玄學人生觀的悲情本質

兩漢之後，儒家的處世哲學一直成爲中國士人人生觀的基本架構，或出或處，都以之爲基本準則。玄學思潮出現之後，士人的生活情趣、生活方式

〔註26〕據心理學家斯托曼《情緒心理學》第九章（張雲燕譯，遼寧人民出版社1986年版）的定義，所謂焦慮，是包含著對危險、威脅和需要特別努力但又無能爲力的苦惱的強烈預期。焦慮的長期持續，可影響到人的人格特性。

有了很大的轉變。但是，正始玄學家如何晏、王弼、夏侯玄等人，都並沒有尋找到一個反映玄學思潮的新人生觀。換言之，玄學理論本身是在現實需要中產生的，它是人性覺醒之後的產物，它的特質是返歸自然。但上述的玄學家並未能將返歸自然的理論轉為一種人生觀。將它變為一種人生觀、一種生活態度的是嵇康。

儒家將個人的存在歸屬於人類的本質即倫理道德關係，使自我的價值從屬於社會價值，因而儒家的人生理想不是任人各得其性，此所以成為禮教的弊端。嵇康在〈難自然好學論〉中言：

> 六經以抑引為主，人性以從欲為歡，抑引則諱其願，從欲則得自然；
>
> 然則自然之得，不由抑引之六經，全性之本，不須犯情之禮律。

他指出禮教是以壓抑導引的方式來規範人性，而人的自然本性卻是希望順隨自己的欲望，因此前者違背人的本性（犯情）而後者符合人之自然（全性）；就如同鳥獸不會自動棄群以求人之馴養，人的天真本性也不會自然愛好六經、仁義、禮律之學。「人性以從欲為歡」，而「從欲」並非漢末以來流行及時行樂的「縱欲」態度，而是對個人自由和社會寬容的雙重追求。如他在〈與山巨源絕交書〉中所說：

> 所謂達能兼善而不渝，窮則自得而無悶。以此觀之，故堯、舜之君
>
> 世，許由之嚴棲，子房之佐漢，接輿之行歌，其揆一也。仰瞻數君，
>
> 可謂能遂其志也。故君子百行，殊途而同致，循性而動，各附所安。

此乃就個人的人生追求而論。每個人的行為舉措各異，但是殊途同歸，只要循著本性而行，自然能各得其所，此之謂「遂其志」。山濤因諳於時勢，為保護嵇康的性命，俟機推舉他予司馬昭，盼他能任官職以妥協苟全於暴政之下。但山濤畢竟對嵇康的剛腸疾惡性格不夠了解。嵇康與之絕交，一方面表明拒不作官、追求自由的態度，同時何嘗不是期望山濤能了解：朋友相知貴在順其天性而予以幫助，令得其所，各以得志為樂。如其言：

> 夫人之相知，貴識其天性，因而濟之。禹不逼伯成子高，全其節也。
>
> 仲尼不假蓋於子路，護其短也。近諸葛孔明，不逼元直以入蜀，華
>
> 子魚不強幼安以卿相，此可謂能相終始，真相知也。足下見直木不
>
> 可以為輪，曲木不可以為桷；蓋不欲枉其天才，令得其所也。故四
>
> 民有業，各以得其志為樂。為達者為能通之。

他認為每個人都應堅持自己的理想和人格，同時亦應對他人的選擇給予尊

重，如此便可形成一個有容乃大的理想社會。儒家「夫仁，己欲立而立人，己欲達而達人。」(《論語‧雍也》)，胸懷雖博大，但不免有強人之所難的意味，如山濤之舉嵇康以自代。若每個人都能有其個體的面貌，而且也尊重每個個體的自主選擇，則人皆能「遂志」，而社會則能「通」。

嵇康人生觀與社會觀的本質是將人性從禮法的束縛中解脫出來，是追求個性的自由。但是任何個性的自由都存有如何處理個人與社會的關係，及如何處理感情欲望與理智的關係問題。人是社會的人，他既是自我，也是社會群體的一員，不可能不受任何約束而獨立於社會群體之外。兩漢以後，禮法已經成為維繫社會的基本準則，深入到政治生活、倫理道德的一切領域，要擺脫它的約束，必須提出新的道德準則，新的人際關係的架構，而嵇康雖試圖建立一個在自我的成全與社會的和諧之間的準則，但卻未能成功。他也提出了以自制的辦法來約束個人欲望的無限膨脹，如他在〈養生論〉、〈答難養生論〉中所述的。但這一種端賴個人品格的玄學人生觀，不可能維繫社會的存在，終也不可能實現在社會中。

嵇康的人生觀，作為維繫個性自由而言，意義重大且崇高；但它並沒有解決個人對社會承擔的責任。因其崇高，而感動人心；而以其遠離現實，卻以失敗而告終。

當然，嵇康的悲壯就義，還糾結著當時士人與政權的種種複雜關係。崇尚自由，慕好真實自然的嵇康，身逢魏晉之際，司馬氏集團，陰謀行篡。不忠不義不仁的司馬氏政權卻虛偽的標榜禮法之治，以孝治天下。剛腸疾惡的嵇康，不恥司馬氏政權的偽君子行徑，眼見他們屠殺異己的殘忍手段，義憤填膺的嵇康，輕肆直言，遇事便發。他以知識份子的理性良知之自覺與對人間道義之忠誠，對當時強權所營造的篡權飾說，虛偽的尊經崇儒，束縛下民的禮法之治，痛下針砭，借古諷今。他非湯、武而薄周、孔，越名教而任自然的言行，表徵著強烈的反名教。這當然不見容於藉名教以統治的司馬氏政權。而他作為玄學人生觀的典型代表，亦代表著當時崇尚玄風的士人心緒。由於何晏、夏侯玄的被殺，這批士人與司馬氏政權處於更加對立的狀態。由嵇康臨刑前，三千太學生上書請願的行動中，便可推知嵇康剛直的反名教言行，契合著彼時不少知識份子的心聲。從思想上而言，嵇康是因其反名教的言行為名教所不容；從政治上而言，他是不自主地代表著當時名士對於司馬氏勢力的不滿情緒，司馬氏需要借著誅殺一位有聲望的名士，來警告、打擊

這些心懷對立的名士們之桀驁不馴。

　　嵇康在〈養生論〉中自言「無執無為，遺世坐忘，以保性全真」乃是居亂世中躲避橫逆之禍以明哲保身的要則，也為了延年益壽而有採藥服食之舉，可知他對生命的珍愛。然而他剛腸疾惡，遇事而發的儒家性格自是不忍心為了頤養天年而遺忘世事做一遁世的隱者。他內具的仁義之心，對司馬氏殘害世人的諸多惡行，又豈能無動於人性內在的不忍人之心與是非之義呢？他最終死於「輕肆直言」、「顯明臧否」（〈幽憤詩〉）的言行上。他的死亡意義堪謂捨生取義，盡道義而死的正命，也體現了孟子威武不能屈的浩然氣節。對他而言，「生」與「死」的抉擇，意謂著面臨有限生命的苟安與公理正義的永恆存續間，孰重孰輕的價值判斷。他義無反顧地選擇了後者，故也就將死亡的威脅和由之而生的恐懼予以超越了。嵇康臨刑東市，猶不改平日神色，顧日影援琴而彈〈廣陵散〉，在他至愛的樂音中，從容赴義。他之所以為千古士人所崇敬者以此，為千古士人所感慨欷歔者亦以此！

第八章 魏晉士人悲情意識之呈現(三)
——阮籍的苦悶沈憂

　　阮籍的一生用盡智慧氣力去處理自身處亂世之中的仕隱進退，卻也是一位表面曠達超脫，內心始終因著正義的堅持而痛楚不堪的悲情詩人。

　　和嵇康一樣，阮籍亦籠罩在正始名士迭遭殺戮的陰影之中。而兩人分別展現出中國士人欲潔身全名的不同典範。嵇康玉碎，其鏗然不屈之美，至今猶皎若寒星懸掛歷史長夜；阮籍瓦全，而其以一生氣血挺受重鼓悶擊，亦自有一種難以言喻的沈重悲涼迴盪天地不去。

第一節　家世與思想追求

一、惟生民兮艱危，於孤寡兮常悲——阮籍的家世

　　阮籍，字嗣宗，生於漢獻帝建安十五年，即公元 210 年。爲阮瑀之子。阮瑀爲建安七子之一，出掌曹魏記室，「軍國書檄，多瑀所作」，〔註1〕頗得曹操的信任，如建安十五年，曾「爲曹公作書與孫權」(《文選》卷四十二)，曹丕說他「元瑜書記翩翩，致足樂也」(《與吳質書》)。可惜如此高才，卻病於體弱，而於建安十七年去世，著有文賦數十篇。

　　陳留阮氏是尉氏縣的大族，家世儒學，代有名宦。但阮氏以道路分隔爲南阮與北阮，北阮富，南阮窮。〔註2〕阮瑀屬南阮，故死時並沒有留下太多財

〔註1〕 《三國志‧魏志》卷二十一〈王粲傳〉載：「太祖並以琳、瑀爲司空軍謀祭酒，
　　　　管記室，軍國書檄，多琳、瑀所作也。」
〔註2〕 《世說新語‧任誕》篇載：「阮仲容、步兵居道南，諸阮居道北；北阮皆富，

產，以致三歲而孤的阮籍在寡母的含辛茹苦教養下，生活極為悽愴可憐。魏文帝曹丕悲哀他們的孤寡，言：「陳留阮元瑜早亡，每感存其遺孤，未嘗不愴然傷心。」〔註3〕因作〈寡婦賦〉云：

> 惟生民兮艱危，於孤寡兮常悲。人皆兮歡樂，我獨怨兮無依。撫遺孤兮太息，俛哀傷兮告誰？三辰周兮遞照，寒暑運兮代臻。歷夏日兮苦長，涉秋江兮漫漫。微霜隕兮集庭，燕雀兮吾前。去秋兮就冬，改節兮時寒。水凝兮成泳，雪霜落兮翩翩。傷薄命兮寡獨，內惆悵兮自憐。

描繪出阮籍母親當時悲苦的心境。由此，故阮籍秉性至孝，後來「居喪，雖不率常禮，而毀機滅性。」〔註4〕哀痛逾常。

阮籍自幼資質不凡，八歲能屬文，族兄魏清河太守阮武等對他十分析賞，「以為勝己」。及長，名氣日隆。正始三年（西元 242 年），太尉蔣濟辟阮籍為屬掾，阮籍勉強就吏，不久就托病而歸。又徵尚書郎，也很快以謝病免。《晉書·阮籍傳》載此事云：

> 太尉蔣濟聞其有儁才而辟之，籍詣都亭奏記曰：「伏惟明公以含一之德，據上台之位，英豪翹首，俊賢抗足，開府之日，人人自以為掾屬；辟書始下，而下走為首。……今籍無鄰、卜之道，而有其陋，……補吏之召，非所克堪。乞回謬恩，以光清舉。」初，濟恐籍不至，得《記》欣然，遣辛迎之，而籍已去。濟大怒，於是鄉親並喻之，乃就吏，後謝病歸。

從此可見，阮籍初時對入仕並不熱衷。至正始八年，阮籍三十八歲，曹爽用事，召阮籍為參軍。曹爽用何晏、鄧颺等人，多樹親黨，專擅朝政，司馬懿欲禁不能止，稱疾不與政事，陰與其子司馬師、司馬昭謀誅曹爽。阮籍知事不祥，也托病辭謝，隱居田里。年餘後，曹爽集團失敗被殺，時人以為阮籍有遠識。其實，阮籍的先見之明不在他確知這場政變曹爽必敗，所以去曹就司馬氏。而是宮廷政變，變化莫測，無人能事先預知這場政變的最後結局，

南阮貧。」

〔註3〕曹丕雖作〈寡婦賦〉及詩各一首，「以敘其妻子悲苦之情，並命王粲等並作之」（見《昭明文選》卷十六潘岳〈寡婦賦〉注），但此僅是文人興會之筆，史書中並未載有任何曹丕施惠於阮籍母子的事。

〔註4〕見《世說新語·任誕》篇注引《魏氏春秋》云：「籍性至孝，居喪，雖不率常禮，而毀機滅性。然為文俗之世何曾等深所仇疾。大將軍司馬昭愛其通偉，而不加害也。」見余嘉錫《世說新語箋疏》，頁 728。

只有遠離這場是非，才是明智之舉。

　　其後，司馬氏誅殺何晏等三族，天下名士減半，餘者紛紛逃離避禍；爲了延攬士人，粉飾太平，裝潢門面，司馬氏一再表明自己尊儒重士，而當時籍的名聲頗大，正是他們利用的理想人物。且阮籍言行謹慎，不臧否人物，不亂談時政，更不直斥當局，故招攬阮籍作爲擺設，以便獲得尊重賢士的美名，進一步籠絡他人。《晉書・阮籍傳》載：

> 籍本有濟世志，屬魏晉之際，天下多故，名士少有全者，籍由是不問
> 世事，遂酣飲爲常。文帝初欲爲武帝求婚於籍，籍醉六十日，不得言
> 而止。鍾會數以時事問之，欲因其可否而致之罪，皆以酣醉獲免。

可知阮籍作爲一位文弱的士人，當他見到司馬氏以殘暴的手段誅殺曹爽等時，又怎敢違拒從事中郎之職而引頸就刀呢？故阮籍先後爲司馬懿及司馬師從事中郎。高貴鄉公即位，又封關內侯，遷散騎常侍。嘗作東平相，旬中即還，又嘗作步兵校尉。其實阮籍若眞是衷心投靠當權的司馬氏集團，則不會有拒婚之事發生。與司馬氏聯姻，是一個極好的往上攀升的時機，若阮籍已加入司馬氏集團，爲何還要沈醉數十日，以酒醉不醒來使對方無從開口，加以推辭呢？此皆說明他內心極其複雜幽曲，既不願意爲司馬氏服務又不能公開明確反對，只好以酒醉加以拒絕。此種作法與後來寫《勸進辭》如出一轍，據《晉書・阮籍傳》載：

> 會帝讓九錫，公卿將勸進，使籍爲之辭。籍沈醉忘作，臨詣府，使
> 取之，見籍方據案醉眠。使者以告，籍便書案使寫之，無所改竄。
> 辭甚清壯，爲時所重。

阮籍當時處於沈迷酒醉之中，寫出之文卻能清壯無改，著實令人稱奇。或許是他早已腹有底稿，但又不願主動屬文，因若是堂堂皇皇作勸進之文，必爲世人所詬，稱其爲虎作倀。但若斷然拒絕，或在文稿中有所缺失冒犯，則荀彧、崔琰之前車可鑑，而司馬氏之殘酷又超過曹操。故在此情境下，他只能佯裝爲酒醉之中所作，既不惹怒司馬氏而身遭大禍，也不顯其急於干進，爲世人所辱罵。在名士減半，風聲鶴唳的複雜背景下，他惶然懼禍，只好應徵出仕，任個虛職，並不認眞爲官，外表圓滑，內不失方正；貌似酣醉，而內心清醒。

　　他處在矛盾與悲哀的感情之中，當夜深酒醒之後，對時代的憂思、對生死的畏懼難以驅除。委曲求全地得到一官半職的利祿，又內慚神明，自己耿

直的性格又與求生的苦心相互矛盾。老莊哲學的曠達與他良知上所忍受的悲苦互爭，內心真是悲涼鬱結，而此種悲苦心緒又無法能解、無人能懂，故只能藉詩文中將這份感慨、嘆息、凌亂、徬徨的憂思表現出來。他的一生始終徘徊於高潔與世俗之間，依違於政局內外，在予盾中度日，在苦悶中尋求解脫。魏元帝景元四年冬，終在鬱悶中離開人世。

二、從容與道化同逌，逍遙與日月並流——阮籍的思想追求

在政居動盪不定，政治生活充滿險惡風波的環境中，士人既要時時擺脫身入局中的險惡處境，而又有人生無常、生命短促的嘆息，其心境自然難以平靜。於是玄學家接受老、莊的價值觀，蔑視名教，厭惡世俗的功名富貴與欺詐偽飾，當然也處處感受到自己與世俗不能相容的感情壓力。要擺脫這種思想感情的壓力，需要尋找精神的支撐點，找到一種自我解脫的途徑。

阮籍的精神支撐點，在於他追求一個清虛寥廓、恬淡寡欲的逍遙境界。這是他在現實無路可走的逼迫下，於心靈中開闢的淨土。在這個理想境界中，生命不受羈絆，隨心所欲，任情而自由的翱翔，正好與艱難迍邅、污濁紛擾、不得通其道的現實取得平衡的作用。在〈清思賦〉中他描述：

> 夫清虛寥廓，則神物來集；飄搖恍惚，則洞幽貫冥；冰心玉質，則皎潔思存；恬淡無欲，則奉志適情。伊衷慮之道好兮，又焉處而靡遑。

此一無欲念之繫累，空靈皎潔，不執著於實有的理想心境，亦為其理想人格、理想之人生境界。然而此一境界，實非人間所有，其中還有神仙般的幻境：

> 遂招雲之以致氣兮，乃振動而大駭，聲颼颼以洋洋，若登崑崙而臨四海；超遙茫渺，不能究其所在。心漾漾而無所終薄兮，思悠悠而未半。鄧林殪於大澤兮，欽邳悲於瑤圻。徘徊夷由兮，狷靡廣衍。游平圃以長望兮，乘脩水之華旂。長思肅以永至兮，滌平衢之大夷。循路曠以徑通兮，闢闉闇而洞闢。

神思之飛馳，彷彿登崑崙而臨西海，浪浪悠悠，無所終止，唯恐神思之馳騁，到達不了那樣的境界。他用「鄧林殪於大澤兮，欽邳悲於瑤圻」中的夸父及欽邳的形象，來比喻自己對於那樣一個理想境界的不渝追求。這個理想人生境界的追求，在〈大人先生傳〉中，有更具體的說明：

> 夫大人者，乃與造物同體，天地並生，逍遙浮世，與道俱成，變化

聚散，不常其形。……是以至人不處而居，不脩而治，日月爲正，陰陽爲期。豈容情乎世，繫累於一時？……故至人無宅，天地爲客；至人無主，天地爲所；至人無事，天地爲故。無是非之別，無善惡之異，故天下被其澤，而萬物所以熾也。

此種與道冥一，與自然一體，泯滅物我，泯滅是非的境界，即是莊子逍遙、齊物的境界。可知在阮籍心中，這是一個令人神往的高遠境界。〈詠懷〉四十三中：

鴻鵠相隨飛，飛飛適荒裔。雙翮凌長風，須臾萬里逝。朝餐琅玕實，夕宿丹山際。抗身青雲中，網羅孰能制？豈與鄉曲士，攜手共言誓！

他的抱負是如鴻鵠凌風高翔，擺脫塵世羅網的束縛，「舒網以籠世」，「開模以範俗」追求心靈自由，而不是受世俗的約束。否則就超塵出世。〈與伏義書〉中言：

若良運未協，神機無准，則騰精抗志，邈世高超。蕩精舉於玄區之表，攄妙節於九垓之外。而翶翔之乘景，躍躚踔，陵忽慌，從容與道化同逌，逍遙與日月並流。交名虛以齊變，及英祇以等化。上乎無上，下忽無下，居乎無室，出乎無門，齊萬物之去留，隨六氣之虛盈。總玄綱於太極，撫天一於寥廓。飄埃不能揚其波，飛塵不能垢其潔，徒寄形軀於斯域，何精神之可察？雖業無不聞，略無不稱，而明有所逮，未可怪也。

這仍是〈清思賦〉、〈大人先生傳〉中所描述的那個精神自由與道一體的境界。

　　阮籍在詩文中，不斷地表明對此精神境界的仰慕與與追求。在〈詠懷詩〉其十九中，以「西方有佳人，皎若白日光」來體現此一美好的理想；而佳人「飄颻恍惚中，流眄顧我傍」這種若即若離的態度，正反映了阮籍在現實生活中無法實現卻又難以割捨的感受。而〈詠懷詩〉其六十四中有「念我平居時，鬱然思妖姬」的詩句，抒發了阮籍在面對孤獨苦悶的現實時，即會想起象徵自己美好理想的「妖姬」。而〈清思賦〉中對神女容貌端莊秀麗與舉止高雅脫俗的描繪，亦是對自身美好理想的神往。而最終「觀悅懌而未靜兮，言未究而心悲。嗟雲霓之可憑兮，翻揮翼而俱飛」的惆悵失落，何嘗不是阮籍對心中理想難以達至的徬徨感傷？

　　阮籍的理想境界與嵇康不同，嵇康雖也追求超塵脫俗，擺脫名教的束縛，但嵇康追求的是一人間實有的境界，在那之中有精神的自由，又有必要的物

質生活條件，有淳樸真摯的親情，而無世俗的污濁與繫累。嵇康將莊子物我一體、心與道冥人間化。而阮籍追求的雖仍是莊子的境界，但它是一種幻境，是純精神自由的境界。在此世界中，主體心靈與客體環境獲得暫時的統一，主體心靈將精神融入了流光溢彩的神話與想像的意境之中，主體或者可以暫時獲得愉悅與滿足，然而當阮籍清醒地面對時代環境的不堪時，他意識到這是他一生嚮往卻永遠無法實現的理想人生。正如張火慶先生在〈評阮籍的生命情調〉中所言：

> 老莊雖提供了超越現實的跳躍姿勢，卻因不是慢步移開的，便造成
> 一片陌生土地的新恐慌，除掉幾位天才特高的名士享有綠野的胸
> 襟，其餘大部份模仿不成的假面具，反而窒息在無垠的空曠裡了。「禮
> 法」雖窄，不礙其為情意的包容，「自然」縱寬，正顯其乃自生自滅
> 的陰冷。魏晉名士遺留下來的故事，悲慘的總比解脫的多，即阮籍
> 清談宗師，其一生亦扮演了「楊朱泣歧路」的最佳主角。〔註5〕

理想與現實的巨大落差，使他一生充滿在此矛盾的痛苦中。

第二節　「至性過人，與物無傷」的壓抑性格

阮籍的生命氣質是繁富多樣的，《晉書‧阮籍傳》載其：

> 容貌瑰傑，志氣宏放，傲然獨得，任性不羈，而喜怒不形於色。或
> 閉戶視書，累月不出，或登臨山水，經日忘歸。博覽群籍，尤好《莊》
> 《老》。嗜酒，能嘯，善彈琴。當其得意，忽忘形骸，時人謂之痴。
> 惟族兄文業每歎服之，以為勝己，由是咸共稱異。籍嘗隨叔父至東
> 郡，兗州刺史王昶請與相見，終日不開一言，自以不能測。

他擁有奇偉秀出的容貌，恢宏清暢的志氣，又有專注守一的定力，故能讀書累月不出。具有內斂沈穩的氣質涵養，同時又在某些特別的情境中顯露出至情至性的生命本質。知他者，謂他的忘形之舉為「痴」；不知他者，則謂其「恣情敗俗」。

吾師何淑貞教授嘗言，觀人當觀其忘形顯露之時。一個人平日之行身處世是他的後天修養，但遽然遇事，則當下的行為表現方是他的生命本質。阮籍一生謹言慎行，不像嵇康那樣剛直疾惡的堅硬態度，但也不似山濤、王戎

〔註5〕見〈評阮籍的生命情調〉，鵝湖月刊，四卷一期，民國66年7月。

等人的主動迎合。對那些蠅營苟苟的利祿之士，以白眼相向，而對與自己同道之人，則以青眼相待。且一涉及具體的事與人，更是閉口不言，不肯輕易表態，此即是《晉書・阮籍傳》中所謂「籍雖不拘禮教，然發言玄遠，口不臧否人物」。若一定要明確表達不可時，他就沈醉酒中。其好友嵇康亦稱他：

> 阮嗣宗口不論人過，吾每師之，而未能及。至性過人，與物無傷。

可知阮籍平日處世時努力使自己喜怒哀樂不形於色，不論時政，不臧否人物。但這其實是他處於險惡時局中的避禍自保之道，而歌哭無端的至情流露，方是他的本性。如《晉書》本傳所載「兵家女有才色，未嫁而死。籍不識其父兄，徑往哭之，盡哀而還。」時人以此批評他行爲無檢，毀禮敗俗。而牟宗三先生卻能由此見出他生命的靈慧，他在〈阮籍之莊學與樂論〉中言：〔註6〕

> 此一靈秀之少女，生於兵家，其處境已堪憐惜。而又「未嫁死」，則其命運亦可哀矣。此中誠有一種清潔高貴無可奈何之悲情，常爲詩人文人之慧眼所獨識，亦常只爲詩人文人之生命所表現。此詩文之所以獨立，詩人文人之所以自成一格之故。阮籍「徑往哭之，盡哀而還」，此意以其有獨特之生命與靈慧，故能默契此天地靈秀之氣之少女之在蒼茫中之命運。此中有一種生命的賞識，亦有一種天地之憾的哀情。此是無可奈何者。其哭之盡哀，正是此賞識與哀情之恰當表現。塵土中儘有悲劇式的優美靈魂，亦儘有悲劇式的良善靈魂。天地故鍾靈秀於此，此非天地之憾何在？在此種賞識的哀情之中，生命之凸出自非粗枝大葉之禮俗所能約束。禮法在此用不上，亦是實情。

牟先生所言甚爲精闢，阮籍此舉其實是至眞本性的流露，其中充滿著靈魂的高貴與善良。

阮籍既是至情至性之人，自然無法忍受世俗的虛僞教條。當時士族禮法之士往往憑藉權勢，採用卑鄙伎倆，拉幫結黨，以謀私利。他們打著禮法的旗幟，每每作出有違禮法之事來，如前章曾提及姦淫弟媳的呂巽，以「不孝」之名陷害手足呂安又牽連嵇康入獄致死。又如何曾（西元197～278年）以孝聞名，〔註7〕《晉書・何曾傳》卷三三中載：

> 曹爽專權，宣帝稱疾，曾亦謝病；爽誅，乃起視事。魏帝之廢也，

〔註6〕見牟宗三《才性與玄理》，頁291。台北，學生書局，民國82年7月。

〔註7〕據《世說新語箋注》劉孝標引〈晉諸公贊〉：「曾以高雅稱，加性仁孝，累遷司隸校尉。」頁728。

> 曾預其謀焉。……性奢豪，務在華侈，帷帳車服，窮極綺麗，廚膳
> 滋味，過於王者。……食日萬錢，猶曰無下箸處。

由此可知何曾的仁孝，只是配合當局行事，而獲得溢美之辭，並非裡外一致的
仁人君子。阮籍鄙薄這群人，以白眼相向，但是對於醜惡的現實社會無能爲力，
故只好以行爲來衝撞禮法，以醉酒來澆胸中壘塊。《世說新語・任誕》載：

> 阮籍嫂嘗還家，籍見與別。或譏之，籍曰：「禮豈爲我設耶？」
> 阮公鄰家婦有美色，當壚沽酒。阮與王安豐常從婦飲酒，阮醉，便
> 眠其婦側。夫始殊疑之，伺察，終無他意。

又《晉書》本傳載：

> 性至孝，母終，正與人圍**碁**，對者求止，籍留與決賭。既而飲酒二斗，
> 舉聲一號，因又吐血數升。及將葬，食一蒸肫，飲二斗酒，然後臨訣，
> 直言窮矣，舉聲一號，又吐血數升，毀瘠骨立，殆致滅性。裴楷往弔
> 之，籍散髮箕踞，醉而直視。楷弔唁畢，便去，或問楷：「凡弔者，
> 主哭，客乃爲禮；籍既不哭，君何爲哭？」楷曰：「阮籍既方外之士，
> 故不崇禮典；我俗中之士，故以軌儀自居。」時人歎爲兩得。

阮籍既不顧「嫂叔不通問」(《曲禮》) 及男女授受不親之禮法約束，更不顧喪
禮中守喪三年、口不甘味美等本於人情的規定，也不管死生有節之說的克制
喪母之痛，而是完全一本性情之自然。故余英時在論〈漢晉之際士之新自覺
與新思潮〉中言：

> 嗣宗雖不守世俗禮法，而內心實深得禮意。此正戴叔鸞所謂「禮所
> 以制情佚也，情苟不佚，何禮之論！」之微旨，此等思想感情若非
> 具高度之內心自覺，而敢於對一切流行之觀念與習俗皆抱持批判的
> 態度，則斷不能有也。〔註8〕

且禮法之設制本乎人情，透過各種禮儀的規範引發人心的覺醒，並化民成俗。
若失去情感的本質，僅以之作爲粉飾，則禮教必然流於瑣碎虛僞。故孔子言：
「人而不仁，如禮何？人而不仁，如樂何？」又言：「禮，與其奢也，寧儉；
喪，與其易也，寧戚。」(《論語・八佾》) 阮籍母喪卻對弈如故，居喪其間而
飲酒啖肉不輟，客人弔唁而不哭，看似無情無哀，實則哀毀骨立，吐血數升。
表面反禮，其實把握了禮的精神。

〔註8〕 見余英時《中國知識階層史論》古代篇，頁 252。台北，聯經出版社，1997
　　　 年 4 月版。

　　阮籍內心深惡塵俗、情感與之完全對立，因此在〈詠懷〉詩中，歌哭無端，迷離恍惚，寄情於八荒之表。但更重要的是，阮籍感知到他所在的時代中有如「秋風吹飛藿，零落從此始」，「一身不自保，何況戀妻子」式的深刻悲哀，並不幻想能在危機到來之時為內心找到托庇之所。在〈詠懷〉第十七首中，阮籍寫下：

　　　　獨坐空堂上，誰可與親者。出門臨永路，不見行車馬。登高望九州，

　　　　悠悠分曠野。孤鳥西北飛，離獸東南下。日暮思親友，晤言用自寫。

的詩句，表現了他離群索思的空寂孤淒之感：無人理解的孤獨寂寞；獨坐空堂，出門行路，登高望遠，所見唯孤鳥與離獸，心緒亦如孤鳥離獸，始終是折鬱苦悶。何焯謂之是「天地愈曠，我心愈悲」（轉引自陳伯君《阮籍集校注》卷下〈詩·詠懷〉其十七注），黃侃先生更評論以為「居則忽若有亡，出則無所以適，登高遠望，憂思彌繁，所以思親友人之晤言，感離群之已久也」（同上）。以某種意義上說，阮籍這種精神上的徹底孤獨，更有類於後人評論現代的魯迅時所說的那種「與群體斷然決絕，無所從屬的沈重感」。而他能夠意識並承受這種孤獨，本身又是一種精神上覺悟的標誌。正如弗洛姆所言：

　　　　人之所以孤獨是由於他是獨特的存在，他與其他任何人都不相同，

　　　　並意識到自己的自我是一獨立的存在，當他依據自己的理性力量獨

　　　　立地去判斷或作出選擇時，他不得不是孤獨的。〔註9〕

阮籍內心的寂寞孤獨，是感到世上無可語者。〈詠懷〉之十四中云：

　　　　感物懷殷憂，悄悄令心悲。多言焉所告，繁辭將訴誰！

無可與語固然是志向操守上不易找到知音，但主要是政治考量。無可語言，是不能說出自己的政治見解與臧否人物，「損益生怨毒，咄咄復何言。」（〈詠懷〉之六十九）一發見解即會招禍，這就造成了矛盾與痛苦。對政治上的是非，他豈無反應？對人物的善惡，他又怎能做到「齊是非」？但這一切又是無處可說，無人可言。

　　他終生帶著壓抑的、苦悶沈鬱的心情。又怎能真正放達呢？面對如此險惡的政治環境，他不願介入當時的政爭，不敢理論褒貶時事時人的是非得失，他原也可以如嵇康般視世俗為齷齪，視官場如仇敵，但那又如何呢？雖說人生誰無死？但死於這樣虛偽險惡的司馬氏之手值得嗎？出於矛盾與懼禍的心理，他採取了一種依違兩可的態度，與官場若即若離。仕，既不願同流合污，

〔註9〕　見劉小楓譯（1987年版）《人的潛能與價值》〈人的境遇〉，華夏出版社。

多所迴避；隱，又不能斂跡韜光，了無塵念，只能走向任達縱酒一途。他的放，不是真放，而是佯狂；他的縱酒，亦不是瀟灑一杯，風流縱逸，而是排遣鬱悶，不得不喝。他時時處在一種自我壓抑的心緒中。嵇康稱他「至性過人，與物無傷」，殊不知在內斂謹慎的外顯形象下，是一份壓抑惶惑的心靈。〈詠懷〉之三十三言：

> 終身履薄冰，誰知我心焦？

正說出了阮籍面對時局無可奈何，出於避禍自保下佯狂以求免，縱酒以自全的苦悶沈憂。

第三節　終身履薄冰，誰知我心焦──《詠懷》中的苦悶沈憂

阮籍的政治態度，較之嵇康，實在隱密謹慎得多。《世說新語・德行》篇載：

> 晉文王稱阮嗣宗至慎，每與之言，言皆玄遠，未嘗臧否人物。

對司馬昭來說，他之以阮籍為至慎的典範，其意正在於暗示臣下不應評論時政，且阮籍乃名父之子，世傳儒學，高才遠識，〔註10〕聲名甚著，是一個值得籠絡利用的對象，故而對阮籍極盡拉攏之能事。如《晉書》本傳中言他「能為青白眼，見禮法之士，以白眼對之。……由是禮法之士疾之若讎，而帝每保護之。」《世說新語・任誕》篇也記載司馬昭對阮籍違禮犯俗的容忍：

> 阮籍遭母喪，在晉文王坐進酒肉。司隸何曾在坐，曰：「明公方以孝治天下，而阮籍以重喪，顯於公坐飲食酒肉，宜流之海外，以正風教。」文王曰：「嗣宗毀頓若此，君不能共憂之，何謂？且有疾而飲酒食肉，固喪禮也！」籍飲啖不輟，神色自若。

但由於司馬之黨與阮籍的才性秉賦本不同器，故兩者之間，絕非推誠相待。且不僅何曾之徒對阮籍嫉之如仇，日夜中傷，〔註11〕即司馬氏自己，對阮籍

〔註10〕據《晉書・阮籍傳》載：「籍嘗從容言於帝（即武帝司馬昭）曰：『籍平生曾游東平，樂其風土。』帝大悅，即拜東平相。籍乘驢到郡，壞府舍屏障，使內外相望，法令精簡，旬日而還。」阮籍能一針見血地看出東平郡吏治的弊病，並且毫不費力地改善，使辦公透明化，辦事效率提升，政簡民清，由此可知其政治才幹。

〔註11〕《世說新語箋注・任誕》劉孝標注引干寶《晉紀》曰：「何曾嘗謂阮籍曰：『卿

的言行亦隨時注意，百般窺伺防範。《晉書‧阮籍傳》載：

> 有司言有子殺母者，籍曰：「嘻！殺父乃可，至殺母乎！」坐者怪其
> 失言。帝曰：「殺父，天下之極惡，而以爲可乎？」籍曰：「禽獸知
> 母而不知父。殺父，禽獸之類也，殺母，禽獸之不若。」眾乃悅服。

司馬氏弒君篡位而標榜「以孝治天下」，而阮籍竟云「殺父乃可」，正觸及不
可告人之處，遂令奸雄之輩爲之瞿然變色。此事雖因阮籍之巧辯而遮過，但
當時坐中氣氛之緊張和殺機之潛動，已如在目中。而阮籍在司馬氏府中處境
之險惡，亦可以想像。

　　事實上，阮籍身處危亂的朝廷之中，見名士少有全者，常憂慮招罪而罹
禍，一方面耿介放縱的個性，不甘心如此事奉權奸，而同時又有一種明哲保
身、委曲求全的苦心，儘管有一些超曠的哲學慰藉，但阮籍對於與司馬集團
的虛與危蛇，感情上亦覺難以排遣。吊廣武而長嘆，登蘇門而嘯詠，臨岐路
而慟哭，望京邑而賦詩，乃至酣飲長醉等等偏激行爲，均可見其對司馬竊國
的憂憤與內心深處的強烈痛苦，而八十二首〈詠懷〉詩，更是其心跡的充分
表露。所以，晉宋之交的詩人顏延年在《詠懷詩注》中言：

> 嗣宗身事亂朝，常恐罹謗遇禍，因茲發詠，故每有憂生之嗟。雖志
> 在刺諷，而文多隱避。百代之下，難以情測。

黃節先生在《阮步兵詠懷詩注》中引用清人陳沆對阮籍詩的一段評語也是頗
爲深刻和中肯的：

> 阮公憑臨廣武，嘯傲蘇門，遠跡曹爽，潔身懿、師。其詩憤懷禪代，
> 憑吊古今，蓋仁人志士之發憤焉：豈直憂生之嗟而已哉？〔註12〕

阮籍的〈詠懷〉詩並不是只寫人生的憂患艱難而已，對當時那種假禪讓之名，
行篡逆之實的行爲，亦發出今古蒼茫、盛衰興亡的憤慨。儘管阮籍在當時儡
於環境，「雖志在刺譏，而文多隱避」，在表現自己內心時故意或明或暗，撲
朔迷離。但在我們深入理解了他的時代、身世、思想、爲人諸方面的背景之
後，對其詩中的相當一部分隱衷，是可以體察到的。

　　值得提出的是，在司馬氏篡魏的過程中，曹魏朝廷內曾有過四次鉅變，
即正始十年春的高平陵事件；嘉平六年李豐、夏侯玄、許允等曹爽餘黨的被

恣情任性，敗俗之人也。今忠賢執政，綜核名實，若卿之徒，何可長也！』」。
頁728。

〔註12〕見黃節注《阮步兵詠懷詩注》，頁1。台北，藝文印書館，民國60年9月初版。

誅；嘉平六年秋魏少帝曹芳的被廢；以及甘露五年高貴鄉公曹髦的被弒。此四次事件作為當時社會衝突的集中表現，對阮籍的思想感情震動極大，其內心若干傳統的道德價值觀念也受到嚴重擾亂。從〈詠懷〉詩中可以看出，阮籍的思想歷程，實以這四次事變為標誌而逐步演進，經過三個大的發展階段，最後在內心達到某種自覺與超越。所以，以下對〈詠懷〉詩的分析，即打算以這四次歷史事變為基本線索，根據詩人對它們各自不同的隱蔽的事實或情感之描寫，揭示詩人內心的「憫時病俗，憂傷之旨」（《昭昧詹言》卷三〈阮公〉引何義門語），並最終闡明阮籍心靈中難言的苦悶沈憂。

一、一為黃雀哀，涕下誰能禁──曹魏敗亡的感慨

　　四次歷史事變的前兩次即正始十年和嘉平六年事件的被害者，都是曹爽集團中人。這些魏氏忠臣失敗的命運和阮籍對他們的種種矛盾複雜感情，影響到詩人思想在三個階段中最初一個階段的發展變化。〈詠懷〉詩中，有相當一部分描述了這兩次事變和他內心感受。

　　關於正始十年的高平陵事件，〈詠懷〉第十一首中的描寫值得注意：

　　　　湛湛長江水，上有楓樹林。皋蘭被徑路，青驪逝駸駸。遠望令人悲，

　　　　春氣感我心。三楚多秀士，朝雲進荒淫。朱華振芬芳，高蔡相追尋。

　　　　一為黃雀哀，涕下誰能禁。

《楚辭‧招魂》中有「湛湛江水兮上有楓，目極千里傷春心。」「皋蘭被徑兮斯路漸」「青驪結駟兮齊千乘」的句子。阮籍此詩前四句引用《招魂》辭，當是有感而發，別有所指。〔註13〕詩中一開始就藉楚地的江水之上，草木春榮

〔註13〕阮籍此詩，歷來有不同解釋，如黃節《阮步兵詠懷注》中引劉履的《選詩補注》中言：「按《通鑑》，正始元年，魏主芳幸平樂觀。大將軍司馬師以其荒淫無度，褻近倡優，乃廢為齊王。遷之河內，群臣送者皆為流涕。嗣宗此詩其亦哀齊王之廢乎！蓋不敢直陳遊幸平樂之事，乃藉楚地而言夫江水之上，草木春榮，其乘青驪馳驟而去，使人遠望而悲念者。正以春氣之能動人也。彼三楚固多秀士，如宋玉之流但以朝雲荒淫之事導而進之。無有能匡輔之者。是其目前情賞，雖如朱華芬芳之可悅。至於一旦遭禍，則終身悔之，將何及哉。故以高蔡、黃雀之說終之，亦可謂明切矣。」劉履認為此詩影射的是齊王曹芳被殺之事。又引何焯曰：「此篇以襄王比明帝，以蔡靈侯比曹爽，嗣宗爽之故吏，痛府主見滅，王室將移也。」（頁12）今人邱鎮京《阮籍詠懷詩研究》認為此詩乃是感傷曹爽敗亡的詩。（台北，文史哲出版社，民國83年1月，頁155）景蜀慧《魏晉詩人與政治》則考證此詩當是對曹爽等在政治上一時貴盛，轉瞬隕落命運的感慨。（頁131～135）本文乃從眾，兼採後三者之分

來比興寄託，描寫了春天裏的一種無可名狀的哀感。〔註 14〕春天草木欣欣向榮、各得其所，在草木茂盛的對比之下，那對國家黑暗、時代危亂的一份悲哀，也已是意在言外了。

據《通鑑》卷七十五載，正始十年（是年夏始改元嘉平）春正月，「帝車駕謁高平陵，大將軍爽與弟中領軍羲、武衛將軍訓，散騎常侍彥皆從。太傅懿以皇太后令，閉諸城門，勒兵據屯庫，授兵出屯洛水浮橋。」聯繫到事前不久，桓范嘗諫曹爽兄弟「不宜並出，若有閉城門，誰復內入者？」（同上）曹爽等當時的處境，真可謂「皋蘭被徑路，青驪逝駸駸」，一去而不得返者也。

又據《魏志》卷四十三〈少帝紀〉載，事變當月，司馬氏即主使有司收黃門張當考掠，得供狀云：「爽與尚書何晏、鄧颺、丁謐、司隸校尉畢軌、荊州刺史李勝等陰謀反逆，須三月中發。」「於是爽兄弟及以上諸人均下獄，劾以大逆不道，俱夷三族。」這場殘暴的屠殺，正可以說明何以在萬物發蘇的季節裏卻有「遠望令人悲，春氣感我心」的哀楚之音的緣故。

所謂「三楚多秀士，朝雲進荒淫」，是詩人對曹爽集團政治過失的明確批評以及對他們在政爭中失敗的之因的分析。前人已指出，何晏、鄧颺、李勝等皆南陽人，曹氏兄弟、丁謐等皆譙沛人，並三楚之士。〔註 15〕《通鑑》還載「何晏等方用事，自以爲一時才傑，人莫能及」，又嘗爲名士品目。而《魏志》卷九〈曹爽傳〉中亦載：

析，將此詩視爲對曹爽集團敗亡的感慨。

〔註 14〕 大陸學者景蜀慧認爲〈詠懷〉詩中，凡明確寫出節令之篇，常有所暗示。若涉及春季和夏季物候的，「春」通常喻指正始十年正月的高平陵之變，「夏」則常指甘露五年 4 月的高貴鄉公被弒。明言秋季或「霜風」、「商風」等物候的，通常有虛實兩種情況：實指的時間有二，其一爲齊王芳被廢的嘉平六年秋，其次爲阮籍作〈達莊論〉的景元元年秋。若言明「時在鶉火」的「九、10 月之交」，更是確指嘉平六年的廢齊王芳而立高貴鄉公之事。虛指則是因爲按五德終始說，司馬篡魏乃是以金德代土德，故以「商風」、「金風」、「商聲」等語隱喻配金德的司馬氏。（《魏晉詩人與政治》，頁 135）景氏此說，不知所據爲何？姑存之。又呂美生、賈政在《古詩欣賞》第九輯〈阮籍〉中論此詩時，言「楓林」乃是招魂的意象。因傳說中的楓是蚩尤被黃帝殺後其器械所化，它是帶有怨氣的幽魂象徵。如杜甫疑流放夜郎的李白已死、魂來入夢，就有「魂來楓林青」之句，故阮籍此詩一開篇就渲染了濃郁的感傷色彩。（台北，地球出版社，頁 46）

〔註 15〕 清朝蔣師爚考證：「按《三國志·曹爽傳》有南陽何晏、鄧颺、沛國丁謐。晏乃進之孫，颺乃禹後。《後漢書·何進傳》，南陽宛人。〈鄧禹傳〉，南陽新野人。是皆楚土，皆進自爽。」（此處轉引自葉嘉瑩《阮籍詠懷詩講錄》，頁 238，台北，桂冠圖書，2000 年 2 月）

> 初，爽以宣王年德並高，**恒**父事之，不敢專行。及晏等進用，咸共
> 推戴，說爽以權重不宜委之於人。乃以晏、颺、謐爲尚書，……爽
> 飲食車服，擬於乘輿；尚方珍玩，充牣其家；妻妾盈後庭，又私取
> 先帝才人七八人，及將吏、師工、鼓吹、良家子女三十三人，皆以
> 爲伎樂。……數會晏等會其中，飲酒作樂。

可見「三楚多秀士」，所指的正是曹爽一派浮華之友。楚地本應有許多才秀之
士，而曹爽親近、任用的卻是如何晏、鄧颺等荒淫奢靡之人。而「朝雲進荒
淫」，乃是對曹、何等人嬌縱奢靡，不知禍之將至的痛心指責。

「高蔡相追尋」及以下諸句，顯示了阮籍痛切批評「荒淫」的曹爽集團
的同時，對專用陰謀權術掩襲政敵的司馬氏集團的反感與遣責，而詩人對這
兩大政治集團態度的微妙不同，亦在其中得以表露。關於「高蔡」的典故，
蔡，爲楚國的地名。《戰國策·楚策》中載楚襄王耽於逸樂，莊辛勸諫曰：

> 郢必危矣。王獨不見黃雀，俯啄白粒，仰栖茂樹，鼓翅奮翼，自以
> 爲與人無爭。不知夫子王孫，左挾彈，右攝丸，以其頸爲的，晝遊
> 茂樹，夕調酸鹹耳。黃雀其小者，蔡聖侯因是已，南遊高陂，北陵
> 巫山，飲茹溪之流，食湘波之魚，左視幼妾，右擁嬖女，與之馳騁
> 乎高蔡之中，而不以國家爲事。不知夫子發受命於宣王，繫己以朱
> 絲而見之也。

據《通鑑》正始九年記載，當曹爽輩得志之時，司馬懿正「陰與其子護軍師、
散騎常侍昭謀誅曹爽。」而曹爽竟不知爲防，其處境與蔡聖侯何其相似。末
言「黃雀」亦爲喻此，而其中更含有曲折的褒貶之意。蓋黃雀補物，本身即
懷有貪圖，而後始有懷更大野心欲望「公子」躡於其後。阮籍視曹爽集團爲
「黃雀」，正是批評他們眩於眼前之利，自以爲得計，卻不知自己已入於更大
陰謀之中的政治短視。從「高蔡」、「黃雀」的比喻中，已可看出阮籍對曹馬
集團的不同感情：蓋對前者，是每哀其愚暗；對後者，則唯憎其陰險。此點，
當正是這首詩「一爲黃雀哀」的深意所在。

此外，詩中的「朱華」一詞，亦是阮籍在表達他對曹爽集團的複雜心情
時的常使用的詞類。蓋阮詩中，每借自然界中的朱華易落來感慨人事的「寵
辱豈已賴」，故除此詩之外，如：

> 夭夭桃李花，灼灼有輝光，悅懌若九春，磬折似秋霜。（〈詠懷〉其
> 十二）

> 熒熒桃李花，成蹊將天傷。（〈詠懷〉其四十四）
>
> 不見日夕花，翩翩飛路傍。（〈詠懷〉其五十三）
>
> 墓前熒熒者，木槿耀朱華，榮好未終期，連飆隕其葩。（〈詠懷〉其八十二）

等詩句，均可視爲對曹爽等在政治上一時貴盛，瞬即隕落命運的象徵。而「涕下誰能禁？」正是阮籍在預見曹魏敗亡的命運與時局的晦暗醜陋後，無可奈何的沈痛感慨。全詩可視爲一首哀悼曹魏集團春榮將盡、基業欲傾的傷春歌，一支哀歎曹爽臨危不悟、迷魂難返的招魂曲。

　　嘉平六年李豐、夏侯玄、許允等人的被殺，實際上是正始十年事件的繼續，是司馬氏誅殺曹、何之後在朝中繼續鏟除異己，戕夷士大夫的進一步行動。在這次屠殺中，司馬氏採用的手段極爲殘暴和無恥。《通鑑》正元元年載：

> 春，2月，瘛中書令李豐。……收豐子韜及夏侯玄、張緝等皆下廷尉，鍾毓按治，云豐與黃門監蘇鑠、永寧署令樂敦、冗從僕射劉賢等謀曰：「拜貴人日，諸營兵皆屯門，陛下臨軒，因此同奉陛下，將群僚人兵，就誅大將軍……」。又云：「謀以玄爲大將軍，緝爲車騎將軍；玄、緝皆知其謀。」庚戌，誅韜、玄、緝、鑠、敦、賢，皆夷三族。

最後，中兵領軍許云在當年秋亦流徒而死，這場殺戮始告終束。這次屠殺使得天下震動。李豐、夏侯玄等人在朝中頗有聲望，不僅素懷高遠政治理想，人品識度亦爲世所重，夏侯玄向有「廊廟之器」之稱，李豐則清名遠播境外。他們被害的眞正原因，不過是忠於魏室，不附司馬而已。對他們的遭遇，阮籍抱有眞切的哀痛與同情。在這一年，阮籍作〈鳩賦〉，文前有一短序云：

> 嘉平中得兩鳩子，常食以黍稷之旨。後辛爲狗所殺，故爲作賦。

此年爲二亡鳩作此賦，很難相信其與豐、玄被殺的事件僅爲偶然之巧合。從賦中流露出的辭句語氣中，可以感覺到阮籍有意無意地隱晦表達著對豐、玄等人的傷悼。如賦中云：

> 始戢翼而樹羽，遭金風之蕭瑟。既顚覆而靡救，又振落而莫弼。……揚哀鳴以相送，悲一往而不集。……何依恃以養育，賴兄弟以親戚。……值狂犬之暴怒，加楚害於微軀。欲殘沒以麋滅，遂捐棄而淪胥。

據史書載，李豐、夏侯玄等在曹爽兄弟被誅時，僅得獲免。經這次打擊，幾

年間他們「居常怏怏」（《通鑑》卷七十六），「不交人事，不蓄華妍」（《三國志》卷九〈夏侯玄傳〉注引《魏略》）。賦中的「遭金風之蕭瑟」，或可理解爲他們所受司馬氏的摧折，而「揚哀鳴以相送，悲一往而不集」等語，頗有暗指他們自曹爽集團被害後交遊零落的遭遇之意。「何依恃以養育，賴兄弟以親戚」之語，很容易使人聯想到史書所記載的當嘉平三年司馬懿死後，許允謂夏侯玄「無復憂矣」。夏侯玄卻感嘆說：「此人猶以通家年少遇我，子元、子上不吾容也」（同上注引《魏氏春秋》）一事。此賦末尾「值狂犬之暴怒，……遂捐棄而淪胥」的描寫，與李豐之死狀略有吻合。《通鑑》中載，司馬師詰問李豐平素與魏帝言談的內容，「豐不以實告，師怒，以刀鐶築殺之，送屍付廷尉。」史書對司馬師，頗有褊急善怒的記述，阮籍「暴怒」之語，也可能確有所指。

與這篇不無影射之意的〈鳩賦〉約略同時，阮籍作有〈詠懷〉其四十八。詩中云：

> 鳴鳩嬉庭樹，焦明遊浮雲。焉見孤翔鳥，翩翩無匹群。死生自然理，
> 消散何繽紛。

黃節先生評論以爲，此詩「言鳴鳥棲於庭樹，相與群嬉，焦明之遊於浮雲，一孤鳥耳，亦有玄鶴孔鳥之相從。然鳩以群而被害，不如焦明之孤而得匹矣。雖死生乃自然常理，惟鳩爲狗殺，何以變易之亂如此。此〈離騷〉所謂『時繽紛以變易兮，又何可以淹留也』」。〔註16〕從這首詩的情感中，我們不僅可以看到阮籍對李豐、夏侯玄等悲劇的眞誠哀感，同時更能覺察到阮籍自己對當時政治集團的權力角逐抱有一種比較超然的「匹而不群」態度。

其他用比興手法及形象概括的方式，對政局的動亂、曹魏王室的將滅，表示傷感的，如〈詠懷〉其十八：

> 懸車在西南，羲和將欲傾。流光耀四海，忽忽至夕冥。朝爲咸池暉，
> 濛汜受其榮。豈知窮達士，一死不再生。視彼桃李花，誰能久熒熒。
> 君子在何許，歎息未合并。瞻仰景山松，可以慰我情。

此詩以羲和欲傾，比喻魏祚將盡，夕冥、朝暉象徵易代，桃李不能長榮，暗示好景不常，唯有景山之松，經久不變，差堪自慰。朱嘉徵曰：「閔時之將變，而冀得楨幹之臣焉。」〔註17〕正道出了阮籍在當日政治風暴中的忐忑與朝中

〔註16〕見黃節《阮步兵詠懷詩注》，頁88。
〔註17〕見黃節《阮步兵詠懷詩注》所引，頁46。

無人的憂慮。又如〈詠懷〉其二十：

> 楊朱泣岐路，墨子悲染絲。揖讓長離別，飄颻難與期。豈徒燕婉情，
> 存亡誠有之，蕭索人所悲，禍釁不可辭。趙女媚中山，謙柔愈見欺，
> 嗟嗟塗上士，何用自保持。

曾國藩論此詩曰：「岐路、染絲，言變遷不定，翻覆無常；不特燕婉之情如此，即國之存亡亦不過一反覆間耳。」言此詩從比興的方式，表達朝廷將亂，國家隨時會發生變動的預見。陳祚明解釋得更清楚：「岐路、染絲，無定者也，以比患至之無方，典午竊國，深心初似誠謹，信用之後，權在難除，喪亡孰不悲，而禍釁已成，烏能自保。將述趙女之喻，先以燕婉比之，存亡旨甚顯矣。」此皆可見出阮籍洞徹時局後，無能爲力的苦悶與內心不安的呼告。

深入地看，在這一時期，阮籍的思想究竟處於何種況呢？無疑，他對於這幾年之間導致曹爽集團成員全數覆亡的兩場政治鉅變，內心感慨極深。曹爽敗亡後，阮籍詩中時常隱然以秦故侯邵平自擬。《詠懷》其六云：

> 昔聞東陵瓜，近在青門外。連畛距阡陌，子母相鉤帶，五色曜朝日，
> 嘉賓四面會。膏火自煎熬，多財爲患害。布衣可終身，寵辱豈足賴。

這首詩表現了阮籍從曹爽集團被誅事件中感慨曹魏那個時代的危亡以及他此時的自處之道。「東陵瓜」的典故，乃出自《史記・蕭相國世家》：

> 邵平者，故秦東陵侯。秦破，爲布衣，貧，種瓜於長安城東，瓜美，
> 故世俗謂之「東陵瓜」，從邵平以爲名也。

邵平原爲秦朝東陵侯，秦滅，淪爲種瓜的布衣平民。他雖以種瓜爲生，卻因善於耕植，而種出色彩繽紛的五色瓜，田產日豐，四方瓜客聞名而至。邵平雖從王侯淪爲瓜農，但以自己的勞力卻換來安心富足的生活。阮籍以此感慨天下歷朝歷代的盛衰興亡與人生富貴貧賤的循環起伏，不可久恃。從表層上看，此詩前一部分形容了一種甚爲暄赫眩目的氣焰，令人聯想到居高位者炙手可熱的權勢；「膏火自相煎」以下，卻表現了一種與之全然不同的甘於淡泊的人生哲學。「布衣可終身」不僅委婉批評了貪戀權勢者痴妄，更代表了詩人用自甘淡泊來擺脫內在與外部的異己力量對身心煎熬的現實選擇。

而從此詩中亦見出阮籍從此在政治上更加求退的思想轉折。〔註18〕阮籍

〔註18〕景蜀慧在《魏晉詩人與政治》中，提出此詩其實除了表現了阮籍從此在政治上更加求退的思想轉折外，詩中還提示了阮籍在內心深處對曹爽集團的隱秘感情。她認爲在許多基本問題上，阮籍與曹爽集團不存在對立關係。這不僅

本身有很高的政治抱負，在〈詠懷〉其三十八、三十九和六十一等若干詩中，
猶可見其慷慨述志，欲建功名。其中不僅表現了「彎弓掛扶桑，長劍倚天外」
的壯懷，亦極力推崇「忠爲百世榮，義使令名彰」、「豈爲全軀士，效命爭戰
場」的傳統價值觀。然魏末世途多艱，涉身政治者如履薄冰，面臨險惡的處
境。阮籍不肯應曹爽等辟而出仕，很大程度上也是出於「知機」，即對時局清
醒的認識。而曹爽之徒處在危險的漩渦中心，卻不知危機將發，反而迷戀於
富貴權勢。觀史書所載蔣濟告訴司馬云曹爽不過「駑馬戀棧豆」耳，以及曹
爽在行將族滅前猶云：「我亦不失作富家翁」諸事，其人之愚闇昏庸可知。貪
財伐性，招權殞身，這正是令阮籍爲之深嘆哀閔猜心者。所以，阮籍才在這
首〈詠懷〉中，根據歷史和現實的深刻教訓，以一種痛苦的憂患之心，揭示
了當時政治環境的險惡、局朝者「汲汲防禍」而產生的精神煎熬，告誡世人
權勢的不可附，寵祿的不可貪及仕進的不可取。正是在「布衣可終身」的覺

是因爲在哲學世界觀方面，內儒外道的阮籍與既倡虛無本體，又賞識儒家風
骨的王、何等人思想十分相近，以至阮籍在精神上隱隱視這一集團爲同道。
即便在政治上，阮籍雖能以其獨立的人格而超然於統治階級中派別集團的利
益之上，但對於故國君臣的懷思，卻是正直的知識份子很難完全擺脫的感
情。何況就道義角度而言，多行不義的司馬集團，亦令人深感憎惡。所以於
此方面，阮籍與曹爽集團，同樣是友非敵。但是阮籍又確實看透了這一集團
在政治上有其致命弱點，甚難成器。此輩在人品上的未臻第一流，渴慕榮利，
峻躁浮淺，尤爲阮籍所鄙視。所以，就形跡而言論，阮籍與曹爽集團關係
甚疏，當正始八年曹爽聞阮籍清名而召其爲參軍時，阮籍即托病辭謝，未曾
應聘。在理智上，阮籍總是對他們在政治、人格諸方面的缺失提出批評與諷
諫。但是在感情方面或是潛意識中，阮籍卻對這一集團懷有深切的憐憫與同
情，對其政爭中的失敗，亦深懷惋惜。在〈詠懷〉中，阮籍常以「蘇子」、「李
公」、「安陵」、「龍陽」、「佳人」、「少年」、「當路子」、「塗上士」、「輕薄子」、
「夸毗子」等詞語或典故喻指曹爽集團中人。表面上，這些詞均帶貶抑色彩，
但實際上它們則往往含有更深一層不易褒貶的歷史文化內涵，其所象徵的，
遠非眞正的大奸大惡。特別是在曹爽等遇禍之後，阮籍自比故秦東陵侯，暗
示了他與曹爽之間存在的某種恩義關係。景女士又舉出〈詠懷〉其十九「西
方有佳人」的結尾，有「悅懌未相接，晤言用感傷」的詩句作爲參照。並引
黃節先生認爲全詩或是敘寫阮籍曾辭謝曹爽徵辟之事。如此，則「悅懌」
二句，也有可能是曲折透露出阮籍內心對曹爽曾欲辟用他的舉動，未能完全
忘懷，因而對其罹難，是不無「感傷」的（頁 139）。我們參照〈詠懷〉第
十一首及第五首中有「西遊咸陽中，趙李相經過」句，第十三首中「李公悲
東門」，據陳伯君先生在《阮籍集校注》的考證，認爲「高蔡」、「黃雀」、「李
斯」等皆暗指曹爽，諸詩中不同程度地慨嘆曹爽在政治上的一時貴盛，瞬即
隕落的命運。故景蜀慧女士認爲阮籍在感情上對曹爽集團頗爲同情應有其理
論根據。

悟之下，阮籍此階段的思想開始趨向於遠離群體的遺世獨立，如〈詠懷〉其四十八中所謂「焦明遊浮雲，……翩翩無匹群」。對人生價值的追求，也開始從外在功業轉到內心超曠。「縱酒昏酣，遺落世事」（《三國志·王粲傳》注引《魏氏春秋》）的處世方式，當大致產生於此時。

二、殷憂令志結，怵惕常若驚 —— 易代之際的憂憤

前兩次事變的犧牲者，都只是魏氏臣僚，然而司馬氏翦除枝葉，最終乃是爲伐除根本，所以就在誅殺李豐等當年，即公然廢黜了魏少帝曹芳而另立高貴鄉公曹髦；而六年以後，又悍然弒逆，另立曹奐，掃除了禪代的障礙。後兩次朝廷鉅變的受害者，已不再是魏臣而是魏君，其事在阮籍心裏引起震撼的程度，乃遠過於前兩次事件。所以，從正元元年始，阮籍的思想較前發生了很大的變化。他不僅是清楚地感受到了魏運必消的頹勢，政治上暗懷欲效夷齊之志的心念，在哲學方面，也進一步尋求寄託與超脫。

關於司馬氏廢齊王芳事，《通鑑》記載說，少帝因李豐之死，意殊不平。值司馬昭奉詔擊姜維，「九月，昭領兵入見，……左右勸帝以昭殺之，勒兵以退大將軍。已書詔於前，帝懼不敢發。昭引兵入城，大將軍師乃謀廢帝。甲戌，師以皇太后令召群臣會議，以帝荒淫無度，褻近倡優，不可以承天緒；群臣皆莫敢違。乃奏收帝璽綬，歸藩於齊。……帝與太后垂涕而別，……群臣送者數十人」。十月，迎立高貴鄉公。（見卷六十七高貴鄉公正元元年）

儘管易觸時忌，阮籍在〈詠懷〉中，還是有許多首詩暗示此次廢立之事，其中最爲明顯的是〈詠懷〉的第十六首。茲錄如下：

> 徘徊蓬池上，還顧望大梁。綠水揚洪波，曠野莽茫茫。走獸交橫馳，飛鳥相隨翔。是時鶉火中，日月正相望。朔風厲嚴寒，陰氣下微霜。羈旅無儔匹，俛仰懷哀傷。小人計其功，君子道其常。豈惜終憔悴，詠言著斯章。（其十六）

這首詩中透露了事件發生的時空線索以及自身的感受。蓋〈詠懷〉之中，凡「大梁」、「梁都」、「梁王」等語，多爲魏都與魏帝之隱稱，例證甚多。而此詩中之「蓬池」，亦是古梁都（今河南開封縣西北）東南之大澤，據《漢書·地理志》載：「河南開封縣東北有蓬池。」同樣與魏都有關。在中國詩歌中，詩人寫對自己國家都城的眷戀之意，多用「還顧」、「回首」等詞。阮籍滿心憂慮、哀傷地徘徊、徬徨在蓬池之上，屢屢回顧、瞻望都城大梁，表現出對

故都的眷戀，對國家危亡的憂慮。眼中所見之景為「綠水揚洪波，曠野莽茫茫」，只見蓬池的綠水波濤翻滾，曠野中一片蒼茫廣遠。阮籍借景所欲抒發的是「滔滔者天下皆是也」的亂世悲慨與時代的動亂如揚洪波的絕望；人世也像那片曠野般，到處是雜亂叢生的野草樹木。在那片「曠野茫茫」之上，是「走獸交橫馳，飛鳥相隨翔」。而阮籍意識到時代的波濤滾滾，曠野茫茫，走獸橫馳，有志之士如飛鳥相隨遠離的人世，是在「鶉火中」之時。

「鶉火」本是天上的星名，此星正當夜空中央時，是九月十月之交的時候。《左傳‧僖公五年》載：

> 晉侯復假道於虞以伐虢……8月甲午，晉侯圍上陽，問於卜偃曰：「吾其濟乎？」對曰：「克之。」公曰：「何時？」對曰：「童謠云：『丙之晨，龍尾伏辰，均服振振，取虢之旗。鶉之賁賁，天策焞焞，火中成軍，虢公其奔。』其9月、十日之交乎！丙子旦，日在尾，月在策，鶉火中，必是時也。」

因此，黃節先生在《阮步兵詠懷詩注》中，參考清代何焯的意見，認為：

> 嘉平六年2月，司馬師殺李豐、夏侯泰初等，3月廢皇后張氏，9月甲戌，遂廢帝為齊王，乃十九日，是月丙辰朔；10月庚寅立高貴鄉公，乃初六日，是月乙酉朔。師既定謀，而後白於太后，則正日月相望之時。末言後之誦者，考是歲月，所以詠懷者見矣。初，齊王芳正始元年改用夏正，則此詩正指司馬師廢齊王事也。〔註19〕

何焯據《三國志‧魏志》的記載，明確地指出此次事件的具體時間，九月甲戌是曹魏嘉平六年的九月十九日。這一天，司馬師廢齊王曹芳，但並不直接篡位，於十月庚寅即十月初六這天，立高貴鄉公曹髦。此段時間正是鶉火星在天中央，夏曆九月十月之交時。

「日月正相望」句，李善注引用孔安國云「十五日，日月相望也。」即是滿月時，日月完全相對之時。曹芳被廢是九月十九日，但司馬師在九月十五日已定了謀畫，再請太后立詔。故阮籍言「日月正相望」，在時間點上亦是吻合。且詩中如「綠水揚洪波，曠野莽茫茫」的描寫，頗有曹操「秋風蕭瑟，洪波必起」之詩意，而「朔風厲嚴寒，陰氣下微霜」又完全是孟冬景象，此點亦可證明詩中描述的事件，正發生於九、十月之交。〔註20〕

〔註19〕見黃節《阮步兵詠懷詩注》所引，頁43。
〔註20〕關於「是時鶉火中，日月正相望」的考證，葉嘉瑩《阮籍詠懷詩講錄》（頁165

　　阮籍此詩中用「是時」、「正」來確指那一段腥風血雨的歷史。當一個人生當如此危亂不安的時代，眼見這種篡逆不臣的時局，卻無能為力，心中自然是感慨悲涼，故言「朔風厲嚴寒，陰氣下微霜」。這兩句詩表面上是描繪九月十月間凜冽的寒霜，實則是寫出這個時代給詩人的那份絕望與悲苦。「羈旅無儔匹，俛仰懷哀傷」則道出舉世濤濤，無人知己的孤單和寂寞。詩末，阮籍借《荀子・天論》中：「天有常道也，地有常數矣，君子有常體矣；君子道其常，而小人計其功。」來寄託自己的人生態度。即便自己在朔風嚴寒中被摧毀、憔悴了，也當如屈原所言的「亦余心之所善兮，雖九死其猶未悔」（〈離騷〉）。阮籍此詩真可謂是仁人志士抑鬱情懷的曲折表露。

　　甘露五年，魏王朝威權日去，不甘為失國之主的曹髦，決心孤注一擲，出討司馬氏。然當時魏之國運，已如江河日下，皇家「宿衛空闕，兵甲寡弱」，而司馬氏則已黨羽遍佈朝堂，如當尚書王經所言「權在其門，為日久矣，朝廷四方，皆為致死，不顧逆順之理，非一日也。」（見《通鑑》卷七十七魏元帝景元元年）曹髦不惜一切，拔劍升輦，以蒼頭官僮鼓譟而出。司馬昭派賈充迎擊，其死黨成濟抽戈犯蹕，將年僅二十歲的曹髦刺死車下。史載此事云：

> 帝見威權日去，不勝其忿。乃召侍中王沈、尚書王經、散騎常侍王業，謂曰：「司馬昭之心，路人所知也。吾不能坐受廢辱，今日當與卿等自出討之。」王經曰：「昔魯昭公不忍季氏，敗走失國，為天下笑。今權在其門，為日久矣，……且宿衛空闕，兵甲寡弱，陛下何所資用？而一旦如此，無乃欲除疾而更深之耶！禍殆不測，宜見重詳。」帝乃出懷中版令投地，曰：「行之決矣，正使死，何所懼？況不必死耶？」於是入白太后，沈、業奔走告文王，文王為之備。帝遂帥僮僕數百，鼓譟而出。……中護軍賈充又逆帝戰於南闕下，帝自用劍，眾欲退，太子舍人成濟問充曰：「事急矣，當云何？」充曰：「畜養汝等，正謂今日！今日之事，無所問也。」濟即前刺帝，刃出於背。（《三國志・魏志・少帝紀》注引《漢晉春秋》）

此一破壞傳統綱常名教的弒君事件，在當時朝野間引起很大的波瀾。對兩代仕魏又曾為高貴鄉公散騎常侍的阮籍來說，故國將亡，內心本難於無動於衷，如今故君被弒，更激起了他內心中強烈的哀傷與憤慨之情。作為這種感情的體現，〈詠懷〉詩中，有相當一部分篇章的內容，涉及到這一事變本身經過以

及對其事的感慨深思。在這些詩中，阮籍仍大量使用象徵和隱喻的手法，含蓄曲折地揭示歷史眞實和表達他遣責弑逆的幽微之旨。如第六十五首：

> 王子十五年，遊衍伊洛濱。朱顏茂春華，辯慧懷清眞，焉見浮丘公，
> 舉手謝時人。輕蕩易恍惚，飄颻棄其身。飛飛鳴其翔，揮翼且酸辛。

阮籍在這裏是用「王子」等有特殊含意的典故語碼，來隱喻高貴鄉公之薨和自己對他的傷悼之情。關於「王子」一詞，陳伯君先生在《阮籍集校注》曾指出：

> 〈詠懷〉詩中凡用『王子』或『王子晉』者，似皆指魏帝之年少者，
> 蓋傳言王子晉十五而仙去也。

這一推測頗有道理。不過若進一步考察，還可發現，阮籍所云「王子」，大致只代指兩人，即齊王曹芳和高貴鄉公曹髦。這首詩傷悼高貴鄉公的寓意相當明顯，前人多有指出。〔註21〕如黃節先生案云：

> 此詩傷悼高貴鄉公而作也。《魏志》：高貴鄉公卒年二十，在位凡六
> 年，則即位之時年當十五。詩中稱其「辯慧」，如《志》載帝幸太學
> 問諸儒事可證。陳壽評曰：「高貴才辯夙成，好問尚辭，……然輕躁
> 忿肆，自蹈大禍。」則詩言輕蕩棄身，匪高貴其何指？〔註22〕

此詩爲一史事極明顯的傷感詩。

在這一系列時代的鉅變面前，阮籍對現實的態度較之於前一階段發生了很大的改變。正元元年（即嘉平六年，是年十月壬辰改元），或可以說是他內心感情變化幅度較大的一年。阮籍嘗作有一篇〈首陽山賦〉透露了阮籍在廢立之時的思想感情，其云：

> 惟茲年之末歲分，端旬首而重陰。風飄回以曲至分，雨旋轉而灑襟。
> 蟋蟀鳴於東房分，鶬鶊號呼西林。時將暮雨無儔分，處凄愴而感心。
> 振沙衣而出門分，纓委絕而靡尋。步徒倚以遙思分，喟嘆息而微吟。
> 將修飭而欲往分，……懷分索之情一分，穢群僞之射眞，信可實而
> 弗離分，寧高舉而自儐。聊仰首以廣頫分，瞻首陽之岡岑，樹叢茂
> 以傾倚分，紛蕭爽而揚音。

〔註21〕此詩何焯認爲是傷「明帝不能辨宣王之奸，輕以愛子付託。」所謂愛子，指
齊王芳，但齊王芳即位之年九歲，在位十五年，無辯慧可稱，後來雖被廢，
遷居別宮，至晉泰始十年才去世，並無「棄身」之事，足見何氏之論，恐有
失深考。故今從黃節之說。

〔註22〕見黃節《阮步兵詠懷詩注》所引，頁112。

所謂「端旬首而重陰」，當是指初立高貴鄉公的十月初六前後，可見其賦中顯示的時間本不尋常。〔註23〕文章的開頭描繪了一幅風回雨旋、蟲鳴鳥號的暮秋之景，創造了一個令人無限感傷鬱悶的氣氛。然而眞正令詩人喟然歎息的並不是那陰鬱壓抑的暮秋之景，而是「齰齰笑人」、「群僞射眞」的社會環境。對此，詩人堅持自己獨立的氣節，不願同流合污。懷著「信可實而弗離兮，寧高舉而自償」的超脫污穢塵世的願望，他來到了南牆下，遙望首陽山。作爲一種文化的積澱，首陽山早已和不食周粟、隱居采薇的伯夷、叔齊兄弟聯在一起。然而在阮籍看來，伯夷、叔齊首先背殷從周，後又反武王伐紂，其實並無仁義可言，並不值得仰慕。然而如何解決出仕與歸隱的矛盾呢？阮籍「發言玄遠」的態度並無正面表達他的解決之道，只說是大道在於清虛守神而已，無須再慷慨言之。

　　〈詠懷〉中，有不少篇章和此篇賦中表現的時序、景物和情緒相似，如其三、其九、其十三、其五十等。特別是〈詠懷〉第九首，其情境韻味甚至詞藻，都幾乎和賦中的這段內容一致。其詩云：

> 步出上東門，北望首陽岑。下有采薇士，上有嘉樹林。良辰在何許？
> 凝霜霑衣襟。寒風振山崗，玄雲起重陰，鳴雁飛南征，鶗鴃發哀音。
> 素質遊商聲，淒愴傷我心。

這首詩及上述有關的詩**裏**呈現出來的情感心態，已失卻前一階段的那種超然意味而顯出一種深刻的痛苦，「良辰在何許？凝霜霑衣襟」，表達了他對漢魏以來的篡奪、戰爭、離亂、危亡是何等感慨，他多麼期待一個如神農、虞、夏的美好時代，〔註24〕然而「寒風振山崗，玄雲起重陰」的黑暗現實卻如寒

〔註23〕〈首陽山賦〉賦前有一短序云：「正元元年秋，余尚爲中郎，在大將軍府。獨往南牆下北望首陽山，作賦云」。從序中語氣看，〈首陽山賦〉或許並不作於正元元年，但也有可能此序爲以後補記。然而從情理推測，此賦爲事後追憶之作，應非偶然。阮籍一生行事謹慎小心，他雖目睹當時殘酷的政爭，但是他更關心的是自己的命運，故他不在當時就作賦寄意，而是用一種事後追憶的方式，避開正鋒，委婉含蓄地表達自己的幽深心曲。

〔註24〕《史記‧伯夷列傳》載，伯夷、叔齊身當商、周之際。當時，武王伐紂之後，伯夷、叔齊「義不食周粟」，隱居在首陽山上，「采薇而食」，死前作歌曰：「登彼西山兮，采其薇矣。以暴易暴兮，不知其非矣。神農、虞、夏忽焉沒兮，我安適歸矣？吁嗟徂兮，命之衰矣。」歷史中的五帝三王之世，在儒家的理想中，是天下歸心、四海一同、河清海晏的太平時代，伯夷、叔齊慨嘆自己未能躬逢其盛，而身於商紂滅亡、武王伐紂的亂世之中。阮籍是借伯夷、叔齊之事來寫自己的悲慨。

霜凝結在他的胸襟，使他的精神心靈感情充滿著寒冷、孤獨。

正是因為此期歷史的重大變故，使他內心裏的傳統價值觀和人生理想受到更大的打擊，政治上陷入了更深的失望。而此詩中「北望首陽岑」所提示的是阮籍在這種境況下的人生選擇。他要在精神上遺世獨立，不與司馬氏同流；現實中委質全身，不與司馬氏衝突的處世方式。

阮籍的這種選擇，是建立在對昔日繁華一去不返的覺悟和對今後歲月危機的預感之上的。〈詠懷〉第三首云：

嘉樹下成蹊，東園桃與李。秋風吹飛藿，零落從此始。繁華有憔悴，

堂上生荊杞，驅馬捨之去，去上西山趾。一身不自保，何況戀妻子。

凝霜被野草，歲暮亦云矣。

陳沆《詩比興箋》言：「司馬懿盡錄魏王公置於鄴。嘉樹零落，繁華憔悴，皆宗枝翦除之喻也。」可知詩前六句，頗可隱喻司馬氏已將曹氏集團勢力消滅殆盡的政治現實，阮籍言「零落從此始」，這個「此」指的應是當時魏晉之交的正始時代，正如沈約所言：「風吹飛藿之時，蓋桃李零落之日。華實既盡，柯葉又凋」。〔註25〕「繁華」也會有「憔悴」之時，「堂上」居然也有生「荊杞」之日，這是何等的一份盛衰之慨！

如此危亡、衰亂的時代，如此興衰無常的人世，故要驅馬離開，去到伯夷、叔齊隱居的首陽山腳下，如《詩經·碩鼠》中的「逝將去矣，適彼樂土」。阮籍高潔而任達的性情，為求保全卻委曲求全地身事於危朝亂政之中，他內心的悲苦、煩亂，使他嚮往如伯夷、叔齊地高隱，此「驅馬捨之去，去上西山趾」句，即表現了阮籍在此時的情志和精神所寄。

而「一身不自保，何況戀妻子」句，更加使人感受到阮籍苟且求全的矛盾憂思。有時，人之所以肯於委曲求全，並非全然是因為自己貪生畏死的緣故，而是對自己親屬、家人的一份保愛之意，怕連累了家族親人。在一個「凝霜被野草，歲暮亦云矣」的時代中，阮籍即使如伯夷、叔齊的高隱，都不能自保一身的安危，更何況還要戀念妻兒，他如何能夠保全家人呢？此亦使我們體會到他一生在政治上謹言慎行，不論時政、不臧否人物的苦心孤詣。

在此時，阮籍〈詠懷〉詩裏，除了表示對夷齊的思慕之外，也有像「園綺遯南岳，伯陽隱西戎」（其四二）及以後的「巢由抗高節，從此適河濱」（其七十四四）這類尊崇高人隱士的詩句。它們所顯示的政治態度和人格精神，

〔註25〕沈約及陳沆所言，皆見於《阮步兵詠懷詩注》注引，頁18。

若比之後來向秀屛息對司馬氏的「巢，許狷介之士，未達堯心，豈足多慕」
之語，〔註 26〕其向背高卑自是不同。無疑，詩人以前推崇布衣終身的邵平，
而此時托志於不食周粟的夷齊，前後感情有著十分微妙的變化差異。蓋自比
邵平，是針對招權戀勢，不知避禍的曹爽集團而言，而這些人最終仍是當時
政治的犧牲者；效法夷齊，則是針對竊國篡逆，野心勃勃的司馬氏而言，這
一集團纔是無數政治悲劇的主動製造力量。

在〈詠懷〉其十三之末，阮籍有「求仁自得仁，豈復嘆咨嗟」的感慨，黃
節先生注引何焯言：「此言人皆有死，何如求仁得仁，若夷齊者爲得其所乎？」
固已點出阮籍內心對儒家傳統道德操守的堅持，不僅是單純而被動的「自保」
而已。但捨此而外，這兩句詩也表露了他心**裏**尚有更深刻的隱微之旨，阮籍對
夷齊的崇尙，一方面，這是對司馬氏的消極反抗之舉，他並沒有如嵇康直接非
薄湯武，〔註27〕另一方面，它也是一種保持內心自由和精神超越的盼望。

其實，阮籍在當時之世，具有一種獨立不倚之人格，對許多政治是非問
題，並不作簡單的情感化判斷，陳伯君先生在《阮籍集校注・序》中論〈詠
懷〉詩的政治傾向說：

> 《詠懷》詩**裏**如果有所謂「刺」，那是以他自己的是非、善惡的標準
> 來作衡量，決不是站在忠於曹家的立場而痛心於司馬氏的篡逆。

確實，作爲社會最傑出的分子，阮籍對魏晉統治層中各勢力集團及有關的政治
派別，其情感態度相當複雜，難以一概而論。和性格剛直，情緒激烈，與曹魏
集團又有較深關聯的嵇康相比，阮籍對政治的態度，更接近現代所說的「知識
份子」的態度。一般認爲，所謂獨立知識份子，並不從屬於任何一個社會政治
集團和階層，他們在社會中所代表的，是人類理性、自由、正義、良知等基本
價值。他們對政治的關係，也遠遠超過了個人或小集團的私利。〔註28〕而中國

〔註26〕《世說新語・言語》載：「嵇中散被誅，向子期舉郡計入洛，文王引進，問曰：
　　　　『聞君有箕山之志，何以在此？』對曰：『巢許狷介之士，不足多慕。』王大
　　　　咨嗟。」可見嵇康的被殺，在越名任心的士人中引起巨大的恐懼，於是改節
　　　　失圖者有之，如向秀。在他的〈思舊賦〉中，可以看出他對自己改志，內心
　　　　交錯的鬱憤與悲哀。
〔註27〕史載「湯放桀，武王伐紂」，伯夷、叔齊認爲這是以暴制暴，以臣逆君，並不足
　　　　取，故「義不食周粟」。嵇康非薄湯武，其實是非薄有篡逆之意的司馬氏，故因
　　　　而得禍。而阮籍亦不恥司馬氏，但只以「去上西山趾」婉轉地指斥，故得保全。
〔註28〕參見余英時《士與中國文化・自序》，頁1～11，上海人民出版社，1986年3
　　　　月版。

古代的士人，恰恰有一種在權勢面前以道自重，保持獨立之人格意志的傳統。對於自身精神覺悟達到相當高度的士人來說，其獨立性還往往並不拘泥於形跡而是更深刻而堅定地保持在內心世界之中。阮籍以其家世之故，在情感方面或不免對於曹氏政權懷有故國之情，但在理智上卻並不盲目追隨任何一方統治者。所以，儘管他在《詠懷》詩中曲折但亦明晰地對司馬氏提出強烈批判，究其衷懷，卻並非簡單的是曹非馬。實際上，阮籍是從社會正義、天下蒼生的高度，來展示他對曹、馬爭鬥的褒貶好惡之感的。而唯獨有此高度，我們才能從〈詠懷〉之中，看到如此豐富、深沈和高渺的內涵。

三、下學而上達，忽忽將如何 —— 身與願違的掙扎

高貴鄉公死後，司馬氏立道鄉公曹奐為小皇帝。此時，曹魏政權已名存實亡，政治愈加黑暗，阮籍的思想，也變得更加消沈和尚玄遠。反映這些變化的標誌之一，是阮籍在景元元年所作的〈達莊論〉。〈達莊論〉是一篇用文學形式寫成的哲學思辯文章。文中假托一位主張清靜無為的道學先生（其實是作者的化身），來辯駁一群儒學之徒對莊子思想的非難，從而闡述《莊子》中〈齊物論〉的思想。《莊子》是魏晉玄學得以產生發展的重要典籍之一，魏晉玄學祖述老莊，正始時期以《老子》為主，竹林時期則轉向《莊子》。阮籍的〈達莊論〉是莊學初見於魏晉的著述，由此亦可見出他由儒而道的思想轉變。文中以「客」與「先生」問答的方式來鋪陳全文，一儒一道，立場迥異，而兩者直接交鋒的焦點便是莊子「齊禍福而一生死，以天地為一物，以萬類為一指」的齊物論學說。縉紳好士之徒（即儒家禮法之士的代）鼓吹用儒家的是非吉凶之名來分理萬物治理國家，而作者則根據莊子的學說，從宇宙生成的角度出發，論證了「自然一體」、「萬物一體」的根本觀點。且又分析了人的個體存在與宇宙自然的關係，指出人的生命根源不過是天地陰陽之氣聚散的結果，從而否定了人的生死、大小、壽夭等的界限，得出了人作為個體存在，在本質上是齊一的，生死是非也是互為「一貫」的結論。他說：

> 人生天地之中，體自然之形。身者，陰陽之積氣也；性者，五行之正形也；情者，游魂之變欲也；神者，天地之所以馭者也。以生而言，則萬物不壽；推之以死，則無物不夭。自小視之，則萬物莫不小；由大觀之，則萬物莫不大。殤子為壽，彭祖為夭；秋毫為大，泰山為小。故以死生為一貫，是非為一條也。

阮籍的〈達莊論〉承《莊子‧齊物論》的思想，主張超越人的壽夭與是非，人生而有情，長而有識；由情轉癡，因癡生執，喜怒哀樂之傷身戕性蓋由此，生之喜，死之哀，是情之大者，以生死皆自然之化，將兩者渾化一貫，則不再為情所困；人因知識而認識世界，也因認知而分別是非，而其實是非只是論者理解事物的不同方式，站在事物全知的觀點，各種詮釋都見其一端，既可言是也即可言非。此是阮籍以自然超越情與識的看法，然而在現實中，阮籍卻並未能完成他的超越。由於外界的高壓和他自己名高於世的特殊地位，他在黑暗政治中沒有逾過宏羅巨網，達到身心的自由。因此，阮籍至死仍然是痛苦而惶恐的。尤其不幸的是，他本已在自我人格意志上有了很深的覺醒，但卻仍然不得不面對人的可悲境遇，忍受非存在力量的摧折，其所感知的痛苦之巨，殆又遠超過於他人。其〈達莊論〉開首寫道：

> 伊單閼之辰，執徐之歲，萬物權輿之時，季秋遙夜之月，〔註29〕先生徘徊翱翔，迎風而遊，往遵乎赤水之，上來登乎隱岑之丘，臨乎曲轅之道，顧乎泱漭之洲。恍然而上，忽然而休，不識曩之所以行，今之所以留。悵然而無樂，愀然而歸白素焉。平晝閒居，隱几而彈琴。

此段文字中彌漫的一種徘徊恍惚的蒼涼情調，和阮籍所作的〈詠懷〉第一首的精神內涵和情景意境頗為相似：

> 夜中不能寐，起坐彈鳴琴。薄帷鑑明月，清風吹我襟。孤鴻號外野，翔鳥鳴北林。徘徊何所見，憂思獨傷心。

全詩籠罩著一層深秋之悲霧，表現出強烈的憂傷之情和孤寂之感。「夜中不能寐」所表現的是詩人內心中的憂思煩亂無法解脫，無從發洩，故而夜半時分

〔註29〕　〈達莊論〉的寫作時間，據景蜀慧《魏晉詩人與政治》（頁153～154）的考證，認為首四句告知了此文的寫作時間。所謂「單閼之辰，執徐之歲」，她引陳伯君先生的看法指的是「卯辰之歲」，但後文即寫明「季秋遙夜之月」，而季秋不過9月，遠不到歲末卯辰交替之時，故言「卯辰之歲」，殊不易解。而且「辰」作為時間單位一般只有兩用，一為記時，二為記日（特別當以干支相配記日時，若以干為單位十日一周始，則稱為日；若以支為單位十二日一周始，則稱為辰），除此之外，辰並無記歲之義。因此，對這四句中包含的具體時間，若能理解為卯日、辰年、子時和季秋9月，或許更為合理。至於辰年究竟為哪一年，陳伯君先生指出阮籍一生共五週辰歲，其中最後一個辰歲就是高貴鄉公甘露五年亦即元帝景元年。「高貴鄉公於甘露五年5月被害，而觀此文首段憂來無端，無可奈何之情緒，今假定作為最後之一個辰年，或不遠於事實。」景蜀慧女士認同陳先生此一推斷。〈達莊論〉寫於此時當是可信，也是符合阮籍思想發展之脈絡的。

仍無法成眠;「起坐彈鳴琴」所象徵的便是他嘗試對自己憂思煩亂的心緒加以排解的掙扎和努力。然而窗前那淒寒的月光,衿上寂冷的清風以及林外孤鴻的哀鳴更加引發他孤獨、寂寞的感受。他努力跳脫自己憂亂的情思,卻除了明月、清風、孤鴻、朔鳥所代表的幻滅、寒冷、孤獨外,再無所見。在魏晉如此危亡的衰亂之世,他還能希求、盼望什麼呢?在徘徊與徬徨中再也沒有一件事物能夠為他帶來溫暖和安慰。而這份憂思卻是無可告喻的,「身仕亂朝,常恐遭禍」的憂懼,如何能將心中這份對「憤懷禪代」的沈鬱向人訴說呢?他只能在清寂的夜中「徘徊將何見,憂思獨傷心」。

及至阮籍作〈達莊論〉的景元元年暮秋,他思想中,於國事身世,都已深深感受到了「朝陽不再盛,白日忽西幽」的濃重悵惘,一種辭世遠遁,尋求歸宿的思緒,更經常的縈牽在〈詠懷〉詩裏。第三十首云:

驅車出門去,意欲遠行征。征行安所如,皆棄夸與名。夸名不在己,
但願適中情。單帷蔽皎日,高榭隔微聲。讒邪使交疏,浮雲令晝冥。

阮籍在這首詩中傳達出的深意,乃是他在經歷曹魏後期十餘年間政海風濤,面對得失急驟、生死無常的殘酷現實之後,欲遠離這一切性命之害而求一歸宿的強烈企盼。「征行安所如,皆棄夸與名」也就是第七十二首中的「更希毀珠玉,可用登遨遊」,均寓絕棄人事,歸於自然之意。「夸名不在己,但願適中情」,一方面表現了阮籍對夸名的蔑視,一方面表達了他要保持自我本性的願望。詩中用單帷蔽日、高榭隔聲、浮雲蔽日的比喻來說明「讒邪使交疏」的現實,讒佞小人的流言中傷、浮言惑議,形成了朝中士以夸名進、利盡而交疏的現實,這是詩人在名利場中的切身感受,故他欲遠離此濁世。在與〈詠懷〉第十四首中云:

開秋兆涼氣,蟋蟀鳴床帷。感物懷殷憂,悄悄令心悲。多言焉所告,
繁辭將訴誰。微風吹羅袂,明月耀清暉。晨雞鳴高樹,命駕起旋歸。

詩中開篇因秋而起,託興蟋蟀。蟋蟀感時而鳴,人又感蟋蟀之鳴而悲。詩人耿耿不寐,殷憂在懷。毛詩曰:「憂心悄悄,慍於群小。」詩人「悄悄令心悲」,不僅是「惑物」,即時令變遷的感懷,應也包含著「慍於群小」之義。「多言焉所告,繁辭將訴誰」,表面是胸中鬱悶無人可訴的孤獨悲涼,其實也是多言招禍的政治悲嘆。於是詩人在微風吹袂、明月耀暉的寂夜中,做出遠離濁世的決定。第三十首中言「遠行」而此詩言「旋歸」,去來相異,用意則一。「行」是對塵世而言,為遠害言蹈之舉;「歸」則就歸宿而言,乃倦然知機之意。但

是，對阮籍來說，無論征行或歸返，那種出入離憂巨大哀愁卻是始終不能消除的。而此點，或許就是詩人這時的作品充溢著來去無端的暮秋之悲的眞正原因，亦即是其詩中之所謂「幽旨」所在。

此時，甚至對夷齊之節的標舉，亦不足以使阮籍維持內心的平衡。在〈達莊論〉中，阮籍不無痛苦地感慨：「潔己以尤世，修身之明謗者，誹謗之屬也。……含菽采薇，交餓而死，顏夷之窮也。」〈詠懷〉三十四中，也有「愁苦在一時，高行傷微身，曲直何所爲，龍蛇爲我鄰」的詩句。而在經過政治與社會的巨大陵谷之變後，阮籍思想上產生這樣的虛無之感，實際是毫不足怪的。也就從此開始，阮籍通過其有關於詩文中對老莊列仙的描寫，表現出他更多地寄意於玄門仙山，欲於玄邈虛無之中，追求出世逍遙的意趣。但他的思慕仙道，並不像嵇康那樣醉心於採藥養生的具體實踐，而僅僅是一種情感和哲思的寄託。〈詠懷〉第五十八首對此有清楚的表述：

> 危冠切浮雲，長劍出天外，細故何足慮，高度跨一世。非子爲我御，
>
> 逍遙遊荒裔。顧謝西王母，吾將從此逝。豈與蓬戶士，彈琴誦言誓。

此詩說明了阮籍的離世之想，亦不過是「屈子遠遊之意」。詩人戴著與青雲相接的高冠，乘著養馬能手非子爲他駕馭的良馬，身荷長劍，欲遨遊於渺茫超俗的天外。西王母以爲他欲求仙養生，故要留他於仙界，他卻拱手辭去，因爲如此又要受仙界的約束，這和坐守蓬戶，只知彈琴讀經的俗士有何區別？前文曾引《晉書》本傳謂阮籍嘗閉戶視書，博覽群籍，累月不出，又善彈琴。可知，阮籍原以爲現實中亦可以找到他自由逍遙，安身立命的天地，然而卻始終無路可通，於是只好向不可知的天地敞開自己的心靈窗口。將不可信的神仙世界用詩歌來化爲眞實，以抒發其難以抒發的憂思。而他是否在仙玄之境**裏**實現了內心的超越？〈詠懷〉第七十八首云：

> 昔有神仙士，乃處射山阿。乘雲御飛龍，噓淪嘰瓊華。可聞不可見，
>
> 慷慨嘆咨嗟。自傷非儔類，愁苦來相加，下學而上達，忽忽將如何。

從這首詩中對「可聞不可見」成仙之道的懷疑，揭示了詩人的精神追求在嚴酷社會現實中的破滅。「可聞」即表示神仙之事可作爲一種精神上的寄託、嚮往；而「不可見」又見出了神仙之事的非現實性。而「自傷非儔類」更可見出採藥求仙之舉在現實中的無可實現。因而我們從阮籍對上學下達、學道求仙之事的懷疑，見出了他於現實中想超脫又無法超脫的苦痛。「可聞不可見」、「自傷非儔類」等的表白反映了他對現實的清楚認知，而正是這份清醒的認

識，使得阮籍雖對神仙之事加以推崇傾慕，以達到一時心遊的精神解脫，但始終沒有沈溺於莊子式泯滅自我的心遊之中，沒有真正徹底忘懷現實而達到物我兩忘的境界。

又如〈詠懷〉第四十一首中，阮籍寫出了他既不願隨波逐流，又不能延壽成仙，進退失據的苦悶心情與徨然處境：

> 天網彌四野，六翮掩不舒。隨波紛綸客，汎汎若島驚。生命無朝度，
> 朝夕有不虞。列仙停修齡，養志在沖虛。飄颻雲日間，邈與世路殊。
> 榮名非己寶，聲色焉足娛。採藥無旋返，神仙志不符。逼此良可惑，
> 令我久踟躕。

詩以隱蔽委曲的概括，將當時的政治形勢比喻成天網，而以「六翮掩不舒」來寄託他對人生不自由的感歎。而「生命無朝度，朝夕有不虞」則道出了詩人對司馬氏高壓政策下，生命朝不保夕的憂懼，因此希望能躋身仙界，求得長生不老來解脫俗世的苦悶。然而詩人最終還是清醒地認識到仙界的不可期：「採藥無旋返，神仙志不符。」於是阮籍在天上人間竟找不到可以托身之所，而陷入更深的茫然失措、進退失據的痛苦中。〔註30〕

其實在阮籍的內心深處，始終存有其畢生持守的立身處世之堅定原則。〈詠懷〉第七十四首云：

> 猗歟上世士，恬淡志安貧。季葉道凌遲，馳騖紛垢塵。寧子豈不類，
> 楊歌誰肯殉。棲棲非我偶，徨徨非己倫。咄嗟榮辱事，去來味道真。
> 道真信可娛，清潔存精神。巢由抗高節，從此適河濱。

從此詩中，可以看出真正深刻影響阮籍整個人生的，仍是儒家的那種安貧守道，潔身厲操，不怨天，不尤人，順天知命，臨難不苟的人生價值觀以濟世理想。但在危亡衰亂的時代中，儒家道德異化的現實使得一股懷疑、叛逆的思潮在阮

〔註30〕 吳璧雍在〈人與社會——文人生命的二重奏：仕與隱〉一文中指出阮籍雖然發現「政治、戰場等外在追求是不能安頓自我的」，但在探索生命本質的同時，他卻「並沒有在生命之路上尋到什麼，反而在重重否定下，徬徨惆悵，不知何以自處」。吳先生並以阮籍〈詠懷詩〉中「路」的意象，揭示迢遐人生舞台的悽愴：「北臨太行道，失路將何如？」、「黃鵠遊四海，中路將安歸？」、「出門臨永路，不見行車馬。」、「楊朱泣歧路，墨子悲染絲。」、「世務何繽紛，人道苦不遑。」、「臨路望所思，日夕復不來，人情有感慨，蕩蕩焉能排？」「步遊三衢旁，惆悵念所思失。」因此，阮籍的「途窮而哭」便宣告了他進退失據的無力、蒼茫。而「進退失據」，正是魏晉士人不可逃脫的生命悲劇。（見《中國文化新論·文學篇——抒情的境界》，台北，聯經，民國71年，頁185～187）

籍胸中滋長。詩中他運用「馳騖」、「棲棲」、「徨徨」〔註31〕幾個與聖哲有關的
典故，懷疑在亂世中謀治的可能。詩人要與奔競於末世的聖哲背道而馳，並大
膽地指出他們並非自己的同道。我們從此看出他在此時對時局世態的極度失望
與無能爲力的悲慨，詩中的老莊思想是與亂世下的悲情相結合的。只有了解他
身處的時代，了解阮籍的個人經歷，我們才能理解詩人被壓抑的壯志熱情、被
遏制的才智膽識、被扭曲的道德情感，也才能了解他曾有的濟世之志是如何平
淡枯寂下來的。曾國藩論《詠懷》第七十八首指出：「終身履冰，下學上達，皆
嗣宗吃緊爲人處。」，〔註32〕這位清代的儒學名臣，可以說是看透了阮籍的思想。
由此我們可以見到阮籍一生中，努力以莊子是非齊一、物我兩忘的思想中尋找
到解脫苦悶的追尋，同時也看到終其一生難以解脫的掙扎。

第四節　嵇、阮共同的悲情

　　嵇康與阮籍歷來並稱，劉勰《文心雕龍·才略》篇言：「嵇康師心以遣論，
阮籍使氣以命詩」。其實「師心」與「遣論」乃是互言見意，他們身處魏晉之
世，均爲胸襟高邁，才志雋異，博學該覽，曠逸不羈之士。又雅好《莊》、《老》，
流連山水隱逸之樂。這樣的精神宗尚，曲折反映出了他們在當時社會中的思
想追求，政治態度和人格層次。他們同是德行奇偉，邁群獨秀，爲衰世所不
容，可是嵇康越名任心，阮籍依違避就，結果嵇康悲憤地喪於司馬氏之手，
而阮籍在沈鬱中終其天年。不管嵇歿或阮存，他們留下的同是令後人同情、
惆悵的悲情。

　　在思想上，嵇康和阮籍，都有著家世儒學，少有濟世之志的傳統文化背
景。這一點，對他們長成之後似乎放蕩不羈的行爲後面的人生觀價值觀，有
著很深沈的無形影響。事實上，嵇、阮始終抱有堅定的儒學信仰，從他們的
學術淵源和奉儒的態度來看，其信仰顯然是屬於「存在」式。〔註33〕譬如嵇

〔註31〕揚雄〈解嘲〉曰：「世亂則聖哲馳騖而不足。」；《淮南子》曰：「寧戚欲干齊
　　　　桓公，困窮無以自達，於是爲商旅任車以商於齊，莫宿於郭門外。桓公郊迎
　　　　客，夜開門辟，任車爝火甚眾，戚飯牛車下擊牛角天疾商歌。桓公聞之，曰：
　　　　『異哉，非常人也。』命後車載之，因授以政。」；《論語》曰：「丘何爲是栖
　　　　栖者歟？」班固《漢書，敘傳》曰：「是以聖哲之治，棲棲徨徨。」（見黃節
　　　　《阮步兵詠懷詩注》引，頁 125）。
〔註32〕見黃節《阮步兵詠懷詩注》引，頁 134。
〔註33〕景蜀慧在《魏晉士人與政治》，頁 14 中，分析信奉儒學的士大夫，由於思想

康，自幼因「家世儒學」而深受熏陶，又因父親早亡，學習上殊少約束。從他〈與山巨源絕交書〉中關於幼時「不涉經學」的陳述裏，可以看出他在學術淵源上不受傳統的禮法經術之學的影響，遂形成不隨流俗的自由精神。阮籍亦家世業儒，但阮籍的父輩並不傳習經學。其父阮瑀在當時，以不屈權貴，文采雋逸聞名於世（《三國志・王粲傳》即有「都護曹洪欲使掌書記，瑀終不爲屈」的記載）。他的人品與才學，無疑給阮籍留下了影響。由於嵇阮共有這種既受儒學精神濡染，又能不束縛於經學禮法桎梏的童年機遇，以及他們襟懷超邁，有高度文化修養的人品，遂使他們不僅在信仰上達到不懈追求偉大理想的至高境界，在思想上亦能不受理論樊籬的局限，從容出入孔老之門，使儒道二家互爲表裏，以淳至之內心，發坦蕩之行爲。前引史載阮籍別嫂，人或譏之，籍卻不無自傲地說：「禮豈爲我設耶？」的確，禮法之設，本爲世間俗儒，其用意是幫助一般人提高儒學修養，防範他們有違聖道之行爲。而那些對信仰有高度自覺並已深入其內在本質的精神澄澈之士，其追求早已超越世俗，所著意者亦在事物之實質，得魚而忘荃，固不必依賴於禮法之手段。聯想悠悠今古，多少爲犧牲目的，執筌而忘魚之輩，其質性的高下與嵇阮兩賢自不可同日而語，其區區鄙懷更無法理解嵇阮這樣的知識份子的眞正胸襟。

由此，嵇康阮籍也能夠感知到王何哲學著眼於天人之際的精微用意，對其「貴無」之說的傾心接受，並在某些方面予以發展。簡言之，嵇阮對王何思想的發展，主要表現在對莊子自然之說的刻意尊崇上。在理論上，阮籍作〈達莊論〉發揚莊子之微旨，嵇康則以他自己的方式闡發了對莊子應自然、

深度之不同，其信仰也有截然不同的兩種方式。一爲「佔有式」；，一爲「存在式」。她指出有相當一部分士大夫，對儒學不過「知其然而不知其所以然」，並不能深入其內核，主要信奉的，殆是儒學強調上下尊卑等統治制序的名教思想；其對儒學的信仰方式，有類於西方心理學家弗洛姆所謂的「佔有式」者，這種方式，本身即包含了對政治權勢的潛在認同與服從，所以這一部分知識份子，在政治上乃至思想上，都與權勢集團頗爲接近。另外一些士大夫，對儒學的態度則類似弗洛姆所謂的「存在式」信仰，其所注重的，「不是一種對特定觀念的信仰（儘管也可能是）而是內心的一個目標，一種態度。」他們對於儒學，除了多取其仁愛忠恕，汲汲進取的精神實質之外，尤其執著於對人生志業的理想追求。尤於他們所看重的是實質和神髓，有時還不免得意忘象，忽略某些淺層禮法的規範，在政治上，也往往堅持一種不以權勢者的是非爲是非的獨立不羈態度。不難看出，這兩類士大夫，雖同樣抱有某種政治理想，但在精神追求和政治態度上都是頗異其趣的。而阮籍嵇康對儒學的態度即是屬於後者。（台北，文津出版社，民國 81 年 11 月初版）

養性命的理解。從「貴無」出發，嵇、阮都更加自覺地用「自然」來批判現實統治秩序。阮籍〈答伏義書〉以爲，「夫人之立節也，將舒網以籠世，豈樽樽以入網；方開模以範俗，何暇毀質以適檢。」嵇康在〈養生論〉中則更以放達傲世，不爲世俗禮法所拘，徜徉林泉，寄情山水，倡竹林之遊，影響了整個社會的風向。

誠然，由於家世、婚宦和哲學造詣等方面的實際區別，嵇康阮籍抨擊現實政治的激烈程度，有很大差異。但是，作爲對儒學抱有眞誠信仰，思想層次很高的優秀知識份子，嵇阮二人，內心都深信道高於勢，士以道貴的從政原則，阮籍〈奏記蔣公〉中有「夫布衣韋帶之士，孤高特立，王公大人所以禮下之者，爲道存也」之言；嵇康〈太師箴〉中，亦尖銳批評季世統治者的「憑尊恃勢，不友不師」對用世行道，實現理想政治極爲憧憬；同時，在理智上和情感上都對鼠竊狗偷，多行不義的司馬氏極爲反感。其區別只在於嵇康的立場更爲坦露而阮籍比較隱晦而已。

由於嵇康、阮籍或隱或顯，或深或淺地涉入了當時的世變，以至他們難以避開政治迫害的陰影；而他們在社會中的名望和處世態度，更使他們無法擺脫價值衝突的牽擾。嵇康和阮籍的爲人行事在魏晉社會有很大的影響，他們或「龍章鳳姿，天質自然」，或「容貌瑰傑，志氣宏放」，彈琴賦詩，縱飲長嘯，高才雋藻，當世無匹。天下之士，極爲仰慕，能與之神交者，不過寥寥數人。在竹林之遊中，山濤僅以識度與二人爲友，向秀以精研《莊子》爲嵇康所重，而其餘諸人，即使清貴如王戎，亦不免時被嘲謔爲敗興之「俗物」。如此之聲望，無形中使嵇阮置於與社會權力衝突的漩渦之中。蓋專制社會裏，不僅一切思想與觀念均爲權勢者之禁臠，應由其統一控制，使「邊鄙無詭隨之民，街巷無異口之議」；〔註34〕同時社會中的價值趨向和生活方式，也應由權勢集團來頒行倡導。如果有人在此方面擅有所標立，則不但公然觸犯統治者的威權，而且還將與社會中體現一般道德水準的所謂「集體意識」即發生衝突，嵇阮高邁不羈，我行我素，無視禮法的行爲，也因此令司馬氏集團和一般鄉曲之士深感惱怒。史載何曾等言阮籍「宜擯四裔，無令污染華夏」（《晉書·何曾傳》）；鍾會亦構陷嵇康「上不臣天子，下不事王侯，……無益於今，有敗於俗」（《世說新語·雅量》注引〈文士傳〉），顯然是認爲嵇、阮的生活方式，不僅有違權勢欽定的價值標準，也威脅到他們這些鄉愿先生所矻矻持

〔註34〕鍾會語，見余嘉錫《世說新語箋疏·雅量》注引《文士傳》，頁344。

守的一般處世之道。所以，儘管嵇康和阮籍心中常默跡晦名，遺世獨立之想，小心處世，或口不臧否人物，或面不見喜慍之色，但他們的客觀社會影響，卻使他們無計逃名遁世，這樣的處境，使嵇、阮陷入很深的苦悶之中。

小　結

綜言之，魏晉之際，是整個魏晉南北朝時期社會矛盾最為尖銳集中之時。為了篡取魏政，司馬氏集團在禮法名教粉飾下，對異己的士大夫進行了殘酷的屠戮。其行為不僅導致廣大知識份子對生命存在的深重憂慮，也引起思想領域的嚴重衝突，形成社會心理危機。緣此，士人夫階層的政治與思想追求開始發生變化。

阮籍作為當時社會傑出的知識份子，內心懷抱崇高的理想和人格追求，其在社會中的聲望，使他無形中置於社會權力的衝突之中。種種內心的矛盾和外來的敵意，使他心中苦悶，即對美好而短暫生命的感傷，對自由的渴望以及深刻的寂寞與孤獨。

阮籍以其哲學修養，較一般士人更自覺和獨立的人格精神，思想和作品具有「遙深」的特色。其〈詠懷〉詩表現出他的思想是以曹魏朝廷中四次巨變為標誌而逐步表展，經三個階段而達到內心的某種自覺超越。而他在詩中其實曲折地表現出他對當時許多重大政治事件的真相了解和自己的態度感情、自身在政治中的進退轉變，處世立身的深刻原則等多方面內容。但由於其客觀處境，阮籍最終未能超越社會的羅網，但他的努力，卻為百餘年後的陶淵明所接續，並終在一定程度上得到實現。

第九章　魏晉士人悲情意識之呈現形態
（四）——陶潛之遠累避禍

　　晉宋易代之際，世事紛擾。在此新舊鼎革的歷史關鍵時期，何以自處？是士人無法避免的時代課題。此時，已遠離官場，歸隱田園十餘年，又年屆六旬的陶淵明，對社會人生抱持的態度，是頗具代表性而值得探詢的。學界對陶淵明的看法，大多認爲他在歸隱之後，心情日益趨於平淡，即使有苦悶，也在追求與自然合一時漸趨沖淡。然而此種認定，似乎過於輕看了晉宋之際政治時事對陶淵明這位深受儒學薰陶及敏感深情的詩人內心所造成的衝突，亦多少忽視了其躬耕生活所遭遇的種種艱難困苦給他精神上帶來的重負。且一個不爭的事實是，陶淵明晚年的作品中，大量出現所謂「金剛怒目」之作，[註1] 其對社會人生仍表現出一種抗憤與不妥協的態度。蕭統〈陶淵明傳〉中載：

　　（淵明）躬耕自資，遂抱羸疾。江州刺史檀道濟往侯之，偃臥瘠餒
　　痛有日矣……道濟饋以梁肉，麾而去之。

[註1]　「金剛怒目」一語乃見於魯迅在《且介亭雜文二集·題未定草（六）》中所言：「被論客讚賞著『采菊東籬下，悠然見南山』的陶潛先生，在後人的心目中，實在是飄逸得太久了，……就是詩，除論客所佩服的『悠然見南山』之外，也還有『精衛銜微木，將以塡滄海，形天舞干戚，猛志固常在』之類的『金剛怒目』式，在在證明他並非整天整夜的飄飄然。……」（見《魯迅全集》，人民出版社，1958 年版）。且又參考楊勇輯《陶淵明集校箋》（台北，正文書局，民國 76 年 1 月版）、逯欽立校注的《陶淵明集》（台北，里仁書局，民國 74 年 4 月）及宋·王質等撰、許逸民校輯《陶淵明年譜》（北京中華書局，1986年 4 月）、錢玉峰《陶詩繫年》（台北，中華書局，民國 81 年 6 月）中的繫年。陶淵明晚年之作，大致包括了〈怨詩楚調不龐主簿鄧治中〉、〈歲暮和張常侍〉、〈詠貧士〉、〈雜詩〉之一部分、〈有會而作〉、〈乞食〉及〈擬古〉、〈述酒〉、〈飲酒〉、〈讀山海經〉、〈詠三良〉、〈詠二疏〉、〈詠荊軻〉、〈挽歌辭〉等數十首，這些詩中有不少都對人生和社會表現出較爲激憤的態度。

按檀道濟為江州刺史是在元嘉三年五月，其時晉宋易代已歷五載，淵明則年
過六旬，老病貧困彌加。其拒絕檀氏饋贈一事，正顯示了他的上述態度，亦
即堅決維護一個貧者的尊嚴並始終不與劉宋新貴集團合作。所以清人顧易作
《柳村譜陶》，因此事謂淵明是「姜桂之性，至老愈辣」。而直至陶淵明辭世，
這樣的態度都未或之改。可以想見，面對貧病交迫與易代的混亂，他要堅持
自己的理想與選擇，必須付出多少艱難的代價。正如吳師道言：

> 陶公胸次沖澹和平，而忠憤激烈，時發其間，得無交戰之累乎？〔註2〕

而日本學者吉川幸次郎在《陶淵明傳》中亦言：

> 淵明的語言經常都是平靜的。不過，那是高密度的平靜；在平靜的
> **裏**面，卻有極複雜而濃厚的東西在騷動著、閃爍著。譬如深淵之水，
> 表面凝為沈靜人心的碧青，但其底層卻有幾股相矛盾、相衝突的激
> 流互湧互鬥著，而那種力量的平衡，似乎造就了表面的沈靜。〔註3〕

本文即欲從他有志不騁、遠累避禍的苦悶與孤獨來探索他看似平和恬淡下的
寂寞深悲。

第一節　陶潛的平生境遇與人生態度

陶淵明生於晉哀帝興寧三年（公元365年），卒於宋文帝元嘉四年（公元427
年），時六十三歲，可以說，他是整個晉宋交替紛擾時代的一位親歷者。〔註4〕
而他一生的際遇與思想也因時局與個人的質性而有不同的變化，以下乃分期述
之：

一、少時壯且厲，委懷在琴書──少壯時期

據《宋書·陶淵明傳》及當時人的有關記載，陶淵明為潯陽柴桑人，乃
東晉名臣陶侃曾孫，祖父陶茂，為晉太守。其父陶逸〔註5〕失官後家道中落，

〔註2〕 見《陶淵明研究資料彙編》，北京大學，北京師範大學中文系教師同學編，中
　　　華書居，1962年版。

〔註3〕 見《陶淵明研究資料彙編、詩文彙評》，台北，明倫出版社，民國59年12月。

〔註4〕 關於陶淵明的生卒年月及詩作的繫年，歷代諸家有不同的看法。本章限於主
　　　題，不擬對此多作考釋，對其生卒年，仍採用《宋書·陶淵明》的記載，而
　　　各篇詩文的繫年，則大致參考逯欽立先生編校的《陶淵明集》中有關論斷。

〔註5〕 陶淵明之父，其名為何？生平為何？歷來多有疑問。不僅陶淵明自身對父親
　　　之名、官職無一語提及，古史各傳亦未提及父名。僅李公煥〈命子詩〉注引

家境窮困。詩中常有對少年困境的描述：

> 疇昔苦長飢，投耒去學仕。（〈飲酒詩〉）

> 弱年逢家乏。（〈有會而作〉）

> 自余為人，逢運之貧，簞瓢屢罄。（〈自祭文〉）

> 少而窮苦，每以家弊，東西游走。（〈與子儼等疏〉）

少年家境十分艱苦。然而他雖掙扎於貧苦之中，卻並不因此汲汲謀取功名，或自趨下流，而是適性所之，隨遇而安。其在〈始作鎮軍參軍詩〉云：

> 弱齡寄事外，委懷在琴書。被褐欣自得，屢空恆晏如。

雖然家道中衰，但因家學淵源及本性使然，故在少年時代即博覽群籍，《晉書》本傳云：

> 有高趣，博學善屬文，穎脫不羈，任真自得。

而他在詩中亦自言：

> 少年罕人事，游好在六經。（〈飲酒〉）

> 少學琴書，偶愛閒靜，開卷有得，便欣然忘食。（〈與子儼等疏〉）

雖然質性自然，委懷琴書，但少年時期的陶淵明亦有任俠好義的豪氣。如其所吟：

> 憶我少壯時，無樂自欣豫。猛志逸四海，騫翮思遠翥。（〈雜詩〉其五）

少壯時期的他是如此樂觀，因為未經歷人世的艱辛，所以對生活、前途抱著無限希望。他以天下為己任，奮發昂揚，滿懷的雄心壯志似能超越四海，敢於博風鬥浪，如大鳥要振翅遠翔。此四句詩真切地寫出了少壯時期的胸襟廣闊和意氣風發的精神狀態。又云：

> 少時壯且厲，撫劍獨行游。誰言行游近，張掖至幽州。飢食首陽薇，
> 渴飲易水流。（〈擬古〉其八）

張掖、幽州屬西北、東北邊陲之地，自漢魏以來，戰爭頻繁，煙塵不絕，是人們建功立業的用武之地。陶淵明在詩中寫其遠遊張掖、幽州，是為了表現

陶茂麟家譜謂「父名逸，為姿城太守，生五子」，又引趙泉山云，靖節之父，史軼其名，惟見於茂麟家譜。近人認為陶淵明無一言半語提及父親，事非尋常，可能有難言之隱。而陶家由官宦門第突然衰弱破敗的原因，可能是其父任官時因事被革職有關。此處參見陳怡良《陶淵明人品與詩品》第二章中〈父親及其家人──父名不彰，或有苦衷〉一節所考析。（台北，文津出版社，民國 82 年 3 月版，頁 103～105）

他爲國赴難、效死疆場的「素志」。而其「素志」的思想基礎則是儒家思想中對節義的熏陶。故他敬慕不食周粟、餓死首陽的伯夷、叔齊，以及荊軻「士爲知己者死」的義舉。在此見出他青年時期的雄豪氣度。

二、疇昔苦長飢，投耒去學仕——遊宦時期

至太元十八年（西元 393 年），他二十九歲時，因親老家貧始初次入仕，出任州祭酒之職，因質性實與官場相違，故「不堪吏職，少日自解歸。」（《晉書》本傳）〈飲酒〉詩中云：

> 疇昔苦長飢，投耒去學仕。將養不得節，凍餒固纏己。是時向立年，志意多所恥。（其十九）

> 此行誰使然，似爲飢所驅。（其十）

詩中坦露出仕行役，實出於不得已。辭官後在家幽居六、七年，期間「州召主簿不就，躬耕自資，遂抱羸疾。」（《晉書》本傳）。州祭酒既去職，州主簿又不就，淵明家境已清寒，而耕耘所得，恐亦不敷生活所需，故由於生活和勞作的辛苦，竟衰弱而抱羸疾。家庭困境，日甚一日。

安帝隆安三年（西元 399 年）前後，爲謀得衣食溫飽，再度出仕，出任荊州刺史桓玄府中的屬吏。隆安五年冬，淵明於江陵時，母孟氏不幸去世，遂返鄉丁憂家居，繼續躬耕的生活。當時，局勢紛亂，朝廷討伐桓玄，卻爲其所敗。元興二年，桓玄篡位，改國號楚。後劉裕、孟昶等乃起兵討伐桓玄，玄乃挾帝上江陵，潯陽即成爲當時雙方必爭之地，劉敬宣與諸葛長民以破桓歆故，遷建威將軍、江州刺史，鎮守潯陽，劉裕則爲鎮軍將軍。故陶淵明在這三年內於潯陽居丁憂，躬耕隴畝，暫避世亂。

義熙元年（西元 405 年）春，淵明丁憂服滿，陶淵明又一次離家東下，入鎮軍府仕參軍之職，旋即轉至江州刺史、建威將軍劉敬宣府中。之後，安帝反正，劉敬宣自表解職，故陶淵明亦離開宣軍幕。然他家境實在窘迫，餅無儲粟，且幼稚盈室，嗷嗷待哺，而親友又極力勸其從仕，乃由於叔父之推薦，而在仲秋八月，出任離家不遠之彭澤令。《晉書》本傳云：

> 素簡貴，不事上官。郡遣督郵至，縣吏曰應束帶見之，潛嘆曰：「吾不能爲五斗米折腰，拳拳事鄉里小人邪！」於是解印去縣而賦〈歸去來〉。

官場中那種折腰逢迎的生活使他無法忍受，於是此年十一月，他毅然棄官歸

家，遂終身不仕。

陶淵明初任江州祭酒時，已不堪吏職，一度辭官，後來何以又三度任官？其於〈歸去來辭序〉中所言，最爲眞實確切。序中言：

> 余家貧，耕植不足以自給；幼稚盈室，缾無儲粟，生生所資，未見其術。親故多勸余爲長吏，脫然有懷，求之靡途；會有四方之事，諸侯以惠愛爲德，家叔以余貧苦，遂見用於小邑。於時風波未靜，心憚遠役；彭澤去家百里，公田之利，足以爲酒，故便求之。及少日，眷然有歸與之情。何則？質性自然，非矯屬所得，飢凍雖切，違己交病。嘗從人事，皆口腹自役，於是悵然慷慨，深愧平生之志。猶望一稔，當斂裳宵逝；尋程氏妹喪於武昌，情在峻奔，自免去職。仲秋至冬，在官八十餘日，因事順心，命篇曰：「歸去來兮」；乙巳歲 11 月也。

陶淵明自道爲家境所迫，方去任官，然因秉性孤介，愛好自然，於鑽迎苟且，攘利恐後之宦海中，實不願去扮演軟媚滑熱，縮頸傷氣之角色。故內心矛盾，交戰愈烈，終在任彭澤令八十多日後，適程氏妹喪於武昌，便以奔喪爲由，毅然掛冠求去，自此稱心快意歸隱園田，永不出仕。陶淵明又於〈與子儼等疏〉中云：

> 性剛才拙，與物多忤，自量爲己，必貽俗患，僶俛辭世。

此疏是陶淵明一生的實錄，亦是他對自我的眞誠剖白。

陶澍於《陶靖節集》中云：

> 竊意先生何託而去，初假冒督郵爲名，至屬文，又迁其說於妹喪以自晦耳。其實閔晉祚之將終，深知時不可爲，思以嚴栖谷隱，置身理亂之外，庶得全其後凋之節也，故曰景翳翳以將入，撫孤松而盤桓，又曰帝鄉不可期，一篇之中，三致意焉，特旨遠辭文，未易窺測，今爲拈出。〔註6〕

陶澍所言「閔晉祚之將終，深知時不可爲」，雖非必然，然置身理亂，飄然遠隱，率性存眞，則是事實。而顏延之的〈陶徵士誄並序〉又言：

> 後爲彭澤令，道不偶物，棄官從好，遂乃解體世紛，結志區外，定跡深棲，於是乎遠。

〔註6〕見陶澍注，戚煥塤校《陶靖節集》卷五，頁 79。台北，華正書局，民國 82 年 10 月版。

顏延之所言之「遠」字，實深得妙旨，點出陶淵明歸隱躬耕的本心。

三、守拙歸園田，叩門拙言辭——歸隱時期

陶淵明早年有用世之志，經十年遊宦生活之考驗，深知「質性自然，非矯厲所得」，無法以之自欺而折磨自我，於是斷然辭官歸故里，躬耕田園。

在歸田之初，陶淵明的生活還算安定和優裕，故心情愉悅，精神清爽。其家居環境與田園自然相依，使其如魚得水，如鳥翔空般自得。此間有詩云：

> 少無適俗韻，性本愛丘山，誤落塵網中，一去三十年。羈鳥戀舊林，
> 池魚思故淵。開荒南野際，守拙歸園田。方宅十餘畝，草屋八九間。
> 榆柳蔭後園，桃李羅堂前。曖曖遠人村，依依墟里煙。狗吠深巷中，
> 雞鳴桑樹顛。戶庭無塵雜，虛室有餘閒。久在樊籠裡，復得返自然。
>
> （〈歸園田居〉其一）

詩中細細數說其田園村居遠近前後的各種景物，屋後榆柳婆娑，濃蔭遮蔽，掩映茅屋數間；堂前桃李婀娜，一字擺開，井然有致。忙完一天農務，「盥濯息簷下，斗酒散襟顏」時，見暮靄淡淡，籠罩平坦田野，坐落在周圍的遠處村子，還依稀可見。村落上空，炊煙裊裊上升，整個原野似沈浸在黃昏靜謐、安寧的氛圍之中。那從村落深處傳來的狗吠、桑樹頂端悠長的雞鳴，更使農村田園的生活充滿生氣，而陶淵明的性靈也融入了這幅幽靜清美的田園水墨畫中。

他在〈讀山海經〉詩中，亦描寫了此時耕隱讀書的悠然自得：

> 孟夏草木長，繞屋樹扶疏。眾鳥欣有託，吾亦愛吾廬。既耕亦已種，
> 時還讀我書。窮巷隔深轍，頗迴故人車。歡然酌春酒，摘我園中蔬。
> 微雨從東來，好風與之俱。汎覽周王傳，流觀山海圖。俯仰終宇宙，
> 不樂復何如？（其一）

寫作此詩時，正值孟夏，氣候宜人。春耕之事又已結束，此時正有餘暇讀書。這對「弱齡寄事外，委懷在琴書」（〈始作鎮軍參軍經曲阿〉）的陶淵明而言，其欣喜自不待明言。且因「窮巷隔深轍，頗迴故人車」，住處幽僻，道路狹窄，車輛不便行走，故朋友少有往來，無人打擾，正好安心讀書。再加上「歡然酌春酒，摘我園中蔬」，飲食足以自供，隨時可以自酌，不為生計煎迫，正可無憂無慮的讀書。而春種剛畢，「微雨從東來，好風與之俱」，好風送雨，風調雨順，不憂農事，大自然的配合賜予，正能助人讀書。雖居窮巷陋室，但所讀之書為《穆天子傳》和《山海經》圖，頃刻間即可窮極宇宙，怎能不由

衷欣喜呢？

　　歸田之初的陶淵明，日日與田園為伍，與山林為侶，生活寧靜安詳，而家人、親友又不以塵事俗務干擾，淵明身心真正得到恬然的寄託。然而自義熙四年之後，他的家園開始頻遭到火災、戰禍的破壞。至義熙七年左右，陶淵明遂移居到潯陽負郭的南村，與一些農夫、文士為鄰，共話桑麻，共賦新詩。此時生活上雖經歷了種種飢寒困苦與親人喪亡的悲傷，但躬耕之志始終不變。農村生活中晨興而作，帶月而歸的自耕自穫，間攜子姪或與鄰里，同遊山澗，雞酒待客，其樂融融的恬淡生活亦使他陶醉滿足，如其在〈移居〉詩中所吟：

> 昔欲居南村，非為卜其宅。聞多素心人，樂與數晨夕。懷此頗有年，
> 今日從茲役。敝廬何必廣，取足蔽床席。鄰曲時時來，抗言談在昔。
> 奇文共欣賞，疑義相與析。（其一）
> 春秋多佳日，登高賦新詩。過門更相呼，有酒斟酌之。農務各自歸，
> 閒暇輒相思。相思則披衣，言笑無厭時。此理將不勝，無為忽去茲。
> 衣食當須紀，力耕不吾欺。（其二）

陶淵明移來新居，與鄰里相邀登高賦詩，流連美景，吟詠懷抱；或偶過彼門，更相邀呼，取酒共飲，殷勤相勸，細細斟酌，談論相樂。若是農事繁忙時節，無暇聚會，亦各自歸家料理農務；待有閒暇，則又彼此相念，隨時披衣相訪，談笑竟日，不覺厭倦。此中生活雖身居敝廬，生活清苦，但適情任性，無牽無掛，交結鄰曲，談古論今，脫盡名利羈絆，何等安定自在。

　　然而隨著生活環境的惡化，其沖逸淡遠的心情也發生了許多變化。在他五旬以後寫的〈與子儼等疏〉中，可見出此種變化的端倪。疏中言：

> 少學琴書，偶受閑靜，開卷有得，便欣然忘食。見樹木交蔭，時鳥
> 變聲，亦復歡然有喜。嘗言五六月中，北窗下臥，遇涼風暫至，自
> 謂是羲皇上人。意淺識罕，謂斯可以保；日月遂往，機巧好疏，緬
> 求在昔，眇然如何！病患以來，漸就衰損，親舊不遺，每以藥石見
> 救，自恐大分將有限也。汝輩稚小家貧，每役柴水之勞，何時可免，
> 念之在心，若何可言。

又有「吾年過五十，……性剛才拙，與物多忤，自量為己，必貽俗患，俛僶辭世。使汝等幼而飢寒。」等語。從這些文字中，可以看出陶淵明歸隱之後，從怡然自得漸次到貧病相襲，心意難寧，相對寧靜的生活遽告消逝的一段歷程。他從三十七歲後，家中曾遭遇數次火災、風災、水災、蟲災，收成欠佳，

生活困苦，自是意料中事，而中年後即染上的疸疾（即瘧疾）亦日益加劇。
尤其元嘉二年之後的數年，可謂一生最困苦之時日，貧病交迫，狼狽不堪，
甚至到了斷飲乞食的地步。

> 飢來驅我去，不知竟何之。行行至斯里，叩門拙言辭。主人解余意，
> 遺贈豈虛來。談諧終日夕，觴至輒傾杯。情欣新知歡，言詠遂賦詩。
>
> 感子漂母意，愧我非韓才。銜戢知何謝，冥報以相貽。（〈乞食〉）

暮年竟落得出門乞食，叩門不知何以措辭的境地，其情狀實令人鼻酸感慨！
然而可敬可貴的是，貧困並沒有使他改變「飢凍雖切，違己交病」（〈歸去來
辭序〉）的意志。時江州刺史檀道濟曾勸其出仕，他答以「潛何敢望賢，志不
及也」（見蕭統《陶淵明傳》），道濟又多次欲贈其米、肉，均不肯受，可見出
其憂道不憂貧之志節。其在〈詠貧士〉中言：

> 安貧守賤者，自古有黔婁。好爵吾不榮，厚饋吾不酬。一旦壽命盡，
> 弊服仍不周。豈不知其極，非道故無憂。從來將千載，未復見斯儔。
>
> 朝與仁義生，夕死復何求。（其四）

在貧病交迫的困境中，他以黔婁〔註7〕等聖賢的典範來期勉自己持節守道。其
思想中因為面對晉宋社會的趨下世風與自身之老病窮愁而激起的層層波瀾，
種種疑惑，通過對古代固窮的賢人君子的標舉認同而得以撫平。此後他不僅
進一步堅定了固有的人生信念，進而將中年以來對窮達、貧富、貴賤視之如
一，不喜亦不懼的淡然沖和風度，微妙地變為摒棄榮貴，以貧自傲的高傲孤
潔心態，一方面不以乞食為恥，另一方面則對權勢的施捨不屑一顧。其晚歲
所作的〈有會而作並序〉與前引的〈乞食〉二詩，清楚地表現了他的心境：

〔註7〕 丁福保《陶淵明詩箋注》中引《高士傳》：「黔婁先生，齊人也。修身清潔，不
　　　求仕進於諸侯。魯恭王聞其賢，遣使致禮，賜粟三千鍾，欲以為相，辭不受。」
　　　齊王又禮之，以黃金百斤聘為卿，又不就。」又引《烈女傳》：「先生死，曾子
　　　與門人往弔之。其妻出戶，曾子弔之。上堂，見生生之尸在牖下，枕墼席槁，
　　　縕袍不表，覆以布被，手足不盡斂。覆頭則足見，覆足則頭見。曾子曰：『斜引
　　　其被則斂矣。』妻曰：『斜而有餘，不如正而不足也。先生以不斜之故，能至於
　　　此。生時不斜，死而斜之，非先生意也』曾子不能應。遂哭曰：『嗟呼！先生終
　　　也，何以為諡？』其妻曰：『以「康」為諡』。曾子曰：『先生在時，食不充口，
　　　衣不蓋形；死則手足不斂，旁無酒肉。生不得其美，死不得其榮，何樂於此，
　　　而諡為康乎？』其妻曰：『昔先生，君嘗欲授之政，以為國相；辭而不為，是有
　　　餘貴也。君嘗賜之粟三千鍾，先生辭而不受，是有餘富也。彼先生者，甘天下
　　　之淡味，安天下之卑位；不戚戚於貧賤，不忻忻於富貴，求仁得仁，求義得義，
　　　其諡為「康」，不亦宜乎？』」（見楊勇著《陶淵明集校箋》卷四，頁220～221）

舊穀既沒，新穀未登，頗為老農，而值年災，日月尚悠，為患未已。
登歲之功，既不可希，朝夕所資，煙火裁通；旬日已來，始念飢乏。
歲云夕矣，慨然永懷。今我不述，後生何聞哉！
弱年逢家乏，老至更長飢；菽麥實所羨，孰敢慕甘肥！惄如亞九飯，
當暑厭寒衣，歲月將云暮，如何辛苦悲。常善粥者心，深念蒙袂非；
嗟來何足吝，徒沒空自遺。斯濫豈攸志，固窮夙所歸，餒也已矣夫，
在昔余多師。

寫作此詩時，陶淵明屢遭年災，生活最為困苦，史云其「偃臥，瘠餒有日」，即是此時，而拒絕檀道濟的梁肉之贈，亦在此時。「菽麥實所羨，孰敢慕甘肥」，就是詩人對檀道濟之輩的一個似委婉實尖銳的回答。從詩中可以看出，詩人拒受梁肉的含義，不僅僅在於對劉宋集團新貴的反感，更主要的是雖處貧賤而糞土王侯的傲骨。檀道之流以權貴的身份，借梁肉的饋贈瀆犯了淵明的尊嚴，自是淵明所深恥而不能容忍。所以陶淵明對此的反應異常激烈，「常善粥者心，深念蒙袂非；嗟來何足吝，徒沒空自遺」四句頗為憤然的反語，表達了詩人對於古之蒙袂輯屨，不食嗟來之食而寧願餓死一事的深深感嘆，並再次昭示自己「固窮夙所歸」的心志。正是由於這樣的態度，陶淵明雖拒受權勢施捨，卻不辭於飢餒之極時向里人乞食，並在詩中細致入微地描述自己乞食的經過。《乞食》詩中「飢來驅我去，不知竟何之。行行至斯里，叩門拙言辭」之語，生動地刻劃出一位年老疲憊的詩人為飢所驅，叩門求食的那種忡惚、羞澀的神態。而陶淵明在詩中坦然無忌地寫出這一切，可見他心中並不以此為恥。實際上，在陶淵明看來，一個在污濁之世堅持高潔理想人格的貧士，困苦飢寒，在所不免。為了維持生存而接受善良百姓的去幫助，乞食鄰里，並不足病。唯有腆受權貴施捨，隳節易行，喪失固窮的品德，這才是對理想人格的玷污。故他晚年對於堅守固窮之志的詩作頗多。最後在宋文帝元嘉四年冬，於貧病交迫中溘然而逝。蘇東坡對陶淵明十分心折推崇，對其一生的困厄曾慨嘆道：

哀哉哀哉！非獨余哀之，舉世莫不哀之也。飢寒常在生前，聲名常在身後，二者不相待，此士之所以窮也。（《書淵明乞食詩後》）〔註8〕

「飢寒常在生前，聲名常在身後」確實是陶淵明生前死後的一大悲哀，也正是古今士君子所不能免。陶淵明處在晉宋之際的亂世，他既無以「兼濟天下」，但終能以一生的事跡，至死不違初衷來體現「獨善其身」的原則，終於成為

〔註8〕　見《宋人題跋》上〈東坡題跋〉卷二，頁39，世界書局。

一位舉世所尊敬的人物。

第二節　陶潛之悲情

　　東晉末年，主暗臣昏，朝政腐敗，社會動蕩。劉裕憑藉數十年積累的武功德業，出而代晉。而陶淵明是整個晉宋交替紛擾時代的親歷者。他自幼有很高的理想抱負，一生於仕隱出處上表現了特立獨行的人格精神。面對黑暗現實，能謹守先師遺訓，以時進退，不與現實同流合污，選擇隱居躬耕的人生道路。但由於他深受儒學薰陶，使他於隱居之中，仍然關心世事；他的敏感深情，使他的內心因晉宋之際政治時事的紛擾而有所衝突。而其躬耕生活所遭遇的種種艱難困苦亦給他精神上帶來的重負，如施德操言：

> 人見陶淵明自放於田園詩酒中，謂是一疏懶人耳，不知其平生樂道至苦，故詩曰：「栖栖失群鳥，日暮猶獨飛。徘徊無定止，夜夜聲轉悲。厲響思清晨，遠去何所依，因值孤生松，斂翮遙來歸。勁風無榮木，此蔭獨不衰。託身已得所，千載不相違。」其苦心可知。既有會意處，便一時放下。〔註9〕

而日本學者吉川幸次郎在論同首〈飲酒〉詩時亦言：

> 從此詩所顯示的看來，淵明之一生毋寧爲並非如他的詩表面所詠歌的平靜，而卻是相當充滿著苦惱的。〔註10〕

茅坤亦認爲陶詩「其中多嗚咽感慨之旨」，故云：

> 吾悲其心懸萬里之外，九霄之上，獨憤翩之縶而蹄之蹶，故不得已詩酒自溺，躑躅徘徊，待盡丘壑焉耳。

可知陶淵明在作品中呈現的豁達飄然下，亦深藏著憂生憂世的苦悶。對出處去就的掙扎、對生死的思索、對世事的疑惑，都常使他有懷悲不能靜、欲言無予和的孤寂深悲。其實陶淵明的遺俗獨往，而他又能夠意識並承受這種孤獨，本身即是一種精神覺悟的標誌。正如弗洛姆在〈人的境遇〉〔註11〕中所言：

> 人之所以孤獨是由於他是獨特的存在，他與其他任何人都不相同，並意識到自己的自我是一獨立的存在，當他依據自己的理性力量獨

〔註9〕　見《陶淵明研究資料彙編》，北京大學，北京師範大學中文系教師同學編，中華書局，1962 年版。

〔註10〕　見《陶淵明詩文彙評》，頁 355。

〔註11〕　〈人的境遇〉，劉小楓譯，見《人的潛能與價值》，華夏出版社 1987 年出版。

立地去判斷或作出抉擇時，他不得不是孤獨的。

本節即以此探索陶淵明的悲情與解脫。

一、徘徊無定止，夜夜聲轉悲（一心處兩端）── 仕與隱的掙扎

從陶淵明的平生事跡中可以看出，他的一生於士人最看重的隱仕出處上毫不苟且。在這方面的人生選擇，尤其表現出一種特立獨行，不同流俗的人格精神。陶淵明爲陶侃之後，陶侃其人，有節義而重事功，《晉書》本傳稱其「勤於吏職，恭而近禮，愛好人倫」。陶淵明自幼對乃祖的功業十分仰慕，有志於效仿祖輩，建功立名。重儒的陶侃給他的影響極大，不僅使他自幼研習詩書儒術，青年時期一度醉心於用世立功，更重要的是使他堅持畢生不懈對儒學聖道的追求，如〈雜詩〉回憶少壯時，言「猛志逸四海，騫翮思遠翥」。其後儘管因世事不可爲而選擇了隱退躬耕的人生道路，但其對儒學理想的追求，並不因所歷挫折而懈怠，在精神上不時自問「先師遺訓，余豈云墜？」（〈榮木〉）在〈感士不遇賦〉中，陶淵明於感憤歷代賢人君子的命運遭遇之際，仍對自己追求的儒學理想表示了謹守之志：

> 奉上天之成命，師聖人之遺書。發忠孝於君親，生信義於鄉閭。推誠心而獲顯，不矯然而祈譽。……獨祇修以自勤，豈三省之或廢；庶進德以及時，時既至而不惠。……寧固窮以濟意，不委曲而累己；既軒冕之非榮，豈縕袍之爲恥。誠謬會以取拙，且欣然而歸止；擁孤襟以畢歲，謝良價於朝士。

可知儒家進德修業、救世濟時的思想，曾使他在政治上切望積極進取與及時有爲。而在〈飲酒〉第二十首中，尤其可明顯地看出陶淵明所持的社會歷史觀以及他內心對儒學崇高理想的不懈追求：

> 羲農去我久，舉世少復眞。汲汲魯中叟，彌縫使其淳。鳳鳥雖不至，禮樂暫得新。洙泗輟微響，漂流逮狂秦。詩書復何罪，一朝成灰塵。區區諸老翁，爲事誠殷勤。如何絕世下，六籍無一親！終日馳車走，不見所問津。若復不快飲，空負頭上巾。但恨多謬誤，君當恕醉人。

方東樹論此詩以爲：

> 舉世皆非，不得一眞，道在六經。崇尚乎此，庶可以反性情，美風教，成治化，著誠去僞，返樸還淳。無如世竟無一人問津，此其可痛可恨；而己所懷，則願學孔子，從事於此，亦欲彌縫斯世，而有

志不獲，惟有飲酒遣此悲憤也。(《昭昧詹言》卷四)

縱觀此篇，在表面的飲酒作達之下，深藏了陶淵明對世道日薄，己志難酬的沈重感慨，並隱隱透露了詩人內心頗類後世杜甫的那種「致君堯舜上，再使風俗淳」的儒家社會政治理想。而「終日馳車走，不見所問津」二句，不僅顯示了陶淵明對當年孔子為天下歸仁而惶惶奔走之事的懷想與崇敬，更表現出了詩人也同樣具有的那種「知其不可為而為之」的追求理想的精神。

然而陶侃雖於東晉立有大功，但子孫不昌，其家族未能進入東晉士族集團。陶侃之後，陶氏子孫雖多仕至二千石，但到了陶淵明的父親時，家世已隱沒無聞，難登仕林，更難以出仕顯職。因此，對陶淵明來說，在他二十九歲初仕州吏之後，於晉末天下將亂時重又出仕，並選擇桓玄為府主，當非率性之舉。他的出仕固然因為家貧，在「為飢所驅」下，不得不走上做官代耕的路。然而，對一個能「守節固窮」的士人而言，〔註12〕經濟的壓力，應不是出仕的根本原因，而是在於他對儒家「兼濟」之志的期待。〔註13〕

再者，桓玄是桓氏家族的繼承人，而桓溫在東晉與陶侃在門第等級、功業才略、思想個性等許多方面都頗為類似，二人都屬以武功起家，雄踞上流，威震朝廷的強藩重臣。在桓、陶二人的親友間，時有來往接觸，如陶淵明的外祖孟嘉，為桓溫征西府長史，甚受賞識，陶侃亦以女妻之。以後孟嘉之女，又嫁陶侃之孫，兩家遂成密切的世婚關係。陶淵明作為桓溫故吏之外孫進入桓玄幕中，無疑有一層特別的親近關係，促成了他的投奔出仕，而冀能有所作為。

隨入仕以來對黑暗現實的深入了解，陶淵明已經看透了東晉政權的腐朽及其滅亡之運的不可逆轉。而府主桓玄的作為，也同樣令人失望。正因此人

〔註12〕 陶淵明詩中屢次提到「固窮」的節操及「憂道不憂貧」的「遺訓」。如他在〈癸卯歲始春懷古田舍〉中言：「先師有遺訓，憂道不憂貧，瞻望邈難逮，轉欲志長勤。」及在〈癸卯歲12月中作與從弟敬遠〉中「歷覽千載書，時時見遺烈，高操非所攀，謬得固窮節」諸語，可知固窮一途，是自古以來，凡真正的儒學之士達到崇高道德修養所必須的磨礪和考驗，也是陶淵明用以堅持其人生信念的一種方式。

〔註13〕 葉嘉瑩女士在《陶淵明〈飲酒〉詩講錄》中，即認為陶淵明出仕桓玄、劉裕為一種「士當以天下為己任」的表現，她指出陶淵明第一次為官是為貧而仕，可是在孫恩叛亂時，陶淵明曾為桓玄的官吏，曾為桓玄奉使入京，向朝廷請求討伐孫恩。那時，他以為桓玄是為國盡力，但隨著桓玄野心的暴露，他失望了。其後桓玄篡逆時，討伐桓玄的主力是劉裕，陶淵明又於此時為劉裕手下的官吏，可見他亦曾以為劉裕為救亡圖存之人。但劉裕最後亦走上篡逆，這使陶淵明非常失望，於是再次辭官。(台北，桂冠圖書，2000年2月，頁226。)

的倒行逆施，更使得天下塗炭，民不聊生。在這種環境下的仕宦生活，使陶淵明生出一種違背本心的悔意。在〈庚子歲五月中從都還阻風於規林〉詩的第二首中感慨：

> 久游戀所生，如何淹在茲。靜念園林好，人間良可辭，當年詎有幾，
> 縱心復何疑！

到隆安五年，陶淵明作〈辛丑歲七月赴假還江陵夜行塗口〉，更是深悔於自己的告別田園：

> 閒居三十載，遂與塵事冥。《詩》《書》敦宿好，園林無世情，如何
> 舍此去，遙遙至南荊，……商歌非吾事，依依在耦耕，投冠旋舊墟，
> 不爲好爵縈。養眞衡茅下，庶以善自名。

夜行塗口，靜思平生，頗有悔悟，決心自此掛冠而去，養眞衡茅以潔身遠世。儘管如此，陶淵明在不久之後，仍再度出仕劉裕等人府中，這似乎表明了他對用世之心尚未完全絕望，也尚未徹底認清仕途與他個性相違的程度。他所受的儒家教育使他再次步入仕途，他在〈榮木〉詩中，寫下對自我的愓屬：

> 先師遺訓，余豈云墜？四十無聞，斯不足畏。脂我名車，策我名驥，
> 千里雖遙，孰敢不至？

楊勇注此詩引《晉書》言：「宋武帝行鎮軍將軍，辟公參其事。」指出元興三年，劉裕爲鎮軍將軍，「時淵明抱經濟之志，邁往圖功，故不辭千里之遙，以振復宗室爲己任；後人以劉裕篡晉，並淵明亦爲之諱，至爲迂腐。且淵明仕裕，裕時逆跡未彰，何不可爲之哉！」〔註14〕同年，亦有「時來苟冥會，宛轡憩通衢」（〈始作鎮軍參軍經曲阿作〉），尋求報效機會的自白。這種「千里雖遙，孰敢不至」的心情，明確地道出陶淵明不遠千里，欲思效力的心志。在儒家兼濟之志的激勵下，企盼以外在事功來實現自我價值並實現「大濟蒼生」的理想。

　　然而，此後世局的激烈動盪與人事的無常變幻，使宦薄人微的陶淵明深覺濟世理想的破滅，內心愈加在入仕與歸隱間掙扎，質疑起當初投身劉裕府中，爲其鎮軍參軍，討伐桓玄，爲東晉王朝救亡圖存的抉擇，是錯估了自己與時局，〔註15〕「深愧平生之志」而再次興起不如歸去之嘆。在他赴職從潯

〔註14〕見楊勇著《陶淵明集校箋》卷一，頁13。

〔註15〕關於陶淵明在桓玄、劉裕軍府中任職的情況，袁行霈在〈陶淵明與晉宋之際的政治風雲〉一文中論述甚詳，可參看。（《中國社會科學》，1990年第二期，頁195～211）另外，參見楊勇《陶淵明集校箋》中所附〈陶淵明年譜彙訂〉中之考證。

陽東下直抵丹徒（京口），途經曲阿時，作詩曰：

> 時來苟冥會，宛轡憩通衢；投策命晨裝，暫與園田疏。眇眇孤舟逝，
> 綿綿歸思紆。我行豈不遙，登降千里餘；目倦川途異，心念山澤居。
> 望雲慚高鳥，臨水愧游魚；真想初在襟，誰謂形跡拘。聊且憑化遷，
> 終返班生廬。（〈始作鎮軍參軍經曲阿〉）

理想與本性的交戰，出仕與回歸的掙扎，時時在心中翻騰。至義熙元年，陶淵明為建威將軍參軍，使故都經錢溪時，又作〈乙巳歲三月為建威參軍使都經錢溪〉，再次表達了歸志：

> 伊余何為者，勉勵從茲役；一形似有制，素襟不可易。園田日夢想，
> 安得久離析；終懷在壑舟，諒哉宜霜柏。

陶淵明原為實現濟世志而出仕，然而黑暗的政治情勢使他自知無力回天，欲守拙歸園田，又「母老子幼，就養勤匱」，必須祿仕求生，此種身為形役的矛盾，一直不斷地使內心衝突而深受折磨，直到他徹底體悟「飢凍雖切，違己交病」後，毅然棄官歸田，內心始得平靜。他在〈飲酒〉第四首中，描寫了栖栖失群之鳥對託身之所的尋找，用象徵的手法，表現了他對人生歸宿的追求過程：

> 栖栖失群鳥，日暮猶獨飛。徘徊無定止，夜夜聲轉悲。厲響思清晨，
> 遠去何所依，因值孤生松，斂翮遙來歸。勁風無榮木，此蔭獨不衰。
> 託身已得所，千載不相違。

此詩以「栖栖失群鳥」開篇，然詩旨並不在寫其失群之悲，而在寫其「託身已得所」之樂。孤鳥徘徊無依的徬徨反襯出其後終能託身孤松的自適之樂。

作為自喻意象的這隻孤鳥，觀其形是孤獨失群的，體味其心，棲棲然心神不安。天下之大，鳥類之多，為何牠單單失群，而且如此惶惶不安？實因鳥亦如人，各以類聚。這隻鳥之所以日暮獨飛，是因為牠別有懷抱。牠不屑趨附於燕雀之群、傍人門戶；也不願隨鷹隼之相殘同類、血濺平蕪。在晉宋之際「一世皆尚同」的時會，他怎麼能不失群而孤獨？牠並非自絕於儔類，而是愛惜自己的羽毛。而牠的失群獨處，實乃求仁得仁。為何還會「徘徊無定止，夜夜聲轉悲」呢？此乃說明了陶淵明在出世、入世之間內心的依違熬煎。他本是有「猛志」有「遠著」之心，且曾是游好六經的儒者，何嘗不想用世而大濟蒼生？幾次的步入仕途，發現處處是「塵網」，處處是「樊籠」。現實逼著他不能不緣儒入道，抱璞全真。顯然，在儒道之間，出世、入世之

際，他是有過無數次的徘徊掙扎，因而深感棲棲不安，乃至悲鳴夜夜的。但經過一番徘徊悲鳴之後，這隻鳥的眼前突然出現了一棵「孤生松」。牠終於看到了前路，找到了歸宿。在這末世衰風，席捲天下之際，昔日華茂之樹木無不隨風披靡；獨有這棵蒼松，依然春翠掩映，不為勁風所偃。孤鳥託身於此，爰得其所；一如詩人退隱田園，適其性分。這是孤鳥徘徊後作出的抉擇；它一旦作出抉擇，便永不背離。陶淵明是以此詩中的孤鳥飛鳴，表達他解綬之前的棲遑不定、在仕與隱之間作選擇時的內心自我掙扎之苦。

　　在古代社會，用世行道，是孔子以來知識份子對人生的最佳選擇，儒家修身齊家治國平天下的理想成為士人實現自己人生價值的唯一目標。而所謂「仕」，以孔子的初衷，僅是為行「道」之手段。若世事污濁，道不可行，則退而求其次，不仕而「獨善其身」。所謂「無道則隱」，「道不行，乘桴浮於海」，正是懷道避世，不與黑暗現實妥協之意。隨著時代變遷及權勢集團對士氣的摧折，孔子兼濟救世之本意，漸為世人所忘。士林中的不肖之徒，唯思營營苟苟，以仕宦干祿，獵取富貴，視為人生之最高目的，爭權奪位，相互傾軋，為區區榮利所誘惑，放棄理想，甚至葬送生命。儘管魏晉以來，仕途險恐，但一般人對此，仍是迷戀者多，見機者少。而陶淵明在仕隱的選擇上，則完全堅持了理想主義的態度，他謹守先師遺訓，以時進退，不與現實同流合污。在〈飲酒〉第九首，陶淵明借與「田父」的對答之語，委婉而堅決地表明了他所以歸隱的用心：

> 清晨聞叩門，倒裳往自開，問子為誰歟，田父有好懷。壺漿遠見候，
> 疑我與時乖。「襤褸茅簷下，未足為高棲。舉世皆尚同，願君汩其泥。」
> 「深感父老言，稟氣寡所諧。紆轡誠可學，違己詎非迷。且共歡此
> 飲，吾駕不可回。」

詩中，他以「稟氣」「違己」作為理由以謝絕田父。此「稟氣」的「氣」，即是「少無適俗韻，性本愛丘山」（〈歸田園居〉其一）和「質性自然，非矯勵所得」（〈歸去來辭序〉）的「性」，他自言天性與他人不易相合。而「違己」即「飢凍雖切，違己交病」（〈歸去來辭序〉）的「違己」，認為若再次違背本心前去做官，豈不是又一次誤入迷途嗎？故然，陶淵明的隱居田園、息交絕遊與其賦性有關，但細審他平生出處行藏及作品，可知他的好田園、樂山水；他的落落寡合，息交絕遊，其實乃出於不得已的苦衷。一方面，世風日下，作為儒者，他無力挽狂瀾於既倒，只好學先聖「乘桴浮於海」；另一方面，時

當晉宋易代，桓玄、劉裕，交相殺伐，政途險惡，正如他在〈感士不遇賦〉中所言：「密網裁而魚駭，宏羅制而鳥驚；彼達人之善覺，乃逃祿而歸耕。」他的逃祿而歸耕，實出於形勢所迫。故詩中所言的「稟氣」，實飽含人生經歷艱難險峻之情；而謂「違己」，也無非是飽嚐了為五斗米折腰，拳拳事鄉里小人的辛酸而悟出的人生哲理。故從詩中可見出他抒情言志，拒絕出仕而以棲隱來堅持某種人生理想的態度，他並不是為隱而隱的隱士。

而陶淵明比嵇康、阮籍等先賢幸運之處，在於他本人未曾捲入政治中心，因此能順利擺脫環境的牽擾，遠離塵世的羅網，將自己人生之意願貫徹始終，終不至於像嵇、阮那樣，「能忘名利之名，而不能使人忘其名」（牛僧孺語）。不過，雖然陶淵明擺脫了政治方面的威脅，但歸田後生活中的貧困，農作的辛勞，同樣成為他歸隱選擇的嚴重考驗。可貴的是，陶淵明對此亦能盡其分，仍舊堅持信念，不為生活中的艱難困厄而折節改行，變易本心。相反，在困苦之中，陶淵明更領悟到人生與社會、自然的真諦，並將此份領悟，通過其詩作，留給後人。從某種意義上言，陶淵明一生的仕隱之跡，就是他全部人生哲學和政治理想的具體體現。

二、傾壺絕餘瀝，窺灶不見煙 —— 貧困煎熬與時運相逼

陶淵明歸耕之後，家道日落，所居潯陽一帶，戰亂不斷，比年又頻遇水旱風蟲回祿之災，最初尚能園田草廬，悠游卒歲；終則年老力衰，衣食無繼。所謂「傾壺絕餘瀝，窺灶不見煙」（〈詠貧士〉）、「夏日長抱飢，寒夜無被眠」（〈怨詩楚調示龐主簿鄧治中〉）、「厲闕清酤至，無以樂當年」一類詩句，無疑是陶淵明晚年貧居而少飲酌之歡生活的真實寫照。而貧困，也構成了對他晚年人生態度的最大考驗。

這一時期的陶詩對貧困處境的描寫，往往是非常具體而微。此與他中年時期的詩作鮮有直接渲染貧苦生活的情形，形成相當鮮明的對照。如他作於義熙十二年（西元 416 年）五十二歲時的〈丙辰歲八月於下潠田舍穫〉：

> 貧居依稼穡，戮力東林隈。不言春作苦，常恐負所懷，司田眷有秋，
> 寄聲與我諧。飢者歡初飽，束帶候鳴雞。揚楫越平湖，泛隨清壑迴，
> 鬱鬱荒山**裏**，猿聲閑且哀。悲風愛靜夜，林鳥喜晨開。日余作此來，
> 三四星火頹；姿年逝已老，其事未云乖。遙謝荷蓧翁，聊得從君棲。

細審詩中之味，不僅與陶淵明早歲及歸田之初所作的同為敘寫耕作和田園感

受的〈癸卯歲始春懷古田舍〉二首、〈歸園田居〉五首等迥然不同，亦與他五十歲以前作的〈庚戌歲九月中於西田中獲早稻〉詩中的情調亦有區別。〈懷古田舍〉、〈歸園田居〉諸詩，對平凡的田家生活，尚懷有一種新鮮的憧憬。其有關的詩句如：

> 秉耒歡時務，解顏勸農人。平疇交遠風，良苗亦懷新。雖未量歲功，
> 即事多所欣。耕種有時息，行者無問津。日入相與歸，壺漿勞近鄰。
> 長吟掩柴門，聊爲隴畝民。（〈癸卯歲始春懷古田舍〉其二）
> 種豆南山下，草盛豆苗稀。晨興理荒穢，帶月荷鋤歸。道狹草木長，
> 夕露沾我衣：衣沾不足惜，但使願無違。（〈歸園田居〉其三）

這些詩句中，多少有一點「只問耕耘，不問收穫」的士大夫意趣。而「長吟掩柴門，聊爲隴畝民」等句中，亦可見出詩人是借矢志躬耕來表明一種人生選擇，亦非僅言勞作感受。在寫作〈庚戌歲九月於西田獲早稻〉時，陶淵明已在多年躬耕中備嘗勞作的艱辛：

> 人生歸有道，衣食固其端。孰是都不營，而以求自安！開春理常業，
> 歲功聊可觀。晨出肆微勤，日入負禾還。山中饒霜露，風氣亦先寒。
> 田家豈不苦？弗獲辭此難，四體誠乃疲，庶無異患干。盥濯息簷下，
> 斗酒散襟顏。遙遙沮溺心，千載乃相關。但願長如此，躬耕非所歎。

詩中所言，皆實在語。但是〈丙辰歲八月於下潠田舍穫〉在平淡中表現出的深沈哀苦，卻更爲濃重。如丙辰歲詩一開首的「貧居依稼穡」四句，與庚戌歲詩中「人生歸有道」四句開頭相比，已不再是僅爲選擇了某種正確的人生之道而自感滿足。現實生存的需要，已令陶淵明將對至道的追求，轉化爲一種無須任何炫耀誇飾的平淡無奇的日常勞作。實際上，由於詩人生活處境的惡化，丙辰歲詩中寫到的耕作，比以往任何時候都要艱苦。爲了收穫，「姿年逝已老」的陶淵明，中夜即起，坐以待旦，雖爲此頗爲難得地獲得一飽，但一天的勞動卻是很不輕鬆的，需先駕舟穿過蜿蜒的水道，進入荒涼的山中，隨著清怨的猿聲，體會一種「常恐負所懷」的深憂。而且在〈庚戌歲九月於西田獲早稻〉詩中，當詩人「四體誠乃疲」時，尚可「盥濯息簷下，斗酒散襟顏」，而此詩中卻已全然沒有飲酒解乏的描寫，足見此時陶家境日貧，多勞少歡的景況。在他的這首〈丙辰歲八月於下潠田舍穫〉詩中，我們一方面可以見出他欲借躬耕而實現的道德理想追求，已經到了一種豪華落盡的自然階段，而另一方面，我們也看到陶淵明的躬耕勞作因受到生活艱辛的驅迫下，喪失了一些欣然從容的愉悅。

在另一首〈怨詩楚調示龐主簿鄧治中〉詩中，陶淵明更深刻地表現了此一時期困窘的景況和不無矛盾的心情，對人生的感慨極深。詩中云：

> 天道幽且遠，鬼神茫昧然。結髮念善事，僶俛六九年。弱冠逢世阻，
> 始室喪其偏。炎火屢焚如，螟蜮恣中田。風雨縱橫至，收斂不盈廛。
> 夏日長抱飢，寒夜無被眠。造夕思雞鳴，及晨願烏遷。在己何怨天，
> 離憂悽目前。吁嗟身後名，於我若浮雲。慷慨獨悲歌，鍾期信為賢。

詩中歷數自己半生的艱難遭遇，少壯時期，遭逢世亂，苻堅南侵；及至而立之年，又遇喪妻之痛。於義熙四年遇火之後舉家艱困，此後又天災屢降，荒旱不已，螟蜮叢生；或者狂風暴雨，鋪天蓋地，致使莊稼無收，從而飢寒交迫，陷入絕境。其情調之悲苦遠過於以往的作品。陶淵明內心對天道不明和自己命途多舛深有所感，古語云：「天道無親，常與善人」，而他「結髮念善事，僶俛六九年」卻遭遇如此，他對天道產生懷疑，對身後之名，亦愈加淡然。正如他在〈飲酒〉詩中的憤慨：「積善云有報，夷叔在西山。善惡苟不應，何事立空言！」而「慷慨獨悲歌，鍾期信為賢」句中，我們感受到陶淵明在貧居躬耕中感受到的人生孤獨。這種孤獨的原因，來自於詩人與外在處境的對立，以及知音難求，無人理解的孤獨無告。〔註16〕它們不僅是表現為對貧困的煎熬，也表現為時運的相逼。

此時的陶淵明，貧餒與世事的變遷成為來自內外的壓力，在他心中激起矛盾和衝突，如〈雜詩〉：

> 代耕本非望，所業在田桑。躬親未曾替，寒餒常糟糠。豈期過滿腹，
> 但願飽粳糧；御冬足大布，粗絺已應陽。正爾不能得，哀哉亦可傷！
> 人皆盡獲宜，拙生矢其方；理也可奈何，且為陶一觴。

馬墣《陶詩本義》言「此首言不能謀生。」〔註17〕詩中的失意感慨，體現了正直守道的詩人的一片憤世之懷，也是他對以往人生的省思。而他的此種反省在〈詠貧士〉七章中有更深的思考。可以說，〈詠貧士〉是表現陶淵明後期

〔註16〕陶淵明精神上的孤獨在其詩中屢屢可見。其〈飲酒〉詩序文中言「閒居寡歡」；〈雜詩〉其二中言：「欲言無予和，揮杯勸孤影」，正因他所達到的人生境界，即使親如家人亦不能理解，只能對著自己的影子自斟自飲。在〈與子儼等疏〉中言：「但恨鄰靡二仲，室無萊婦，抱茲苦心，良獨惘惘。」陶淵明在友朋鄰里中，沒有如求仲、羊仲那樣的知心者，家中亦沒有如老萊子妻子般能理解支持丈夫隱居不仕的妻子。妻兒埋怨他為何不肯出仕，以致使家人與他一起忍受勞苦飢寒。如此情況下，陶淵明必然有著孤獨寂寞的悲情。

〔註17〕馬墣之言見楊勇著《陶淵明集校箋》卷四所引，頁210。

生活態度的極重要作品。縱觀他的一生，曾經經歷了幾個重要的人生階段，這期間不乏一些重大的人生關口，自二十九歲初仕郡職，十餘年間，淵明是在仕與隱，用志不遂和祿仕求生間徘徊，最後終於在義熙元年賦歸，作了「遂盡介然分，終死歸田里」的抉擇。在此之後，大致從不感到知命之間，陶淵明耕作田園，家境尚可，世事且無大變，所以詩人亦能「盥濯息簷下，斗酒散襟顏」，享受一種寧靜坦然的心情。義熙末期以後，陶淵明貧病相尋且家國多事，新朝統治者對士人極盡利誘拉攏之能事，故有義熙末年朝廷徵陶淵明為著作郎之舉。而對「紛紛飛鳥還」的時代氣候，陶淵明的人生又到了一個選擇關頭，若要改變初衷，此刻或許是最後的機會。故他在此時寫的〈詠貧士〉七首，在剖白了內心一度有過的矛盾悵惘之後，藉對古賢的歌頌，表明了他此時的人生態度。是詩人在貧困生活中的自解自慰之作，也是他在非常之世的見心明志之篇。首篇：

> 萬族各有託，孤雲獨無依。曖曖空中滅，何時見餘暉？朝霞開宿霧，
> 眾鳥相與飛。遲遲出林翮，未夕復來歸。量力守故轍，豈不寒與飢？
> 知音苟不存，已矣何所悲！

陶詩中每以雲鳥自況，因為在廣闊天空中飄浮的雲，與飛翔的鳥，最能代表不受拘束，最能象徵自由放任。詩中「遲遲出林翮」的意象，表現了他內心因守道獨行，世無知音的無限孤寂。在〈詠貧士〉第二首中：

> 淒厲歲云暮，擁褐曝前軒。南圃無遺秀，枯條盈北園。傾壺絕餘瀝，
> 窺灶不見煙，詩書塞座外，日昃不遑研。閑居非陳厄，竊有慍見言；
> 何以慰吾懷，賴古多此賢。

詩人真切地描寫了歲暮貧士生活的慘淡。如前所析，「傾壺絕餘瀝，窺灶不見煙」正是詩人自身貧苦生涯的真實寫照。「詩書塞座外，日昃不遑研」，隱隱暗示了詩人在艱困的處境下，對素所深研的傳統聖人之道，似乎亦有了些許的懷疑與迷惑；「閑居非陳厄，竊有慍見言」，更表現出一種內心的不平。以孔子當年絕糧，不過是暫厄於陳，而子路慍見，已為「君子固有窮乎」憤憤不已；陶淵明於「閒居」中經年長貧，終日抱飢，心中的憤然當然是有過於子路的。而在詩末，詩人卻將內心的憤懣轉化為對前賢風範的追想，並以此使自己得到慰解。

在這組〈詠貧士〉詩中，作者逐一列舉了榮啟期〔註18〕、原憲〔註19〕、

────────────

〔註18〕丁福保《陶淵明詩箋注》中引《列子‧天瑞篇》：「孔子遊於太山，見榮啟期

子思〔註20〕、黔婁、袁安〔註21〕、張仲蔚〔註22〕等古代固窮守節之士，藉以表示對他們堅守原則的肅然敬意；實則，透過這些可敬的貧士，陶淵明也在警惕策勵自己，對自己的人生信念作了更進一步的思考和肯定。所謂「豈忘襲輕裘」（其三）、「貧富常交戰」（其五），自賢修道，無不從掙扎中得來，至於「量力守故轍，豈不寒與飢？」步上古人遺跡之後，他更體會到不受拘束與自由放任的生活方式，不是沒有代價的，除了現實的飢寒困苦外，尚需忍受深沈的寂寞孤獨，而「知音苟不存，已矣何所悲！」（其一）言不悲時，乃正是悲最深之時。既不得見知於時人，則惟有尚友古人，故〈詠貧士〉其二之末有言：「何以慰吾懷？賴古多此賢！」若非賴古聖先賢之遺訓，孤寂的固窮之路，實在難以默默遵循。如第六首和第七首，一寫後漢張仲蔚，窮居陋室，不事交遊，「介然安其業，所樂非窮通」；一寫後漢黃子廉，棄官貧居，妻兒凍餒，而「惠孫一晤嘆，腆贈竟莫酬」，不受他人施捨，與陶經歷何其相似；而「弊襟不掩肘，藜羹常乏斟」（其三）、「芻藁有常溫，采莒足朝餐」（其五）這類句子，亦為他日常生活所不免。可知陶淵明既詠貧士，又寫自己，

行乎邸之野，鹿裘帶索，鼓琴而歌。孔子曰：『先生所以樂，何也？』對曰：『吾樂甚多。天生萬物，唯人為貴，而吾得為人矣，是一樂也。男女之別，男尊女卑，故以男為貴，吾既得為男矣，是二樂也。人生有不見日月、不免襁褓者，吾既已行年九十矣，是三樂也。貧者士之常也，死者人之終也，處常得終，當何憂哉！』」（見楊勇著《陶淵明集校箋》卷四所引，頁219）。

〔註19〕 古直《陶靖節詩箋》注引《韓詩外傳》曰：「原憲居魯，子貢往見之，原憲應門；振襟則肘見，納履則踵決。子貢曰：『嘻！先生何病也？』憲曰：『憲貧也，非病也。仁義之匿，車馬之飾，憲不忍為也。』子貢慚，不辭而去。憲乃徐步曳杖，歌《商頌》而返，聲淪於天地，如出金石。」（見楊勇著《陶淵明集校箋》卷四所引，頁219）。

〔註20〕 古直《陶靖節詩箋》注引《說苑‧立節篇》：「子思居衛，縕袍無表，田子芳使人遺之狐白裘，子思不受。曰：『妄與，不如遺棄物於溝壑。伋雖貧也，不忍以身為溝壑，是以不敢當也。』」（見楊勇著《陶淵明集校箋》卷四所引，頁220）。

〔註21〕 古直《陶靖節詩箋》注引《後漢書‧袁安傳》：「袁安，字邵公，汝南汝陽人。」《袁安傳》注引《汝南先賢傳》曰：「時大雪積地丈餘，洛陽令自出案行，見人家皆除雪出，至袁安門，無有行路，令人除雪入戶，見安僵臥。問何以不出？曰：『大雪，人皆餓，不宜干人。』」（見楊勇著《陶淵明集校箋》卷四所引，頁222）。

〔註22〕 丁福保《陶淵明詩箋注》中引《高士傳》：「張仲蔚者，平陵人也。與同郡魏景卿，俱修道德，隱身不仕。明天宮、博物、善屬文，好詩賦。常居窮素，所處蓬蒿沒人。閉門養性，不治榮名，時人莫識，唯劉龔知之。」（見楊勇著《陶淵明集校箋》卷四所引，頁223）。

許多辭句不僅是揄揚前修之言，更是夫子自道之語。

這組詩中，還有許多以反詰問答形式出現的句子，如「豈忘襲輕裘，苟得非所欽」（其三）、「豈不知其極，非道故無憂」（其四）、「朝與仁義生，夕死復何求」（同上）、「豈不實辛苦，所懼非飢寒。貧富常交戰，道勝無戚顏」（其五）、「誰云固窮難，邈哉此前脩」（其七）等等，不僅顯示了詩人以固窮自勵的堅決信念；在一側面，也說明了他在選擇固窮之節時，內心並非毫無曲折。陶集之中，類此警惕之語，俯拾即是：

先師遺訓，余豈云墜。四十無聞，斯不足畏。（〈榮木〉）

歷覽千載書，時時見遺烈。高操非所攀，深得固窮節。（〈癸卯歲 12 月中作與從弟敬遠〉）

貞剛自有質，玉石乃非堅。（〈戊申歲 6 月中遇火〉）

不賴固窮節，百世當誰傳！（〈飲酒〉之二）

斯濫豈彼志，固窮夙所歸。（〈有會而作〉）

盛年不從來，一日難再晨。及時當勉勵，歲月不待人。（〈雜詩〉其一）

誰云其人亡？久而道彌著！（〈詠二疏〉）

其人雖已沒，千載有餘情！（〈詠荊軻〉）

此類詩句可以說是陶淵明藉以自我勉勵的信條。他的作品中除了呈現人性高遠豁達的一面，同時亦呈現了他在現實生活中時時物質匱乏的焦慮，與精神矛盾掙扎的真實情境。在坦然呈現悲欣交集的人生實情之外，又時時以古代聖賢的典範遺訓策勵自己，提昇自我。而驗之以其人一生的事跡，處亂世之中，他既然無以「兼濟天下」，身歷許多挫折、困頓與激越，最終，是深厚的儒學修養和崇高的道義精神，幫助他以一己之力與流俗相抗，終於體現了「獨善其身」的理想。

三、撫己有深懷，履運增慨然 ── 易代之際的人事感傷

偏安江左的東晉政權，自建立起就綱紀不振，朝政昏暗，內憂外患連綿不絕。至孝武帝統治後期，東晉政權已完全腐敗。據《通鑑》載，太元十四年以來，朝廷所用非人，孝武帝與會稽王司馬道子等溺於酒色，日夜酣歌，又崇尚浮屠，朝政無主，左右近習，爭弄權柄，王國寶等邪佞排擠正人良臣，政風大壞。以後政治危機繼續發展，孝武帝與會稽王司馬道子之間的權力鬥

爭日漸惡化，雙方各自引擢親信腹心，朋黨競起。孝武帝死後，安帝即位，其人「幼而不慧，口不能言」（《晉書·安帝紀》），朝廷大權完全落入司馬道子之手，不久遂引發王恭、殷仲堪、桓玄等人的起兵事件。此時，五斗道領孫恩乘機起事，朝廷盡失其統治的秩序。野心勃勃的桓玄乘間竊位，於元興二年廢安帝自立，東晉國祚至此中斷。

此時，出身寒士的劉裕以軍功起家，漸執權柄，開始在晉末的政治中表現出他舉足輕重的地位。劉裕本北府兵將，通過軍功逐步上升，特別是在孫恩、盧循起事後，由於他的驍勇善戰，成為北府兵中主要將領，及至桓玄篡晉，劉裕起兵消滅其勢力，奉安帝反正，掌握了朝廷大權，在此後幾十年間，劉裕在軍事上討平了盤據成都的譙縱，消滅了南據廣州的盧循，北伐中原更是取得空前成就——滅南燕後秦，收復了長期為異族統治者佔領的關中和黃河以南廣大地區。而此點，是東晉建國以來，無論祖逖還是桓溫都未曾做到的。故王夫之在《讀通鑑論》言：

> 宋武興，東滅慕容超，西滅姚泓，拓跋嗣、赫連勃勃斂跡而穴處。……
> 然永嘉以降，僅延中國生人之氣耳，唯劉氏耳。（卷十五）

在政治和經濟方面，劉裕也力行整飭，「斟酌時宜，隨方矯正」，澄清吏治，懲治豪強。《通鑑》晉安帝元興三年即載：

> 裕以身範物，先以威禁，內外百官皆肅物奉職，不盈旬日，風俗頓改。

東晉社會在歷經太元以來的衰亂動盪之後，此時早已是「綱紀不立，豪族陵縱，小民窮蹙」（《通鑑》卷一一三晉安帝元興三年），百姓都希望脫身水火之中，有所依附，重新得到一個清明安定的生存環境。桓玄篡晉時亦見出此點，登位後頗欲釐整朝政。但因其人既無實際才能，又「性苛細，好自矜伐」，反而使得社會中「科條繁密，眾莫之從」，「朝野騷然，思亂者眾」（均見於《通鑑》卷一一三）。在此民不聊生的時刻，劉裕憑藉自己的武功德業出來代晉，時人多以為是合乎天理，順乎人情之舉。甚至東晉恭帝在奉璽退位之時，猶有「桓玄之時，晉室已無天下，重為劉公所延，將二十載。今日之事，本所甘心」（《通鑑》卷一一九宋武帝永初元年）這樣表明情願之語。故後世史家王夫之在《讀通鑑論》中對劉裕篡晉，亦有類此之言：

> 晉亡決於孝武之末年，人方周爰四顧而思爰止之屋，裕乘其間以收人望，人胥翼其為天子而為之效死。其篡也，時且利其篡焉。所惡

於裕者，弒也，篡猶非其大惡也。（卷十四）

魏晉，皆不義而得者也。……宋乃以功力服人而移其宗社，非司馬
之徒幸人弱而掇拾之也。（卷十五）〔註23〕

而生當晉宋交替之際的陶淵明，中年退出官場，隱居躬耕，其初衷本是因濟
世之志難遂，而折腰逢迎，「違己交病」。所以歸隱之後雖人在江湖，仍然對
國運興衰，政治治亂深懷關切。對搖搖欲墜的東晉政權，陶淵明心中企盼有
一強有力者出來匡扶社稷，收拾局面。而在晉末政壇上，似乎扮演了有力角
色者，前有桓玄，後有劉裕。桓玄篡晉未果，身敗名裂，劉裕繼之而起，成
為政治上舉足輕重的人物。從元興元年起，劉裕先後擊敗孫恩、盧循、徐道
覆的部眾，消滅桓玄的勢力，迎安帝兄弟反正，又整飭朝政，北伐關洛，創
造了自東晉立國以來前所未有的勛績。凡此種種，都顯示了劉裕對晉室有再
造之功，而不絕如縷的東晉王朝，在劉裕的主持下，也一度呈現了新的氣象，
似乎對晉室中興有望。總之從元興到義熙初，劉裕大致扮演的正是陶淵明所
期盼的角色，故在他後來所作的〈擬古〉詩中有「先巢故尚在，相將還舊局」
的辭句，可見陶淵明對劉裕深寄重望。但至義熙之後，劉裕翦除異己，扶植
羽翼，恣行廢立，篡跡漸著。陶淵明對時事逐日趨失望，從最初的懷疑擔憂
漸次發展為內心的強烈抗憤。他在〈感士不遇賦〉中言「真風告退，大偽斯
興」，他的失望，不僅是看到東晉王朝的衰朽不可復振，也不僅是為預感到劉
宋軍閥以暴易暴，無力真正鼎新。更主要的，還是針對當時整個時代「道喪
向千載」的道德理想淪亡而言。由於這種深刻的失望，陶淵明選擇了置身世
變之外，潔身自善的人生道路。但由於儒家理想主義和入世精神的深厚影響，
陶淵明並沒有自命清高，全然不問世事。作為陶集卷首的〈停雲〉詩中「八
表同昏，平路伊阻」、「八表同昏，平陸成江」之句，即體現了這種關懷，也
表現了他有感於塵世污濁而隱居不出，卻又惶惑於「如何蓬廬士，空視時運
傾」（〈九日閒居〉）的矛盾心情。前人沃儀仲評論〈停雲〉以為：

「伊阻」、「成江」，分指世運；「八表同昏」，專咎臣子。正見舉世暗
濁，無一明眼人堪扶社稷。〔註24〕

〔註23〕關於晉宋之際的政治社會情況說明，乃參考景蜀慧《魏晉詩人與政治》，台北，
文津出版社，民國 81 年 11 月版

〔註24〕此評乃見逯欽立《陶淵明集》卷一〈停雲〉詩中所引黃文煥的注引。逯欽立
亦言此詩寫陶淵明隱居生活中關心世亂。（台北，里仁書局，民國 74 年 4 月，
頁 12）

在他晚年所作的〈飲酒〉詩二十首，可以說是他在易代前夕，以飲酒爲名，曲折表達對新王朝不合作的態度。正如蕭統《陶淵明集》所言：「吾觀其意不在酒，亦寄酒爲跡也。」他生當季世，時懼罹禍，故寄旨遙深，篇首即言：

> 衰榮無定在，彼此更共之。邵生瓜田中，寧似東陵時。寒暑有代謝，
> 人道每如茲。

所言深含易代之際的人事感傷。整組詩中言飲酒、言不仕、言隱居、言固窮，均是深具意味的。其中，我們可以看到諸如「積善云有報，夷叔在西山；善惡苟不應，何事空立言」（其二）這類憤憤不平的詩句；「行止千萬端，誰知非與是？是非苟相形，雷同共譽毀」（其六）這種對歷史和現實表示懷疑的詩句。

從本質上而言，晉宋禪代，乃是漢魏、魏晉間歷史的重演。儘管劉裕代晉與曹氏、司馬氏的篡位一樣，亦不免使用虛僞矯飾的手段，玩弄陰謀權術。但是就總的是非功過來看，劉裕較之他的兩位前人曹氏與司馬氏，其代晉之舉，還是顯得有更多的歷史合理性。就東晉王朝本身而言，百餘年的門閥統治，已使這一政權變得衰朽不堪，不可復振。而門閥士族圈內，由於壟斷政權而導致的腐朽，加上自我封閉式的婚姻組合等等因素，大族的精神、智慧、才幹和體質等均全面退化。自謝安以後，這一階層中已不再有人眞正具備澄清天下之志向和治理國家之才能，更不可能出現力挽乾坤，重造山河的風雲人物。劉裕本人雖出身寒微，毫無世族之資可憑，但卻依靠才力，東征西討，通過一步步建立功勛而登上權力的頂峰。是以一般知識份子對劉裕代晉，尚能以一種順應歷史的態度接受。他們既沒有像漢末士大夫那樣心懷道義，堅執士節，對篡逆行爲大加抨擊；亦未能像魏末名士那樣以緘默不言、佯狂放誕來對竊國者作消極反抗。許多士人看待劉裕代晉，懷有的僅是一縷惆悵與惋惜，〔註25〕《晉書·恭帝紀》篇末史臣的幾句評論，或即是人們這種心緒

〔註25〕關於士大夫在晉宋易代之際，對劉裕政權的態度立場較爲順服，並不曾像漢魏之末的士人，在政治上和思想上的抵制反對篡逆者。其原因，據近人景蜀慧的分析，除了劉裕篡晉在道義情理上略優於魏晉統治者之外，主要還是與當時社會之政治、思想風氣及士大夫精神心態有關。她認爲，在政治上，當時的知識份子已歷盡了魏晉以來的政治風雨，飽嘗了統治者對其精神的箝制打擊，以至完全收斂了東漢以來「以天下爲己任」的進取銳氣。同時，由於社會中門閥制度的日益僵化，政治權力完全成爲私門的壟斷物。出身下層的的知識份子固然被摒棄於政治生活的中心之外，出身高門的知識份子同樣亦無須眞正以國事爲念，其結果，是使得廣大士大夫階層的社會責任感日益淡化。在思想方面，則有兩大因素對士人精神萎縮甚有關聯。其一是兩晉統治

的寫照：

> 夫五運攸革，三微數盡，猶高秋凋候，理之自然。觀其搖落，人有
> 爲之流連者也。

陶淵明目睹了政治舞台上劉裕的北伐和篡政活動，義熙九年（西元 412 年）
朝廷徵他爲著作郎，此時生活雖清苦，然歸隱已定，自然堅辭不就。義熙十
四年十二月，劉裕篡弒晉安帝（卒年三十七），而立大司馬琅邪王德文，是爲
恭帝。〔註 26〕元熙二年，劉裕廢恭帝爲零陵王，再於永初二年九月，加以掩
殺。自劉裕弒安帝後，陶淵明作有〈歲暮和張常侍〉詩，其云：

> 市朝悽舊人，驟驥感悲泉，明旦非今日，歲暮余何言！素顏斂光潤，
> 白髮一已繁；闊哉秦穆談，旅力豈未愆！向夕長風起，寒雲沒西山，
> 洌洌氣遂嚴，紛紛飛鳥還；民生鮮常在，矧伊愁苦纏。屢闕清酤至，
> 無以樂當年。窮通靡攸慮，顇顇由化遷，撫己有深懷，履運增慨然。

劉履論此詩言：

> 《晉史》，義熙十四年 12 月，宋公劉裕幽安帝於東堂而立恭帝，靖
> 節〈和歲暮詩〉，蓋亦適當其時，而寄此意焉。

又言：

> 首言市朝之人、耆舊之人，莫不相爲悲悽，而其乘馬亦有悲泉、懸
> 車之感。且謂明旦已非今日，予復何言，其意深矣。中謂長風夕起，
> 寒雲沒山，猛氣嚴而飛鳥還者，以喻宋公陰謀篡逆之暴，而能使人
> 駭散也。篇末又言窮通死生皆不足慮，但撫我深懷而踐此末運，能
> 不慨然而增憤激焉。〔註 27〕

陶淵明感傷的「歲暮」，除了代表自然界的寒雲朔氣，嚴冬將至外，尚有多層
寓意。就人生而言，詩人此時已五十四歲，進入暮年，體氣漸衰，華髮早生，
又貧餒無酒，生計少歡。因而追憶年華，撫念平生，對歲暮的感慨，也就是
對自己生命價值消逝的傷感。如「明旦非今日，歲暮余何言」的愴然無奈，
表明此時的心境，已不似當年〈形影神詩〉中「縱浪大化中，不喜亦不懼」

者立國以來對儒學實用主義態度而引起的士風不昌，名節不立；其二是魏晉
玄學「內聖外王」思想的流變以及佛教思想滲透入社會思想領域。（見《魏晉
士人與政治》，頁 169〜172）。

〔註 26〕事見《晉書》卷十，帝紀第十，〈安帝、恭帝〉，頁 152〜164。

〔註 27〕劉履所論見楊勇著《陶淵明集校箋》卷二，頁 105，107。台北，正文書局，
民國 76 年 1 月版。

那樣的平和超脫。尤其此詩作於義熙末年，正值晉宋交替，多事之秋，正是一個朝代的「歲暮」。眼見市朝之變，歲月之逝，頗生感觸，蓋人生斯世，窮通憔悴，皆爲無可如何之事，故處乎亂世，惟寄之沈冥，不與人爭，但求自適自得而已。

孔子云「歲寒而後知松柏之後凋」，淵明詩中有「芳菊開林耀，青松冠巖列，懷此貞秀姿，卓爲霜下傑」之句，都是寓含了士君子在風霜凌厲的叔季之世或歲暮之時，應堅守的處世原則。陶淵明在義熙末年辭著作郎不就，即是他在「歲暮」所持操守的具體表現。他在晉宋之際是謹守了自己潔身篤志的人格操守與處世原則，然而當時有許多士人則是深深捲入了易代之際的政治漩渦，有些人因此罹禍，有些人則依附劉裕集團，陶淵明的許多友人故舊如殷景仁、顏延之等卻紛紛入朝，成爲新貴。甚至與陶淵明同號「潯陽三隱」的周續之，亦不耐寂寞，應刺史檀韶之請，出而講《禮》，爲統治者粉飾太平。陶淵明對他們的人生選擇以及自己與他們的思想分歧，頗多感慨。故他對「歲暮」的深沈感慨，不僅僅是「憂生」，亦因目睹了此時此際人情世態的沈浮變化而有很強烈的「憂世」之意。「向夕長風起，寒雲沒西山，冽冽氣遂嚴，紛紛飛鳥還」的詩句，深刻表達了詩人在肅殺的時氣下，有感於多少流俗之輩，如草向風，隨世俯仰，在權勢面前，不惜放棄人格操守和一向的處世準則，競爲隨陽之鳥，追逐稻梁；而那些眞正能在屬屬嚴寒，眾芳蕪穢之時保有歲寒之心的堅持之士，唯有孤獨寂寥，獨守困窮而已。所謂「撫己有深懷，履運增慨然」的蒼涼況味，千載之下，猶可感知。

在〈擬古〉篇首的詩中，亦表現了他對世路多歧，良可哀憫的感受：

榮榮窗下蘭，密密堂前柳，初與君別時，不謂當行久。出門萬里客，

中道逢嘉友。未言心相醉，不在接杯酒。蘭枯柳亦衰，遂令此言負。

多謝諸少年，相知不中厚。意氣傾人命，離隔復何有。

此詩以蘭柳起興，敘寫了詩人與一友人的親疏離合關係。詩之大意是君將爲萬里客，詩人與之相別，尚以爲此行不當久。然而君在外新遇嘉友，爲之心醉，遂一往不返。出門時茂密的蘭柳枯萎了，臨別時的諾言也辜負了。最後，詩人責諸世人「相知不相厚」，人們卻回答：「新逢的嘉友相遇之厚，能感動我以生命相付，而與故交離隔又算得了什麼呢？」此詩對世態人心感之極深，也可以說是包含了一種委婉深刻的諷刺。詩中的蘭柳，或有某種象徵意義。

逯欽立注解此詩認爲蘭柳是作者自喻，「蘭」喻本人之德，〔註28〕「柳」指祖上勖望。〔註29〕也可以說，出門後對家中的蘭柳的辜負，正譬喻一種被外物所異化的人生選擇對於一個人最初的樸質本性和高潔理想的辜負背離。

陶集中還有一詩可與此篇參證。〈飲酒〉第十七云：

> 幽蘭生前庭，含薰待清風。清風脫然至，見別蕭艾中，行行失故路，
> 任道或能通。覺悟將念還，鳥盡廢良弓。

此詩雖亦以蘭起興，但所象徵的，主要是才智之士因受到權勢者的拔擢而在政治上迷途不返者。「幽蘭」二句，可喻士之懷才求知。「清風脫然至」二句，可喻士人受到權勢者的知遇獎拔。「行行」二句，意指才智之士追隨權勢走入歧途，如果能有明智的覺知，或許能避免失路而通行大道，言外則是惋惜其未能任道而通也。最末二句則是警告了才士最後可能遭遇鳥盡弓藏之禍，而彼時追悔已不及了。

在東晉末年，許多東晉舊臣被劉裕網羅入仕，其本意雖未必是要捲入政治的權力角逐，幫助劉裕篡晉，然而迫於情勢，他們遂不得不在追隨劉裕的道路上越走越遠，終不能返。是以陶淵明的這兩首詩，不僅表現了自己處世的態度，也表現了對這類士人誤入歧途的憂慮與關切。圍繞晉宋交替這一政治巨變，陶淵明在詩中表現出複雜的情感。其中，不僅有對晉宋滅亡歷史教訓的深夜反思，亦在謹守自己處世原則的同時，關注於易代之際士人的人生選擇上。

檢視陶集，我們所面對的是一位自然血肉之軀的人，因而他秉具了一般人的情欲本性，飢則索食，也不足爲過；但他仍然比一般人高了一層，因他處亂世退而求其次，選擇了獨善其身的隱居生活，並且堅持到底。不過，隱居生活也並非全然恬適美好，而是充滿了許多不可避免的甘苦歡愁，從〈乞食〉詩中的「叩門拙言辭」一語，最能率眞地道出其複雜矛盾的心理。透過陶淵明的作品，我們看到一個人如何在現實生活中快樂、悲苦、掙扎，而又時時在逆境之中以先賢先哲的典範期勉自己，將悲苦泯沒於智慧之中，而隨哲理以超然俱化。他眞實地生活、寫作，終於成爲一位舉世所尊敬的人物。

〔註28〕 逯欽立先生在注〈飲酒〉詩第十七「幽蘭生前庭」時，引《晉書・謝玄傳》：「安嘗戒約子姪，因曰：『子弟亦何豫人事，而正欲使其佳。』玄曰：『譬如芝蘭玉樹，欲使其生於庭階耳。安悅。』」（見《陶淵明集》卷之三，頁97）。

〔註29〕 逯欽立先生據《晉書》引陶侃嘗課諸營種柳，則此「堂前柳」，蓋在隱喻曾祖勛德名望（參見《陶淵明集》卷之三，頁109）。且陶淵明宅前亦種有五柳樹，故以此起興，亦引以自喻。

正如葉嘉瑩女士所言：

> 淵明之簡淨眞淳，是由於他能夠將其一份悲苦，消融化解於一種智
> 慧的體悟之中，如同日光之融七彩而爲一白，不離悲苦之中，而脫
> 於悲苦之外，這自然是一種極難達致的境界。〔註30〕

從陶淵明超邁的詩風與心境中，我們感受到另一方面的意義就是，魏晉詩人
到了陶淵明這**裏**，已經最後完成了自曹植以來的士人在精神上對理想、人格、
自由、逍遙的追尋歷程。就個體而言，這是陶淵明獨立自我人格的完成和他
對黑暗現實的超越。它標誌著從漢末士人擺脫儒學繁瑣經義的束縛之後，士
人在自我覺醒，追求精神自由方面所達到的反璞歸眞，與物俱化的最高境界，
然而就群體而言，它卻是自東漢以來幾代優秀士人所堅持的政治理想追求的
一個可嘆息的結局——經過二百年政治歷史的發展，士人以天下爲己任的社
會責任感與用世精神幾被摧折殆盡，在晉宋之際的士林中，不僅已絲毫沒有
了東漢士人那種與政治中腐惡勢力相抗爭的凌厲風尚，也完全不具有建安時
代士人慷慨磊落，建功立業的氣慨，甚至，喪失了魏晉之際竹林名士那種激
憤鬱挹，任誕放達的精神內涵。代之而起的，是知識份子獨立人格和精神自
由的保持，必須以退出政治領域爲代價來獲得，參與政治與保存自我二者間，
竟至完全分裂，不能互容。這樣的結局，當然非陶淵明所能料及，但客觀現
狀，卻確實令他不得不遠離人事。宋代朱熹似乎看出此點，故而言：

> 隱者多是帶氣負性之人爲之，陶欲有爲而不能者也。〔註31〕

《宋書·隱逸傳論》云：

> 身隱故稱「隱者」，道隱故曰「賢人」。

像陶淵明這樣懷負道義，具有偉大人格的知識份子，鄰亞賢人，庶爲無愧。
從本質上看，魏晉以來，不滿現實的知識份子的反抗避世之舉有多種樣貌。
酣飲者以酒傲世，佯狂者以狂傲世，其本心，都是藉此不與昏暗之世合流，
保持自己的人格獨立。陶淵明在暮年篤守固窮之節，並用一種相當激烈的態
度來刻意維護，亦可稱之爲以貧傲世，同樣是爲了在一個世風衰替，道義無
存的社會裡，保持自己高潔的自我人格。較之嵇康、阮籍等前賢，陶淵明所
爲，可謂方式不同而其道一也。

　　然而，也正如沈約所認爲的，當時之世，不僅有眞正的道隱之賢人，難

〔註30〕見《迦陵雜文集》，頁138。台北，桂冠圖書公司，2000年2月。
〔註31〕見《朱子語錄》卷十

睹其蹤；甚至就連「稟偏介之性」的隱者，亦絕少存在。以至於「松山桂渚，非止素玩，碧澗清潭，翻成麗矚。掛冠東都，夫何難之有哉。」（見《宋書・隱逸傳論》及「史臣曰」）這一情況從一個側面說明，在當時社會政治格局影響下，除少數像陶淵明這樣的懷道獨行之士，整個士人階層的人格精神，也是漸趨消亡的，而自陶淵明以後，整個南朝的士氣就更加萎靡不振，政治亦每下愈況，以至陳亡。中國士人在保全自我與實現理想的人生路上，如此艱難曲折，讀前賢行跡至此，不禁慨然嘆息。

第十章　魏晉士人悲情意識的消解

　　中國士人都懷有濟世的理想，但人生的窮通順逆，有緣有命。身體的苦難與摧折可以憑意志挺過，但是精神上的鬱結苦悶卻是難以化解的。孟子稱「窮則獨善其身，達則兼善天下」，確可以爲士人進退出處的借鏡。然而理智上的通達至情感上的怡然間，士人往往自覺或不自覺地引進一些外在因素，或許盡心於價值的轉移，或者致力於心理的補償，也或者尋求精神上的慰藉，以使內心平靜，消解悲情，昇華意識。司馬遷言：

　　　夫天者，人之始也；父母者，人之本也。人窮則反本，故勞苦倦極，

　　　未嘗不呼天也；疾痛慘怛，未嘗不呼父母也。（《史記·屈原列傳》）

他認爲人在遭受不幸，心理鬱悶、孤獨和悲痛時，必然要反本尋源，尋找抒洩的途徑，這就像人們呼天喊地一樣，是一種求生掙扎的本能。當然，排遣、宣洩悲情的方式很多，這又與當時的社會思潮、人生追求和審美方式有關。在魏晉時期，士人擺脫了兩漢神學和經學的羈絆，尋求更玄遠的解脫之道，正如湯用彤先生所言：

　　　從哲理上說，所在意欲探求玄遠之世界，脫離塵世之苦海，探得生

　　　存之奧秘。但既曰精神，則恍兮惚兮。〔註1〕

魏晉士人消解悲情的方式頗爲玄遠高邈，逍遙遊仙，放浪山水，寄情縱酒，託意詩文等等，這些成爲當時士人的生活方式，也構成魏晉文化的獨特風采。

第一節　遺物棄鄙累，逍遙游太和——遊仙

　　生與死，存在與虛無，是人類在自身的覺醒中所最先遇到的課題。同時，

〔註1〕　〈魏晉玄學和文學理論〉，《中國哲學史研究》，1980年第一期。

又是一個永遠無法擺脫的課題。人們由最初的死亡恐懼上升到哲學層次上的推求，它遂成了人生的永恆主題，此即是生命意識的覺醒。然而有生即有死，人們對生命意識的強化，就意味著死亡恐懼的強化。故戰國以來廣泛流傳的肉體成仙、長生久視的風氣及東漢以後逐步形成的道教思想，[註2] 即是建立在伴隨著人類自身發展而產生的關於如何突破生死大關，實現個體生命不死而永生的思考。這個思考以哲學和宗教的形式來呈現，哲學是將生死問題抽象為有限與無限的相對範疇，從而探索其間的關係，而宗教則是以虛幻的方式直接地解答這一課題。

　　札根於中國文化土壤的道教塑造了一個仙人仙境，[註3] 認為人可以通過符籙派的所謂祈禳、禁咒，丹鼎派的所謂清修、煉養即可鶴髮童顏長生久視了。可以說，道教讓生命本身具有一種想像力，它是以迴避死亡的方式來戰勝對死亡的恐懼的。

〔註2〕　早在戰國時期追求不死成仙的風氣就已經蔓延。《戰國策·楚策四》曾載有人「獻不死之藥於荊王」；《韓非子·外儲說左上》也談到「客有教燕王不死之道者」；《史記·封禪書》又載，蓬萊、方丈、瀛洲三座神山在渤海中，有至者說山上有仙人和不死之藥，齊威王、齊宣王和燕昭王都曾派遣人入海求這三座神山。秦始皇統一天下後，更熱衷於神仙之術和不死之藥，曾多次幸東海，又派遣徐市率童男童女數千人入海求仙人仙藥，並使韓終、侯公、石生四處尋求，結果仍然一無所獲。漢武帝的迷信仙藥仙人，更是廣為世人所知，據〈封禪書〉記載，那位認為「祠灶則致物，致物而丹砂可化為黃金，黃金成以為飲食器則益壽，益壽而海中蓬萊仙者乃可見，見之以封禪則不死，黃帝是也」的李少君即以仙術見寵於武帝；此後又有少翁、欒大、公孫卿則編造了黃帝鑄造九鼎，駕龍升天的故事，並說只要漢武封禪，便「能仙登天」，使武帝心旌搖曳，躍躍欲試，大發感慨地說：「吾誠得如黃帝，吾視去妻子如脫屣耳」，「自此之後，方士言神祠者甚眾」，「齊人之上疏神仙奇方者以萬數」。風氣既成，綿綿不絕，數百年間終於形成東漢末年的太平道和五斗道等道教流派。

〔註3〕　據葛兆光先生在〈道教與唐詩〉一文中分析，中國神仙世界的譜系是由道教建立而完善的。道教，作為中國的一種民族宗教，它集中《老子》、《呂氏春秋》、《淮南子》以來的思維成果，構造了由虛無渾沌元氣到天地四時萬物的宇宙、社會、人體發展史和以陰陽五行為架構的宇宙觀。它匯容了南方的巫術，將壓邪驅鬼，懸葦刻桃發展為符籙，將膏唾禁禱發展為念咒，將祭祀巫儀發展為齋醮。這是對儒家存而不論的怪力亂神方面在理論和實踐上的體系化。它羅網了醫學、保健、化學、物理的成果。一方面是以氣功為主的養生、長壽、成仙，一方面是以方藥、金石為主的煉丹、食服、成仙的一整套完成人仙轉化的方法。同時又吸收了《山海經》、《莊子》、《楚辭》中的神話傳說，把它們與宇宙、社會、人體的發展和結構相比附，構築了一個體系龐大的神仙譜系，描述了一個長生不死、童顏永駐、悠哉遊哉的神仙世界。（載於《文學遺產》1989 年第四期）

　　道教的神仙世界主要是以《山海經》、《莊子》、《楚辭》爲基礎。《山海經》、《楚辭》提供了各種禽獸模樣及人面獸身、飛龍奔躍的神人原型，《莊子》提供了人形的至人、眞人，如《逍遙遊》中的神人：

　　　　藐姑射之山，有神人居焉，肌膚若冰雪，綽約若處子，不食五穀，

　　　　吸風飲露，乘雲氣，御飛龍，而遊乎四海之外。

《山海經》中的神怪勇猛惡狠，《楚辭》中的神人富麗輝煌，《莊子》的眞人至人淡泊消遙。於是勇猛惡狠精緻化爲神仙們的各種法術力量；富麗輝煌擴展爲神仙們的富貴和享樂（這就是道教神仙世界中所描述的天宮、三島、十洲、十八洞天、三十六小洞天，七十二福地的富貴繁榮之處）；而淡泊逍遙集中爲仙人的自由無拘。道教在中國文化中所發揮的作用主要是以求福免禍、驅鬼壓邪來吸引廣大的下層民眾，以長生不死、羽化登仙、永享富貴來贏得皇帝貴侯的嚮往。然而《莊子》中避世的自由精神與《楚辭》中屈原憤而超世的遠遊心態吸引著中國歷代的士人，並成爲文人抒發胸中孤獨、鬱悶之作的祖祧。當他們陷入人生的苦境時，心中渴盼眞有一個神仙世界，可以使自己的痛苦心靈找到平靜的安頓處。

　　可以說，以仙境象徵理想世界，借「遊仙」來表示對理想的追尋和對黑暗現實的超越，是自《離騷》以來，賢士大夫在嚴酷的社會與人生面前，經常採用的一種作爲寄託的文學創作方式。而歷來之作「遊仙」者，大致可分爲三類情形：一類是嚮慕神仙，虔信修煉者，描寫仙境每帶著由衷的欣賞與讚美之情，可名之爲純宗教之遊仙；另一類是在哲學思想上別有根源，另闢新境者，描寫仙境，多暗闡玄理，帶有象徵寄意的色彩，如《莊子》中之姑射山眞人，可名之爲哲學性質之遊仙；〔註4〕還有一類恪守儒學傳統，對人生感到失意者，描寫仙境，只是藉之抒發感慨，消除心中鬱結之塊壘，如屈原的〈離騷〉、〈遠遊〉，〔註5〕可名之爲情緒性質之遊仙。當然，在魏晉時期儒

〔註4〕　《莊子》中充滿了對社會文化的失望和批判，故創造了超越社會文化乃至超脫生死的至人眞人神人。與至人眞人神人相輔相成的是泯是非、滅眞假、同善惡、一美醜的理論，人只要能有這種齊萬物的精神，就能夠解脫一切社會、觀念、人爲、心理的束縛而獲得精神上的自由。至人眞人神人也就是獲得了這種自由的人。《莊子》作爲哲學的道家，強調的是神人一般的精神自由、超然於物外的逸情。而被納入道教的《莊子》，強調的則是享有自由逍遙的神人。對於處於現實逆境的士人而言，只要他能夠相信至人眞人神人的存在，相信人可以通過一些方式達到至人眞人的境界，那麼他心理的困境就可以通過價值的轉換而解脫。

〔註5〕　〈遠遊〉經前賢的考證，多認爲並非屈原所作。它的寫作年代，據馬茂元

學、玄學、道教等各家思想融合發展時期，這幾類遊仙的思想，並非全然分開，而不免有相互交融的情況。而士人消解自身悲情的遊仙則主要是對屈原〈遠遊〉式的繼承，將人生的坎坷經歷通過遊仙方式獲得抒洩。苦難的塵世與有限的生命，觸發了遊仙的企望。於是「寄望長生，託情神仙」，就成了消解悲情的方式之一。以下試舉幾位「坎壈詠懷」的詩人作代表：

一、徘徊九天上，與爾長相須──曹植

張高評於〈建安詩人與悲情意識──以三曹七子詩歌為例〉〔註6〕一文中引清代何焯之說將遊仙詩分為兩類：以「富貴者而遊仙」為正體；以「坎壈者而遊仙」為變體。他認為何焯的正變之說不可取，然而以「富貴」與「坎壈」二分遊仙，則認為其說切中旨趣。他並以三曹遊仙詩為例，曹操、曹丕詩屬於「富貴者而遊仙」者，曹植則是「坎壈者而遊仙」者，並且指出富貴者多言神仙之趣，坎壈者多為詠懷之作。而吳功正在《六朝美學史》中論遊仙詩的基本現象時，則認為遊仙詩的創作動機分為兩大支，一大分支是對現實的騰飛，到達仙都的神域，人的生命得以永存。此類遊仙詩所構想的虛幻空間是為著求得人的有限生命得以突破，至於無限，這是生命的替代方式，也是生命的延續方式，生命由人世進入仙界，便得以永存。他指出此一分支是遊仙詩的基本形態，所謂的「列仙之趣」，屬於純遊仙之作。而另一分支，則是「坎壈詠懷」，以遊仙方式來消解人生的坎坷。〔註7〕筆者以為吳功正先生的分類較清人何焯的以「富貴」、「坎壈」二分，更得遊仙詩旨趣。不過，可以確定的是，遊仙確實有坎壈以詠懷的功能，而曹植正是此間代表。

《楚辭注釋》考證，約在戰國後期和秦漢之間，至晚不會超過西漢初年。它的產生與當時動蕩的社會有關，作者將他在紛亂不寧的社會中所感受到的悲鬱不平，託名於屈原來表達他超塵出世以及憤世嫉俗的想法（頁425，台北，文津出版社，民國82年9月版）。〈遠遊〉中具體地描述屈原如何由滿腔的鬱結愁憤通過仰慕眾仙，神遊天庭而達到至清無為、超脫一切的幻境，同時展現了屈原內心不斷矛盾掙扎的過程。他「悲時俗之迫阨兮，願輕舉以遠遊」，而在雨師左侍，雷公右衛，忽而召雲師豐隆為先導，忽而喚風伯飛廉為前驅的遠遊中，也還「涉青雲以泛濫遊兮，忽臨睨夫舊鄉」，而且立即「思故鄉以想像兮，長為息而掩涕」。不過這次是一番矛盾之後繼續遠行，遊遍上下四方之後，終於「超無為以至清兮，與秦初而為鄰」，似乎得到精神的解脫。

〔註6〕 見《第三屆中國詩學會議論文集》，頁202。
〔註7〕 見吳功正的《六朝美學史》，江蘇美術出版社，1996年4月版，頁570

　　神仙方術之說自上古以來，至秦漢間仍持續盛行，至漢末道教的形成，更使得巫風大暢。這種思想給曹植等詩人的遊仙詩提供了概念和意境，〔註8〕但是曹植本身並非虔誠狂迷的宗教信徒，從他的〈辯道論〉可證明此點：

> 世有方士，吾王悉所招致：甘陵有甘始，廬江有左慈，陽城有郤儉。始能行氣導引、慈曉房中之術、儉善辟穀、悉號數百歲。本所以集之魏國者，誠恐此人之徒接姦詭以欺眾，行妖惡以惑民，故聚而禁之也。豈復欲觀神仙於瀛洲，求安期於邊海，釋金輅而顧雲輿，棄文驥而求飛龍哉。自家王與太子及余兄弟、咸以爲調笑，不信之矣。

但他在〈桂之樹林〉、〈飛龍篇〉等章，卻通篇描寫遇接仙人，採藥服食，修煉自然，與金石同壽等得仙之道，顯示出神仙道教的思想。這種情況的原因，有可能是曹植在步入中年的過程中，由於政治、生活的坎坷遭遇和時代風氣的強大影響，因此對神仙道術的思想由懷疑而轉爲持保留的態度。但他並沒有因此而對長生之術有強烈的渴望和企慕，黃節先生注曹植的〈遊仙〉詩時云：

> 屈原〈遠遊〉，王逸《章句》曰：「屈原履方直之行，不容於世，上爲讒佞所譖毀，下爲俗人所困極，章皇出潭、無所告訴。遂敘逸思，託配仙人，與俱遊戲，周歷天地，無所不到。」是遊仙之作，使自屈原。……而子建〈遊仙〉、〈五遊〉、〈遠遊〉諸篇，則尤極意模仿屈原者也。〔註9〕

可知曹植由於他先天接近屈原的氣質，再加上爲曹丕父子所忌，爲灌均等人所讒，忠不見信，處境險惡等類似的生命遭遇，使他作遊仙詩時，必然追隨

〔註8〕 陳順智先生在《魏晉玄學與詩歌精神嬗變》一書中，對於在「慷慨以任氣，磊落以使才」的建安時代，積極追求功名事業的曹氏父子筆下大量出現遊仙詩或者說選擇遊仙詩以抒發其不朽的人生理想是有其歷史發展的原因。他認爲三曹的思想中，「不朽」的意識根深柢固，曹操的憂世不治，曹丕的論垂文不朽，曹植的汲汲於功名等，都基本上是先秦儒家「三不朽」思想的再現。先秦儒家「三不朽」的思想主要是精神方面的，但並不包括肉體方面的不朽：在漢末盛行的神仙方術，恰好彌補了肉體不能成仙的缺憾，成仙則肉體不朽，建功、立德、立言則精神不朽，兩方面相互補充，於是他們在求精神不朽之外，雖不信神仙不朽，但也可以仰慕它、歌詠他，因爲在重不朽這點上它與神仙方術並無二致。故而他們一方面執著於追求現實功名，一方面又高唱神仙，從而構成其詩歌看似矛盾實則一致追求不朽的觀念。加之東漢末年戰爭頻仍，人們朝不保夕，性命垂危，更加速和加強了這兩個不朽觀念的融合，故建安三曹詩歌中，此一「遊仙」的主題頗具代表性（武漢大學出版社，1993年7月，頁259，260）。

〔註9〕 見黃節注《曹子建集評注》，頁309，台北，世界書局，1998年12月版。

靈均,寄託感慨。他的〈遠遊篇〉是極具代表性的作品之一:

> 遠遊臨四海,俯仰觀洪波。大魚若曲陵,承浪相經過。靈鼇戴方丈,
> 神岳儼嵯峨。仙人翔其隅,玉女戲其阿。瓊蕊可療饑,仰首吸朝霞。
> 崑崙本吾宅,中州非吾家。將歸謁東父,一舉超流沙。鼓翼舞時風,
> 長嘯激清歌。金石固易敝,日月同光華。齊年與天地,萬乘安足多。

詩中作者遠遊四海,從宏觀入筆,在俯仰間看見海上的巨大波浪此起彼伏。也看到如山丘般的大魚,乘著巨浪來回浮游;其中有個靈鼇,頭頂著方丈山,極其高峻。又從微觀寫出仙人、玉女們在仙山上自由自在地生活,或飄然凌空,或嬉戲爲樂;飢則食瓊蕊,渴則吸朝霞。詩人在此塑造了一個自由自在的神仙境界,此亦是他所神往的妙境。對曹植這樣一位「勠力上國,流惠下民,建永世之業,流金石之功」(〈與楊德祖書〉);願「捐軀赴國難,視死忽如歸」(〈白馬篇〉)的有志之士,此時竟喊出「崑崙本吾宅」,想脫離現實社會;如果他不是已感到報國無門,內心痛苦之極,何至於此!正因如此,他要與仙人東王公一起到遙遠的流沙,即西方極樂世界去。在那裏隨風起舞,放聲高歌,既可以求得解脫,也如屈原〈卜居〉中所言:「寧超然高舉以保眞」來保存自己對國家君王的忠貞之情。人間的金石雖堅固,但終究將毀壞,而神仙卻可以與天地同壽,如此觀之,則人間帝王的榮盛又何足貴呢?詩中表現了曹植的廣闊胸懷,與天地同壽,與日月齊光的浩然氣概。而其內心的隱痛也得到了深刻的顯露。

　　法國學者侯思孟在〈曹植與遊仙〉一文中對曹植的遊仙有精闢的分析,他指出曹植後期近乎監禁的生活,再加上建功立業的無望,使他不得不在儒學之外去尋求某種精神滿足。而存在於現代藝術和宗教中的神話魔力,恰恰體現了一種在想像中達到自由、並實現在現實中得不到的不朽幻想的方式。曹植通過這些詩,緩解了其日常生活中的挫折和他全部雄心破滅的感受。他使用神話的傳統,不僅是託喻其政治的失意,尤其是更要在精神上把自己從封地的狹小限制中解放出來。〔註10〕可以說,曹植的遊仙之作並非是在神仙道教中尋求解脫,而是在藝術中尋求對苦悶的消融,因爲,美麗的仙境本身,就足以使詩人感受到某種快樂和欣慰。

　　由此,曹植的詩中極力渲染仙境的瑰麗廣袤和仙人生活的自由快樂,以此和人間世界的侷促黯淡及個人生活的抑鬱寡歡形成對比。如:

〔註10〕侯思孟的分析乃轉引自景蜀慧《魏晉詩人與政治》,頁 59～60 中所引

　　翱翔九天上，騁轡遠行遊。東觀扶桑曜，西臨弱水流。北極玄天渚，
　　南翔陟丹丘。（〈遊仙〉）

　　四海一何局，九州安所如？韓終與王喬，要我於天衢。萬里不足步，
　　輕舉凌太虛。飛騰逾景雲，高風吹我軀。（〈仙人〉）

　　九州不足步，願得凌雲翔。逍遙八紘外，遊目歷遐荒。（〈五遊〉）

仙界之遼闊自由與仙人之飛雲騰霧，正是曹植身處人境的身心束縛之下，對
仙境嚮往的真正原因，在此寄託的是天地之大竟無可託身之所的深慨與悲
哀。

　　曹植的遊仙詩中，亦繼承了《楚辭》中以仙境爲政治理想的寄託。如前
引〈仙人篇〉中的「韓終與王喬，要我於天衢。萬里不足步，輕舉凌太虛。
飛騰逾景雲，高風吹我軀。迴駕觀紫薇，與帝合靈符」，即是曹植表露的政治
抱負和用世理想。詩中的「閶闔」、「雙闕」、「紫薇」等天界的宮闕殿宇，皆
可作爲人間朝廷的象徵；「王喬」、「韓終」兩位仙人以及「景雲」、「高風」等
語，也可理解爲曹植在爭取用世時渴望得到的協助；而「與帝合靈符」，更體
現了他君子上達，與天合符的心願，希望得到君王的知遇，與皇室捐棄嫌隙，
躋身朝列，參與國政，實現報國之宿志。正如朱乾論此詩時所言：

　　託意仙人，志在養晦待時，意必有聖人如軒轅者，然後出而應之，
　　所謂達可行於天下而後行之者也。〔註11〕

此意念在曹植詩中反覆出現，如〈五遊詠〉中的上遊天界：

　　閶闔啓丹扉，雙闕曜朱光。徘徊文昌殿，登陟太微堂。上帝休西櫺，
　　群后集東廂。帶我瓊瑤佩，漱我沆瀣漿。

亦是透過神仙世界，寄託他孜孜以求的人生理想。有時曹植也假託想像中的
仙人，以達到自我勸勉的目的，如〈苦思行〉云：

　　綠蘿緣玉樹，光耀粲相輝。下有兩眞人，舉翅翻高飛。我心何踊躍，
　　思欲攀雲追。鬱鬱西嶽巔，石室青蔥與天連，中有耆年一隱士，鬚
　　髮皆皓然，策杖從我遊，教我要忘言。

前四句寫仙境與仙人。仙界有綠蘿、玉樹，光輝燦爛，仙人凌空飛翔，來去
自由。中四句寫詩人對這種無拘無束的自由境界十分神往，恨不能插翅高飛，
這正是詩人傾慕神仙生活的初衷。然而，在現世與仙界之間是巍峨的大山，
只有攀上山巔才能升天，山與天連，無法攀援，想要攀雲登仙是不可能的。

〔註11〕見黃節注《曹子建集評注》，頁295。

末四句寫一老年隱士與詩人同遊，忠告他要保持緘默，以免禍從口出。曹植後期處於監國使者的監視之下，監國使者秉承魏主之意隨時監視曹植的言行，若其言行稍有不慎，便會給讒巧小人造成邀功請賞的口實，黃初年間幾起迫害事件皆由此而發，因而「忘言」乃是曹植從殘酷的迫害中悟出的結論。

詩人之所以要輕舉遠遊，乃在於「人生不滿百，戚戚少歡愉」（〈遊仙〉），故要追求精神上的「逍遙八紘外，遊目歷遐荒」（〈五遊詠〉）。然而，即使徘徊九天，久久相待，然軒轅不見，神龍不出，如同現實中的君門萬里，遇合難逢。主觀意願與客觀事實之間，存在著巨大的差距。正如他在〈升天行〉其二所言：

> 日出登東幹，既夕沒西枝。願得紆陽彎，回日使東馳。

雖然表現出回轉世運的抱負與希望，但西沒之日不可復東，人事的衰謝亦是難以挽回的。所以輕舉遠遊只能是一種虛幻的想像，它縱然給詩人以片刻的精神滿足，卻無法改變現實生活。當詩人從自己編織的幻境驚醒，會加倍地感受到理想與現實的激烈衝突。曹植的〈贈白馬王彪〉詩中言：「虛無求列仙，松子久吾欺。變故在斯須，百年誰能持。」明知仙境的不可求與不可期，然而在近似囚徒的生活中，物質生活的窘迫、精神上的極端壓抑，無可奈何之際，他只能藉助仙境來慰解無盡的苦痛。

二、長與俗人別，誰能睹其縱 —— 嵇康、阮籍

劉勰《文心雕龍·明詩》中言：

> 正始明道，詩雜仙心，何晏之徒，率多浮淺。惟嵇志清峻，阮旨遙深，故能標焉。

論者常以為「詩雜仙心」僅指何晏，然而詳味其意，嵇阮亦在其列，其異於何晏諸人之「率多浮淺」者乃在於「清峻」，「遙深」。唯其如此，嵇阮「故能標焉」。因此，嵇阮的遊仙之作亦頗具代表性。

就遊仙詩的發展而言，建安時期的遊仙，藉仙境以自娛，盼望肉體成仙、長生久視是理想寄託中的最高目的。至正始時期，玄學形成，何晏、王弼諸人倡本無於前，嵇、阮諸人振自然於後，一時風從，遂相流傳，一種新的人生觀、價值觀、新的人格理想、人生態度便由此出現。與建安時期的士人心態相比，他們輕功名而重人生；追求精神的自適更過於重精神不朽；重視生前更重於身後。人的生存不只是為了追求身後之名、精神和肉體的不朽，也

不只是追求生前的榮華富貴，是爲生存而生存，但又不同於動物般的滿足於欲望，而是追求人與自然宇宙的和諧統一，人自身精神的逍遙自適、意志的完足。所以他們遺名取身，遺形取神，追求足意暢神的人生境界。從現實政治而言，嵇、阮與曹魏頗有淵源，爲避禍全身、逃避現實，亦需借助一種超脫現實政治生活的文學形式來抒發理想、除去殷憂，〔註12〕故而遊仙詩的形式便成了最初表現玄學人生觀、人生理想的詩歌形式。

　　由於嵇、阮尚自然，重精神人格。因此在嵇、阮的遊仙詩中儘管還能看到仙人形象、升騰飛躍等等遊仙的特徵，但總能看到他們的追求愈來愈重個體的內心精神和意志了。如嵇康的〈四言詩〉中云：

　　　羽化華岳，超遊清霄。雲蓋習習，六龍飄飄。左佩皮桂，右綴蘭苞。

　　　凌陽讚路，王子奉轺。婉孌名山，眞人是要。齊物養生，與道逍遙。

雖然極力描繪仙境的超然美妙，然而詩人的終極目的卻是在「與道逍遙」，即是遊於玄學虛無太清之境。且此所謂「養生」也不再是爲修煉肉身以便成仙，而在於養生守精，保持內心精神寧靜虛一以達到「與道逍遙」的至境。

　　本文第七章論嵇康的幽憤孤哀中曾提及嵇康的詩中，一般採用兩種方式來表現他堅持理想，批判現實的態度，其一是以古非今，緬懷上古三代的治世與古賢人的高節；其二即是出世遊仙，嚮往高潔的世外桃源。如其〈遊仙〉詩雖用遊仙之名，卻是行玄學人生理想之實。詩的前半「遙望山上松，隆谷鬱青蔥，自遇一何高，獨立迥無雙。願想遊其下，蹊路絕不通。王喬棄我去，乘雲駕六龍。」寫出對理想境界的企慕，但終不得達。之後「飄颻戲玄圃，黃老路相逢。授我自然道，曠若發童蒙。採藥鍾山隅，服食改姿容。蟬蛻棄穢累，結友家板桐。」偶逢黃老，授以自然之道，忽然茅塞頓開，終入理想境界。詩中言「王喬棄我去」正是仙境仙人之難得，而「蟬蛻棄穢累」正是抖去束縛其精神意志之凡俗名教，最終進入老莊玄學虛無之境。此重視個性精神，內心情性意志的「自然道」是臻於此境的關鍵途徑，也正是他崇尚的「越名教而任自然」的老莊玄學自然之道。故而詩的前半所描繪的仙境，其實正是他玄學理想的精神境界。此與他在〈贈兄秀才入軍〉中所述的「琴詩

〔註12〕《世說新語‧規箴》第六注引〈名士傳〉言：「是時曹爽輔政，識者慮有危機。晏有重名，與魏姻戚，內雖懷憂，而無復退也。著言詩以言志曰：『鴻鵠比翼遊，群飛戲太清。常畏大網羅，憂禍一旦并。豈若集五湖，從流唼浮萍。承寧曠中懷，何爲怵惕驚』。」（見余嘉錫《世說新語箋疏》，頁 552）。可知劉勰所謂的「正始明道，詩雜仙心」亦有其政治上爲避禍全身、逃避現實的原因在。

可樂，遠遊可珍。含道獨往，棄智遺身。寂乎無累，何求於人？長寄靈丘，恬志養神。」境界是相通的。正如清人陳祚明所言，嵇康求仙之舉，不過是「輕世肆志，所託不群。非真欲仙也，所願長與俗人別耳。」（《嵇康集校注》卷一〈遊仙〉詩後引）

道教修煉的目的在肉體成仙，故而重視肉體的修煉與保養；玄學追求的目的在精神意志，故重精神而輕肉體，即使重視修煉養生也在於使其充分表現精神狀態，使之成為其內在幽微精神之顯現。嵇康《幽憤詩》言：「託好老莊，賤物貴身，志在守樸，養素全真。」貴身是相對身外之物而言，而身體相對心神而言則又為次。貴身並非目的，乃在於守樸全真，所以又說「含道獨往，棄智遺身」，既稱「身貴名賤，榮辱何在」，又稱「貴得肆志，縱心無悔」（〈贈兄秀才入軍〉）。嵇康這種賤名貴身，輕身重心的人生態度在他的〈養生論〉中闡明得更為清楚：

> 是以君子知形恃神以立，神須形以存。悟生理之易失，知一過之害生，故修性以保神，安心以全身，愛憎不棲於情，憂喜不留於意。泊然無感，而體氣和平。又呼吸吐納，服食養身，使形神相親，表裡相濟也。

可知他們服食修煉的目的，不在肉體成仙、長生不老，而是養氣守真達到與道同體，逍遙於虛無理想境界的途徑，其後終能「無為自得，體妙心玄」。

雖然嵇康在思想上誠有友仙人於縹緲之中，以寄身心寂寞之感的用意。他欲「猗與莊老，棲遲永年」、「齊物養生，與道逍遙」，表現出「嵇志清峻」的風采，但觀其詩中又有「鍾期不存，我志誰賞」、「心之憂矣，誰識玄機」、「長嘯清原，惟以告哀」（以上皆見於〈四言詩〉）的孤寂、無奈，復因執著的情懷，我們可以看到嵇康託喻遊仙的清遠飄逸，卻又難以排遣心中的幽憤；對現實世界的執著追求與精神世界的尋求解脫中，反覆翻騰的矛盾與掙扎。

和嵇康一樣，阮籍終生亦籠罩在正始名士迭遭殺戮的陰影之中。本文第八章在論述阮籍的苦悶沈憂時指出，阮籍的一生用盡智慧氣力去處理自身處亂世之中的仕隱進退，卻也是一位表面曠達超脫，內心始終因著正義的堅持而痛楚不堪的悲情詩人。在〈詠懷〉第八首中對其內心的煎熬有著真切的描寫：

> 一日復一夕，一夕復一朝，顏色改平常，精神自損消。胸中懷湯火，變化故相招。萬事無窮極，知謀苦不饒。但恐須臾間，魂氣隨風飄。終身履薄冰，誰知我心焦？

塵世所以令人難以忍受的，就在於它是以森嚴的禮法束縛了個體的自由，而且使人與人之間罩上了虛偽殘忍的羅網與陷阱，使人與人之間缺乏理解與相通的情感，因此常有「誰知我心焦」的孤獨苦悶。既然必須生活在這種箝束森嚴的社會中，於是在精神上渴望翱翔於天地之外，在逍遙自在中徜徉。人是群體的動物，然而這個群體的社會關係一旦異化成虛偽殘忍的羅網與陷阱，則逍遙獨步的生活反倒成了人們追求的理想境界。故阮籍的遊仙逍遙中有鮮明的反抗禮教的意義。在〈答伏義書〉中他提出：

> 人之立節也，將舒網以籠世，豈樽樽以為網？方開模以範俗，何暇毀質以通檢？若良運未協，神機無准，則騰精抗志，邈世高超。蕩精舉於玄區之表，擄妙節於九垓之外。而翱翔之乘景，躍蹠踔，陵忽慌，從容與道化同逌，逍遙與日月並流。交名虛以齊變，及英祇以等化。上乎無上，下忽無下，居乎無室，出乎無門，齊萬物之去留，隨六氣之虛盈。總玄綱於太極，撫天一於寥廓。飄埃不能揚其波，飛塵不能垢其潔，徒寄形軀於斯域，何精神之可察？

阮籍這一大段話是回答伏義對他的指責。伏義代表當時的一些禮法之士，對阮籍、嵇康等人的鄙陋禮教，傲世疾俗有所不滿，深加責難。阮籍則以鄙視的態度加以回擊。信中阮籍以飛鳥不能尋九蒼之高，幽鱗不能測四溟為喻，來諷刺志在高遠的人非伏義之流的淺陋之士所能理解的。文中並且闡述在良機未至之時，應該「騰精抗志，邈世高遠」的觀點，人應該擯棄一切世俗，「從容與道化同逌，逍遙與日月並流」，以達到身心自由的理想境界。

第八章中我們曾說明阮籍本有濟世之志，但在經歷曹魏後期十餘年間政海風濤與社會動蕩之後，阮籍在絕望之餘，產生高飛遠引，企仙求隱的思想。此時對儒家推崇的夷齊之節，已不能保持他內心的平衡，是以阮籍此時通過詩文對老莊列仙的描寫，表現出更多地寄意於玄門仙山，欲在玄邈虛無之中，追求出世逍遙的意趣。在〈詠懷〉第二十三首中表現他典型的遊仙意趣：

> 東南有射山，汾水出其陽。六龍服氣輿，雲蓋切天綱。仙者四五人，逍遙晏蘭房。寢息一純和，呼吸成露霜。沐浴丹淵中，炤耀日月光。
> 豈安通靈臺，游瀁去高翔。

詩中通過想像細緻傳神地描繪了藐姑射山上神人們寧靜平和、自由逍遙的生活狀況，抒發了自己的嚮往之情。莊子〈逍遙遊〉中藐姑射山神人的描寫，是為了表達「無功、無名、無己」的思想，阮籍繼之加以描繪的仙境，也隱曲地折

射出世間的污濁險惡，表現出作者不與流俗的出世思想和對現實的不滿。

〈詠懷〉第二十四首中亦反映了詩人在當時政治環境下的艱難處境和苦悶心情，並希望以遠遊仙山以求精神解脫的願望。其詩云：

> 殷憂令志結，怵惕常若驚。逍遙未終晏，朱暉忽西傾。蟋蟀在戶牖，
> 蟪蛄號中庭。心腸未相好，誰云亮我情？願爲雲間鳥，千里一哀鳴。
> 三芝延瀛洲，遠遊可長生。

詩人在殷憂志結、怵惕若驚的現實壓力之下，曾願以逍遙遊樂，不與世事作爲避禍全身之道，然而「逍遙未終晏，朱暉忽西傾。蟋蟀在戶牖，蟪蛄號中庭」，道出了歲月無情的流逝，更喚起了內心更深的憂慮。儒家將生命意義寄託在「立德、立功、立言」三不朽上加以實現，但阮籍在易代之際的動輒得咎中失去生命價值的依託，在無望之際，願化作雲間鳥，一飛沖天，哀鳴千里，高舉遠飛至海上仙山求取靈芝仙草以延年壽。但他何嘗不知逍遙遊仙是不可能付諸實現的，故〈詠懷〉詩中一方面言「願登太華山，上與松子遊」（其三十二），「焉見王子喬，乘雲翔鄧林；獨有延年術，可以慰吾心」（其十），「道眞信可娛，清潔存精神」（其七十四），表明他欲以遊仙來排遣內心的積憂沈鬱；可是他同時清醒地意識到「采藥無旋返，神仙志不符，逼此良所感，令我久躊躇」（其四十一），「人言願延年，延年欲焉之。黃鵠呼子安，千秋未可期。」（其五十五）。阮籍自知即使是精神的逍遙超脫，都難以到達，一生只能在逍遙灑脫與苦悶沈憂中徘徊掙扎。

三、朱門何足榮，未若托蓬萊——郭璞

郭璞，字景純，聞喜（今屬山西）人。高才博學，性情剛峻。生於晉武帝咸寧二年，被誅於明帝太寧二年（西元 272～324）。西晉末年，避亂東南。後任王敦記室參軍。王敦欲反，璞曾勸阻，敦怒，殺之於鄂城的南崗。代表作爲十餘首的〈遊仙〉詩。他身處災禍頻仍、晉室顚蕩的混亂時代，詩中雖曲摹神遊仙境之樂，卻又明白自己畢竟生活於現實之中，因而仍有「臨川哀年邁，撫心獨悲吒」的清醒之感，詩中的哀歎、怨恨這些情緒，皆是他憂生憤世之情的眞實流露，如同他從卦象而發揮天象示變的玄妙道理，接下來著重的還是朝廷法令不一、懲勸不明的政治局面。自鍾嶸《詩品》云：

> 晉弦農太守郭璞詩，憲章潘岳，文體相輝，彪炳可玩。始變永嘉平
> 淡之體，故稱中興第一。《翰林》以爲詩首。但遊仙之作，詞多慷慨，

乖遠玄宗。其云：「奈何虎豹姿」，又云：「戢翼棲榛梗」，乃是坎壈詠懷，非列仙之趣也。

至劉熙載《藝概》卷二：

> 郭景純亮節之士，……遊仙詩假棲遯之言，而激烈悲憤，自在言外，乃知識曲宜聽其真也。

以及清人陳祚明、何焯等〔註13〕論郭璞之遊仙，皆指出郭璞乃是通過遊仙來寄託自身的情志和願望，發抒對於現實社會與人生的悲慨。從他的四言詩〈答賈九州愁詩〉〔註14〕即可看出他憂世的思想心態，詩云：

> 顧瞻中宇，一朝分崩。天網既紊，浮鯢橫騰。運首北眷，邈哉華恆。
> 雖欲凌翥，矯翮靡登。俯懼潛機，仰慮飛罾。惟其嶮哀，難辛備曾。
> 庶睎河清，混焉未澄。

郭璞作為西晉滅亡的親歷者，深懷著悲痛與憂慮。「顧瞻中宇，一朝分崩。天網既紊，浮鯢橫騰。」天崩地坼的中原局勢深深地壓抑著詩人的心靈。他懷著收復中原的中興願望，翹首西望，神情激蕩。然而面對現實，自知獨臂難撐大廈，無法挽狂瀾於既倒，於是發出無能為力之慨嘆。不滿、憤慨、悲哀在心中反覆翻騰，在無可奈何之際，遂由此升騰起遊仙之想。不同於前人的是，曹植等雖不信神仙道術，但作遊仙時，至少寫出了自己飛升的快樂，而郭璞卻是不斷地吟詠自己在世的悲傷，如言：

> 六龍安可頓？運流有代謝；時變感人思，已秋復願夏。…臨川哀年邁，撫心獨悲吒。（其四）
>
> 潛穎怨清陽，陵苕哀素秋。悲來惻丹心，零淚緣纓流。（其五）
>
> 靜嘆亦何念，悲此妙齡逝。在世無千月，命如秋葉蒂（其十四）

對於仙境，他想得多，遊得少，如言：

> 逸翮思拂霄，迅足羨遠遊。（其五）

〔註13〕陳祚明《采菽堂古詩選》卷十二明確指出：「景純本以仙姿游於方內，其超越恆情，乃在造語奇傑，非關命意。遊仙之作，明屬寄託之詞，如以列仙之趣求之，非其本旨矣。」而何焯《義門讀書記》也認為：「景純遊仙，當與屈子〈遠遊〉同旨。蓋自傷坎壈，不成匡濟，寓旨懷生，用以寫鬱。」（劉熙載及陳祚明、何焯之言，乃見於楊祖聿《詩品校注》詩品中頁111～114，台北，文史哲出版社，民國70年1月版）

〔註14〕本文所引郭璞詩乃見於逯欽立輯校的《先秦漢魏晉南北朝詩》，台北，木鐸出版社，民國71年12月。下文所引，不另附注。

悠然心永懷，眇爾自遐想。（其八）

許多時候，亦深覺仙境高邈難尋：

丹泉漂朱沫，黑水鼓玄濤。尋仙萬餘日，今乃見子喬。（其十）

翹首望太清，朝雲無增景。雖欲思靈化，龍津未易上。（其十七）

因此他的尋仙之路也充滿了痛苦和艱辛：

丹泉漂朱沫，黑水鼓玄濤。尋仙萬餘日，今乃見子喬。（其十）

當他能夠挽龍馭，乘奔雷，逐電驅風，在天上飛翔時，也還是免不了悲戚之感：

東海猶蹄涔，崑崙螻蟻堆，遐邈冥茫中，俯視令人哀。（其九）

可知郭璞雖以遊仙之作來抒發自己現世的悲情，然而由於神仙世界的超離現實，故他的悲感仍無法真正被消解，只能深深地浸溶於仙界的自由與隱士的孤寂中。〔註15〕故他的仙域實際上成為隱居的替化境界，如〈遊仙詩〉其一：

京華遊俠窟，山林隱遯棲。朱門何足榮，未若託蓬萊。臨源挹清波，
陵崗掇丹荑。靈谿可潛盤，安事登雲梯。漆園有傲吏，萊氏有逸妻。
進則保龍見，退為觸藩羝。高蹈風塵外，長揖謝夷齊。

詩中以「京華」與「山林」對舉，指出分別為遊俠與隱士所居之地。否定了朱門的豪華與富貴，表示仕宦求榮還不如高蹈謝世，託身於蓬萊之間。而隱者的生活逍遙而自在，在水源處飲清波，至山崗上采食赤仙草。詩人借具體的「靈溪」〔註16〕勝地作為隱居之地的實指。又引證莊周及老萊子夫妻作為古人高蹈遁世的典範。「進則保龍見，退為觸藩羝」則用《周易・乾卦》：「九二，見龍在田，利見大人。」及《周易・大壯》：「上六，羝羊觸藩，不能退，不能遂，無攸利，艱則吉。」的爻象作比，若能進一步高蹈謝世便能如龍之見，保中正之美德；但若退居於塵俗之中，即如觸藩之羊處於困窘之境。故表明了他欲高蹈於風塵之外，離世遠居之心。

〔註15〕隱逸與遊仙本來就有著微妙的關係。同樣是為了從人生的桎梏與苦悶中掙脫出來，期望能逍遙遨遊於世塵之外。只是隱逸的對立面是官場的折騰，而遊仙的對立面則是所有人生的焦慮不安與苦難。但對中國文人而言，仕宦生涯的浮沈奔波，就是人生焦慮不安的最大根源，所以隱逸詩和遊仙詩會存在著微妙的疊合關係。

〔註16〕靈溪在荊州（今湖北江陵）城西，李善《文選》注引庾仲雍的《荊州記》：「大城西九里有靈溪水。」郭璞曾為臨沮縣令，臨沮在今湖北當陽縣，距江陵不遠，郭璞或許曾至靈溪，故於詩中以此實地為隱居之所。

　　古代士人皆看重個人的進退窮通，郭璞的詩中亦有以仕途之進退為主題，抒發為世所遺而自己亦不得不遺世的失落情緒來尋求精神的棲居。如〈遊仙詩〉其五：

　　　　逸翮思拂霄，迅足羨遠遊。清源無增瀾，安得運吞舟？珪璋雖特達，

　　　　明月難暗投。潛穎怨青陽，陵苕哀素秋。悲來惻丹心，零淚緣纓流。

雙翅輕逸意欲騰飛雲霄，雙腳迅疾盼遠遊他方。詩一開始即以飛鳥捷足為比，寫出有才之士無不希望能一展鴻圖。然而能否人盡其才，所處的環境形勢非常重要。正如吞舟之魚再大，若是離開波瀾壯闊的大江大河，哪還能翻起大浪？且儘管才美如玉，質好如珠，不假外助便可大有作為，但也要朝中有識人之能者，否則豈非明珠暗投？有時，即便知遇者置其於高位，然而亦有早遭秋霜之虞慮，在此一殘酷血腥的時代中，有多少達官貴人處高位而罹禍，故進退兩難之際，只能「零淚緣纓流」。全詩表達的正是「朝中隱士」無可奈何的兩難困境，沈重而感傷。

　　世事不濟的憤懣，悲士不遇的失落，使他的情感流向仙域，如〈遊仙詩〉其二：

　　　　青溪千餘仞，中有一道士。雲生梁棟間，風出窗戶裡。借問此何誰？

　　　　云是鬼谷子。翹跡企穎陽，臨河思洗耳。閶闔西南來，潛波渙鱗起。

　　　　靈妃顧我笑，粲然啟玉齒。蹇修時不存，要之將誰使？

吟詠本詩，首先撲入眼簾的，是一座高達千餘仞的青溪山，上有一道士正在打坐修煉。此一開頭，即給人以挺拔、神秘之感。據庚仲雍《荊州記》載：「臨沮縣（今湖北當陽縣西北）有青溪山，山東有泉，泉側有道士精舍。郭景純嘗作臨沮縣，故〈遊仙詩〉嗟青溪之美。」記中又對青溪的山水加以描述：「稠木旁出，凌空交合，危樓傾崖，恆有落勢。」由此可知，詩中青溪山的形象，正是現實生活中青溪山的藝術再造，從而成了神仙道士的極樂世界。

　　山中雲霧繚繞，風煙彌漫，雕樑畫棟的亭台樓閣，在其中若隱若現。如此飄逸玄妙的美境為鬼谷子的出場鳴鑼開道，從側面歌頌鬼谷子的不凡。鬼谷子，戰國時著名隱士，姓名說法不一，因隱於鬼谷，便自號為「鬼谷子」。相傳他擅長於養性持身和縱橫捭闔之術，為蘇秦之師。詩人又由青溪聯想到唐堯時的高士許由「臨流洗耳」之事。相傳許由之德行與才能在堯之上，然而，當堯欲將帝位讓位於他時，卻不受而逃，且以堯的禪讓之詞玷污其耳，乃至河邊一再清洗，後隱於穎川之陽。詩人極力張揚想像的翅膀，奮力飛越

時間和空間的崇山峻嶺,將不同時空的仙人隱士聯繫在此,創造出一個嚮往的理想境界,以寄託情思。故他又從洛水調來神女靈妃,那屈原所歌詠、曹植所讚美的靈妃,正立於挺拔蒼鬱、雲霧繚繞的青溪山側,啓露玉齒,對詩人燦然一笑。微風輕掠水面,一起一伏的波浪隨風蕩開,猶如魚鱗反光一般,這山水相依、神道爲侶的仙境,多麼清美峻逸,令人悠然神往。

詩人歌頌鬼谷子,讚賞許由,正是以他們爲修煉超俗的榜樣,欲在此神秘仙境高蹈退隱。然而事與願違,詩人雖也想效法屈原追求宓妃時,託蹇修爲媒,使他能與神女結爲伉儷,共修神仙之道。然蹇修不存,心志難成矣。詩末反映了詩人複雜矛盾的心理。郭璞處於西晉末東晉初的動盪時代,他有匡時濟世之志,並多次上書上表,獻計獻策,但卻不得重用,後竟爲叛將所害。在此期間,他欲有所作爲,卻又荊棘載途,無力回天;想逃避這紛亂的昏暗現實,又與他的抱負相悖,而且實際上也難以逃避,故只能藉遊仙以排遣胸中鬱憤。

值得注意的是,郭璞身處易代之際,有先知先覺者對時代的憂患,故寓坎壈詠懷於列仙之趣中,在仙界中獲得心靈的安放和舒展,從而創造了遊仙詩的另一種型態,且其詩無永嘉以來玄言詩的虛談說理之弊,寫景抒情皆鮮明妍麗,鍾嶸稱他「始變永嘉平淡之體,故稱中興第一」(《詩品》);劉勰亦謂「景純豔逸,足冠中興」(《文心雕龍・才略》篇),可見諸家之論皆指出郭璞遊仙詩「豔異」的藝術特質,故歷來學者或稱郭璞爲遊仙詩人之宗,謂其「振響兩晉,澤披盛唐」。〔註17〕

而他這個「靈變」的藝術特質,固與魏晉以來玄風有關,但也與他注述的著作不無影響。在郭璞之前的詩人逍遙遊仙、耽溺黃老本亦有逃避現實,忘懷苦悶之旨,故多數刻意鋪張渲染仙界身逍遙之快樂,從而達到自我安慰的目的。曹植、嵇康、阮籍等,雖也寫仙境、述仙語,然而與郭璞相比,他們或憤世嫉俗,或託辭述懷,都不如郭璞對仙界的認眞、傾心。他才高學博,好古文奇字,在河東時,曾從郭公受五行、卜筮之術。又曾爲《穆天子傳》、

〔註17〕今人林文月在〈從遊仙詩到山水詩〉中推崇郭璞的遊仙詩,謂「遊仙詩發展到郭璞,可謂達於極致。在他的詩集裏,仙言道語之作竟多達十四首,不僅數量空前,其內容之充實生動,也是前無古人的。……故稱郭璞爲遊仙詩人之宗,當不成問題。」(見《山水與古典》,頁8～11)另外吳功正於《六朝美學史》中更明白指出郭璞遊仙詩上承屈騷,下啓李白。謂李白遊仙境域的描述得力於郭璞,以至於某些意象都吸收了郭璞之作,如〈夢遊天姥吟留別〉中之意境,故而他總結郭璞遊仙詩的歷史地位是:「振響兩晉,澤披盛唐」。(江蘇美術出版社,1996年4月版,頁579)

《山海經》、《楚辭》、《易經》作注，《晉書》本傳言他將前後筮驗的六十餘事，撰爲《洞林》。本傳中亦多記載其有未卜先知等神怪離奇的事跡，連自己將被誅於雙柏樹下都能預知。此皆爲他的遊仙詩提供了厚博的經驗現象和馳騁想像的空間，故其詩中仙意濃郁逼眞，將自己融入虛設的幻境中，如「左挹浮丘袖，右拍洪崖肩」（其三）這般忘我的與仙人嬉戲；「陵陽挹丹溜，容成揮玉杯；姮娥揚妙音，洪崖頷其頤」（其六）這般如實的動作，似乎連郭璞也已恍惚眩惑於自設的遐想中而不辨眞僞，詩中甚至予人以郭璞爲仙人下凡的錯覺，故而產生了誘發人們在衰世中精神升騰和陶醉神往的美學價值。

　　逍遙遊仙是魏晉士人解脫苦悶、恐懼和孤獨的一種精神上自我超越的方式，他們希冀通過這種逍遙的精神境界求得心理上的平衡，不受濁世的干擾，實現自己的人生理想。受秦漢以來的神仙方術影響，遊仙的意境充滿神秘與浪漫，神仙生活最大的特色是靈魂上天而遊行不休，可以不受人世間既有的拘束和限制，所以當人們對現實有所不安或不滿時，遊仙正好可以滿足這個逃遁遠方，以求精神解脫的需求。〔註18〕然而《古詩十九首》中即有「仙人王子喬，難可與等期」之語．曹植亦曾言「虛無求列仙，松子久吾欺」。可見遊仙雖可使詩人恍惚陶醉於自己的幻設之中，暫忘現實的苦悶恐懼，但實則是將信將疑，難以眞正安頓身心的。而從漢末到永嘉以來，遊仙已被眾多詩人歌詠，其內容情調都難以再具吸引力，士人們的目光心緒終將從此移開，另尋抒發消解的天地。

第二節　非必絲與竹，山水有清音——田園山水

　　魏晉玄學中的重要議題之一是融合自然與名教，對統治者而言，追求名教與自然的合一，實際上是爲了修補在新的歷史條件下已經顯然朽敗的經學統治理論。對於士人而言，追求自然與名教的合一，則是由於自己失掉了儒學信仰，也失去了依傍，企圖把現實的悲劇，轉化爲思辨的喜劇，來適應那個師法無常的時代。二者殊途同歸，崇尚自然的趨向，遂一時成爲時代風向。〔註19〕而理論在一個時代實現的程度，取決於他滿足這個時代社會需要的程

〔註18〕但總體而言，魏晉士人的逍遙遊仙追求的是一種玄遠的精神境界，與道教的神仙之說在本質上還是有所不同。

〔註19〕「自然」一詞，在此時可以作爲兩種解釋。其一是當作與「禮教」對立的抽象理念，凡是以人爲體制相對立的自然存在，皆包括在內。既可包括宇宙運

度。在去危圖安的實際需要下，士人對「自然」的理性追求，在生活實踐中
便感性地導致了對山林田園的實際追求，於是不少人竟日登臨，隱居深山，
或是寄情躬耕。《世說新語‧言語》載：

> 簡文入華林園，顧謂左右曰：「會心處，不必在遠。翳然林水，便自
> 有濠、濮間想也。覺鳥獸禽魚，自來親人。」

此段軼事，說明了當時人覺得人與自然的相親，人們可以在山林中消除煩憂，
得到愉悅。

從另一方面而言，厭倦了遊仙的文士們，已難在不斷的幻設虛境中消解
自身的苦悶，且自正始以來，竹林悠遊的風氣日盛，文士們徜徉山林日久，
定會發現其中眞美；而求仙問道、採藥服食又必須深入山林，此間一丘一壑，
一草一木，仔細體味，亦壯麗亦神秘，所謂仙境豈非如此？於是郭璞以來的
遊仙詩，所描繪的理想仙境是安置在人間的大自然中，是以詩中林木蓊鬱、
芳草茂密、泉水奔瀉，光影動移、聲響流轉，一派天然山川風貌。此段從遊
仙走向田園山水的消解之路，其實是有段發展的歷程。林文月在〈從遊仙詩
到山水詩〉一文中，有段分析精當的敘述：

> 初時，士人們爲了厭惡現實社會，所以假想神遊於虛幻的仙境，冀
> 求獲得精神上短暫的鬆弛。其後，由於政治的壓迫，隱避入出林者
> 日多，而當時黃老道術益盛，故詩中仙氣亦更形濃厚。另一方面，
> 由於文士們居處出山林日久，漸漸發現大自然之美妙；尤其典午南
> 移後，北方士人初到江左，南方綺麗柔美的風物以一種新鮮的姿態
> 呈現於眼前，大大地吸引了他們的注意，對大自然的態度遂由隱遁
> 的實用目的，而轉爲感嘆的欣賞與讚頌了。這樣，由躲避現實而隱
> 入山林；由隱入山林而發現大自然之美妙，成爲山水之愛好與崇拜
> 者；無形間，隱遁生活與山水的愛好已成了密不可分的一體。其後，
> 由於文士們的宣揚，大自然的吸引力愈形增加，風會所趨，競以接
> 近山林爲一種風流雅事。至此，山林與隱遁生活乃又逐漸脫離關係，
> 入山林者已不再限於政治場中的失意者，如謝安東山之遊，王羲之

行的自然之道，如老子所說的「人法地，地法天，天法道，道法自然」（二十
五章）。另外一種解釋則是單純地定義成「自然界」。指的就是日月星辰、山
川河嶽、風雲花露種種的自然陳列。當然兩者之間並非全無交集，自然的整
體秩序，往往也形而上地反應著最普遍的自然之道。只是在六朝詩歌中，牽
涉自然界的這一層涵義較爲眾多。

> 蘭亭之聚，新的山水愛好者竟都是一些當時的門閥望族。大自然是
> 亙古不變的，然而由於人的身份不同，心境有別，所以登臨山水的
> 意義也就大異其趣了。這些出身烏衣巷的富貴子弟們當然沒有遭受
> 什麼政治的壓迫，沒有體驗過人世的苦悶，他們無需逃避什麼，他
> 們之所以入山林，只是爲了求富裕生活的新調濟、新刺激而已。於
> 是山林也就不再是隱遁之所，而變爲遊樂之處了。〔註20〕

就林文月的這段敘述，我們可以看到南朝時山水詩的興盛，乃是經過求仙、隱逸、遊覽等三個過程的醞釀才形成的。在時代背景與玄風思潮的推動下，士人們對政治社會保持疏離，並且對個人生命和精神更加的珍視，因此嚮往神仙和怡情山水便成爲魏晉士人間最普遍的情懷，而遠離俗世塵纓的自然山水，就是在求仙、隱逸與遊覽的風氣中，獲得了其獨特的地位，才成爲詩人觀賞和吟詠的對象。當然，山水詩產生的背景複雜而多樣，是各種時代思潮與客觀環境交互重疊影響的結果，由於這並不是本文的主要論題，故並不在此作深入的探究。本節所欲論述的是士人們如何在田園山水之中，浸融自己的全副心靈，得到渾然忘我的美感經驗，進而消解了在社會人生中的挫折哀傷。

一、自然山水意識的覺醒

自然作爲審美客體爲人們所認識，是有其歷史過程。先民時期，人與自然界渾然一體。隨著文明的演進，人類開始將自然作爲對象加以審視，然而早期人們對自然界現象無法理解而心生恐懼，故這些與生活密切的現象，如天、地、日、月、風、雨、雷、電、山、河、火等，只能成爲先民膜拜的對象。隨著文明的演進，在周朝便開始萌發了天人合一，即人與自然合一的思想，人與天的和諧成爲戰國以至秦漢時期哲學思想的特色，如《易經》、《淮南子》等，但這時人們提出和解決的只能是人與自然如何和諧相處的問題，而未能把自然作爲美的對象加以認識。在《詩經》中，雖已有不少對自然景物的描寫，如：

> 昔我往矣，楊柳依依，今我來思，雨雪霏霏。(《小雅·采薇》)
>
> 桃之夭夭，灼灼其華。(《國風·桃夭》)

但是這些自然景物只是詠事的一種比興手法，即借助外在物象以比擬所要表達的對象和情感，故此時自然景物並非所欲描寫的主體。不過「比興」手法

〔註20〕見《山水與古典》，頁14〜15。台北，三民書局，民國85年6月

的運用也象徵了對自然美的覺察。在先秦文學中，對自然美的欣賞除了「比興」手法外，還有「比德」的方式，即以自然景物之美質喻德行之高潔，如：

歲寒然後知松柏之後凋也。(《論語·子罕》)

孔子觀於東流之水。子貢問於孔子曰：「君子之所以見大水必觀焉者，是何？」孔子曰：「夫水，遍與諸生而無爲也，似德；其流也埤下，裾拘必循其理，似義；其恍恍乎不混盡，似道。」(《荀子·宥坐》)

此是對自然美的理性觀照。而從理論和創作上對自然山水的覺察，對後世影響最大的是《莊子》，他以現實政治和社會的污濁對照出天籟自鳴的自然之美，但其中對自然景物的精美描述，亦是爲了表明他因任自然的思想。

《楚辭》中亦將自然景物比德抒懷、託物寄情。在屈原的詩作中，山水與詩人的苦悶、孤獨心靈交融在一起。《文心雕龍·物色》篇云：

若乃山林皋壤，實文思之奧府。……然屈平所以能洞鑒風騷之情者，抑亦江山之助乎！

屈原被流放於沅湘流域時，當地神秘原始的山林景觀，洗滌著詩人的鬱悶。滔滔不息的江水，雲霞明滅的大山，襯托著詩人孤獨憔悴的行吟足跡。在〈涉江〉中描寫旅途風光的筆墨，是詩人寂寞的自境與自然的幽淒景色相融，詩中哀吟道：

入漵浦兮儃佪兮，迷不知吾所如。深林杳以冥冥兮，乃猿狖之所居。山峻高以蔽日兮，下幽晦以多雨。霰雪紛其無垠兮，雲霏霏而承宇。

又如〈山鬼〉中對幽渺虛幻的山林氣氛作了生動具體的描寫：

余處幽篁兮終不見天，路險難兮獨後來。表獨立兮山之上，雲容容兮而在下。杳冥冥兮羌晝晦，東風飄兮神靈雨。留靈修兮憺忘歸，歲既晏兮孰華予！采三秀兮於山間，石磊磊兮葛蔓蔓。……雲填填兮雨冥冥，猿啾啾兮又夜鳴。風颯颯兮木蕭蕭，思公子兮徒離憂！

至於〈橘頌〉，更是「比德」言志的佳作，自然景物既是屈原峻潔人格的象徵，又反襯出他的孤獨心境。王逸〈天問序〉〔註21〕指出：

屈原放逐，憂心愁悴，傍徨山澤，經歷陵陸，嗟號昊旻，仰天歎息……以泄憤懣，舒寫愁思。

〔註21〕見馬茂元編《楚辭注釋》中所引，台北，文津出版社，民國82年9月版，頁194。

可知屈原開啓了山水人文景觀與士人心靈相融合的美學傳統，也深刻地啓迪了後世的文學創作。

　　時至兩漢，山水景物在文藝中的反映漸多而巧，如宋玉的〈高唐賦〉〔註22〕對河水的描寫生動而細緻：

> 登巉巖而下望兮，臨大阺之蓄水。遇天雨之新霽兮，觀百谷之俱集。
> 洶洶其無聲兮，潰淡淡而並入。滂洋洋而四施兮，蓊湛湛而弗止。
> 長風至而波起兮，若麗山之孤畝。勢薄岸而相擊兮，隘交引而卻會。
> 中怒而特高兮。若浮海而望碣石。礫磊磊而相摩兮，巆震天之礚礚。
> 巨石溺溺之瀺灂兮，沫潼潼而高屬。水澹澹而盤紆兮，洪波淫淫之
> 溶旅。奔揚踊而相擊兮，雲興聲之霈霈。

這種對景物的精細刻劃，其目的卻是將山川景物作爲皇權的象徵，故極力摹擬、夸飾、鋪陳，以襯托大漢國勢的強盛，故氣勢壯闊卻少了融情入景的興發。

　　至東漢末年，隨著人們社會理想的破滅，老莊思想又逐漸受到重視，人對自然的賞會又回到莊子所提倡的物我一體的境界中。這時張衡的思想頗值得注意，他在〈東京賦〉〔註23〕中言：

> 無爲事，事無事，求有民以孔安，遵節儉、尚素樸。思仲尼之克己，
> 履老莊之常足。

這與獨尊儒術的思想已有所不同。他在〈歸田賦〉〔註24〕中明確指出自然山水應有娛情的作用，這可由他「追漁父以同嬉，超塵埃以遐逝，與世事乎長辭」的生活情趣中見出。其賦中又云：

> 於是仲春令月，時和氣清。原濕鬱茂，百草滋榮。王睢鼓翼，鶬鶊
> 哀鳴。交頸頡頏，關關嚶嚶。於焉逍遙，聊以娛情。

張衡的思想代表著一種新的思潮，將自然景物的賞玩從名教綱常的桎梏中解放出來，恢復其本來面目。又荀爽的〈貽李膺書〉中也道：

> 知以直道不容於時，悅山樂水，家於陽城。（《全後漢文》卷六十七）

而仲長統《昌言・樂志》：

〔註22〕見李善注《昭明文選》卷十九，台北，文化圖書公司，民國 66 年 10 月版，
　　　　頁 249。
〔註23〕見李善注《昭明文選》卷三，頁 46。
〔註24〕見李善注《昭明文選》卷十五，頁 206。

> 使居有良田廣宅，背山臨流，溝池環匝，竹木周布，場圃築前，果園樹後。……蹣躕畦苑，遊戲平林，濯清水，追涼風，釣游鯉，弋高鴻。

以及〈述志詩〉其二中所言：

> 抗志山棲，遊心海左；元氣爲舟，微風爲柂；翱翔太清，縱意容冶。

可見「山水方滋」，當從漢末開始。〔註25〕而荀爽以「不容於時」而「悅山樂水」；仲長統以「背山臨流」來換取「不受時責」。而且此時的山水之好，並不僅是逸野興趣，遠致閒情而已，而是以之爲不得已之慰藉。不論是達官失意，或是窮士靡途，皆倡尋幽訪勝，遂開魏晉以山水意境消解悲情的前導。

時至魏晉，在干戈紛擾、血腥屠殺中，士人爲了遠禍避害，紛紛走向山林，追求一種超然玄遠的意趣，縱情山水之樂已成爲當時知識份子的生活方式。如果說漢末時士人對山水的審美是不得已之慰藉，那麼魏晉時期，隨著老莊思想的盛行和貴族莊園的興起，山水自然之美，終於成爲人們自覺的審美對象。〔註26〕即如宗白華論晉人的美時所言：

> 晉人以虛靈的心襟，玄學的意味體會自然，乃能表**裏**澄澈，一片空

〔註25〕劉勰《文心雕龍·明詩》篇中言：「宋初文詠，體有因革，莊老告退，而山水方滋。」因爲魏晉之時，由於老莊玄風的熾烈，使得務求心神超然無累的詩人，往往昧於玄遠的追慕，僅以山水爲冥合老、莊的媒介，因而雖登臨山水，卻唱詠玄虛，竟阻礙了山水詩的繁滋。山水詩較爲多量的出現，還是在晉室南渡以後。這主要是因爲江南山水的靈秀，激發了詩人的審美意識；悠然行樂觀念的普遍，促進了遊山玩水的風氣；而對老、莊玄理的深一層了解，啓迪了自然山水即是道、即是理的體悟。所以詩人開始逐漸擺脫玄言、玄理，直接以山水本身的呈露與顯現來闡明宇宙自然之道，故而劉勰言「莊老告退，而山水方滋」。然而從東漢末張衡、仲長統的思想中，其實已開始將山川自然作爲審美的對象，故錢鍾書的《管錐篇》中言「山水方滋，當在漢季」。（第三冊《全後漢文》，中華書局 1979 年版）

〔註26〕徐復觀在《中國藝術精神》第四章中亦指出，在魏晉之前，在人與自然的關係中，「人的主體性占有很明顯地地位；所以也只賦與自然以人格化，很少將自己加以自然化。在這裡，人很少主動地去追尋自然，更不會要求在自然中求得人生的安頓。……莊子對世俗感到沈濁而要求超越於世俗之上的思想，會於不知不覺之中，使人要求超越人間世而歸向自然，並主動地去追尋自然。他的物化精神，可賦與自然以人格化，亦可賦與人格以自然化。這樣便可以使人進一步想在自然中 —— 山水中，安頓自己的生命。同時，在魏晉以前，山水與人的情緒相融，不一定是出於以山水爲美地對象，也不一定是爲了滿足美地要求。但到魏晉時代，則主要是以山水爲美地對象；追尋山水，主要是爲了滿足追尋者的美地要求」。

明，建立最高的晶瑩的美的意境！……

晉人向外發現了自然，向內發現了自己的深情。山水虛靈化了，也
情致化了。陶淵明、謝靈運這般人的山水詩那樣的好，是由於他們
對於自然有那一股新鮮發現時身入化境濃酣忘我的趣味；他們隨手
拈來，都成妙諦，境與神會，真氣撲人。〔註27〕

這一時代風尚變化最明顯的表現，便是士人的生活方式。如嵇康採藥出沒深
山；《晉書・阮籍傳》中言阮籍「或登臨山水，經日忘歸」，「曾遊東平，樂其
風土」。又如《晉書・王羲之傳》云：

又與道士許邁，共修服食，采藥石，遍遊東中諸郡，窮諸名山，泛
滄海，嘆曰：「我卒當以樂死！」……會稽有佳山水，名士多居之，
謝安未仕時亦居焉。孫綽、李充、許詢、支遁等皆以文義冠世，並
築室東土，與羲之同好。

《晉書・孫綽傳》中載其「居於會稽，遊山放水，十有餘年」，又載其兄孫統
「家於會稽，性好山水……縱意游肆，名山勝川，靡不考究。」又如《世說
新語・言語》中載王子敬云：

從山陰道上行，山川自相映發，使人應接不暇。若秋冬之際，尤難
為懷。

又載：

顧長康從會稽還，人問山川之美，顧云：「千巖競秀，萬壑爭流，草
木蒙籠其上，若雲興霞蔚。」

王司州至吳興印渚中看。嘆曰：「非唯使人情開滌，亦覺日月清朗。」

此皆是在與自然的交融中得到精神的愉悅與陶冶。他們醉心自然，流連忘返，
把整個身心都沈浸在山川景色之中，以為精神的寄託。人們發現了自然的美，
也覺察了自己心靈的依託，於是避開險惡的政治，投身自然的懷抱中，從而
形成一種縱情山水的生活方式。《晉書・羊祜傳》載：

祜樂山水，每風景，必造峴山，置酒言詠，終日不倦。嘗慨然嘆息，
顧謂從事中郎鄒湛等曰：「自有宇宙，便有此山，由來賢達勝士，登
此遠望，如我與卿者多矣，皆湮滅無聞，使人悲傷，如百歲後有知，
魂魄猶應登此也」。

〔註27〕見宗白華《美從何處尋》中〈論《世說新語》和晉人的美〉一文，頁190、195。
台北，駱駝出版社，民國84年6月版。

出於對自然的深情，他們唯恐生命的短暫，不能與自然永在，於是便以吟詠的形式，希冀靈魂與自然永不分離，真正忘情於山水。

二、隱逸與山水田園合流

「功成不受爵，長揖歸田廬」一直是中國文人生命美學的最高境界。但是面對宦海的詭譎多變，中國文人大都在道德使命與現實權衡的兩端拉扯，陷入形神的煎熬與淬鍊。因此，仕與隱的出處進退之道，常常成為傳統士人無法避免的追求，也常成為他們無可奈何的選擇。

隱士與山水田園是不可分的。隱士遁入山水田園的基本動機是由於不能或不願和現實社會認同，因而隱身於山谷林野，以便遠離當政者的權勢，或避開混亂不安的世局。可是經過儒、道哲學的理論化，隱逸已不再是單純的逃避行為，卻可以解釋成一種具有道德批判性的政治姿態，也可以代表一種人生理想的索求。〔註28〕

當現實的政治社會喪失了應有的秩序與綱紀，表示政治已脫離了道德；知識份子在對外環境的絕望之下，不得不轉向內心以求安頓身心之道。以政

〔註28〕古代的隱士，如抗議周武王篡位的伯夷、叔齊，或拒絕晉文公之召，而不肯出仕的介之推，他們選擇隱士生活，完全是自發的行為，隱逸只是一種面對某種外在現實環境的自然反應。可是經過儒、道哲學的理論化，隱逸已成為一種道德尺寸、人物品鑑的美學標準，而成中國歷史上獨特的文化現象。在強調君子以道自任的儒家思想體系中，「隱」原是針對士階層「仕」的問題而產生。知識份子從政治社會的參與中引身而退，是一種不得已的選擇，也是對當政者不滿的間接抗議和批判。從孔子的「邦有道，則仕；邦無道，則可卷而懷之。」（《論語·衛靈公》），到孟子的「窮則獨善其身，達則兼善天下。」（《孟子·盡心上》），顯示儒家的進仕和退隱同樣的都是道德取向的政治行為。而在肯定自我的道家思想體系中，「隱」乃是出於對個人生命與精神的珍視。例如《莊子·刻意》中言「就藪澤、處閒曠、釣魚閒處，無為而已。」就是以閒處藪澤為避世之道；又《莊子·繕性》言：「古之所謂隱士者，非伏其身而弗見也，非閉其言而不出也。……不當時命而窮乎天下，則深根寧極而待，此存身之道也。」可知隱者的伏身緘口是個人身處亂世時的保身之道。莊子並進一步為山谷之士提供了如何順應自然，達到入世而又能超世的逍遙無待的心靈世界。道家的「隱」，顯然是一種自然取向的個人行為，而且含有超世絕俗的品質。關於隱逸觀念的形成以及對傳統知識份子處世的影響，歷來的學者多所論述。此處乃參見王文進《仕隱與中國文學——六朝篇》（台北，台灣書局，民國88年2月版）以及張立偉的《歸去來兮——隱逸的文化透視》（北京，三聯書店，1995年9月版）、孫立群、馬亮寬、劉澤華著之《士人與社會》（天津，人民出版社，1992年8月版）等書。

治道德取向的儒家思想，實已無法滿足個人的內心要求。知識份子在自我意識的覺醒中，深深感受到精神的苦悶與心靈的枯竭，因而企圖從儒家名教世界中的囹圄中自我解放出來，追求一種以個人為中心的人生天地。於是，有的假狷介狂傲、任情不羈的行為來藐視儒家的禮樂教化；有的以登山採藥、養生服食的行為來寄託遺世獨立之情；有的以避世不仕、縱跡山水，或雖仕卻消極世務、寄懷隱逸來追求老、莊的無為自然。

強調歸返自然、清靜無為、逍遙無待的道家思想，原本是根據身處亂世者的避世行為而發揮出的哲學理論，不但可以協助個人脫離群體政治社會的羈絆，而且能夠令人以遺世獨立為傲。上述魏晉士人的言行雖並不完全符合老、莊的宗旨，卻是他們否定儒家的群體綱紀，肯定道家的自我價值的表現。因此，隨著時代的動盪不安，道家思想的再興，以及個人自我意識的高度覺醒，企慕超世絕俗的隱逸思想在魏晉士人中，蔚然成風。〔註29〕可以說，在儒學衰退、道家中興的魏晉時代，「隱」的本身就有其獨特的價值；除了避難全身或表示政治抗議之外，更可以成為個人追求合乎自然、逍遙遊放人生的媒介，甚至還可以成為個人懷有高志或高趣的表現。故而企慕隱逸之情往往成為詩人歌詠的對象，而隱士的幽居生活，以及他所觀賞的自然山水，皆成為詩人吟詠的主要題材。因此，在隱逸的歌詠中，出現了山水田園的讚美。

至此，遠離俗世的自然山水也從實用的隱避所添上了精神的價值，進而成為追求逍遙自適的隱逸生活中優遊觀覽的對象。山川之美在隱逸的過程中，逐漸平撫了知識份子在現實社會中受創的心靈，也開展自然美被發現的契機。正如李玲珠在《魏晉自然思潮研究》中所言：

> 從知識份子對個體生命的自覺，掙脫群我社會的規範與限制，歸隱
> 山林也由因戰亂、政治迫害的被動性選擇，轉變為主動「性分」的
> 追求；在超然物外，尋求出離社會的過程中，隱逸加速山川自然美

〔註29〕魏晉時期企慕隱逸之所以成為風尚，還可從另一角度觀之：由於漢末曹魏時，世家大族的政治地位受到壓抑，他們的築塢經濟利益也在政府的屯田政策之下面臨威脅，於是採取了與中央政府不合作的態度，拒絕政治的參與，隱遁於自己的莊園，因而產生了大批的隱士。當然，他們的「隱」，僅是「不仕」而已。既表示抗議，又可抬高身價；若是政府求才般切，還是可以重新出仕。可是由於這些世家大族往往是知識階層的核心，不但是文化的保存者和繼承者，也是社會風氣的倡導者，他們的退隱不仕，自然為眾目共瞻，並且成為企慕，甚至仿傚的對象。（參見王瑤《中古文學史論》中〈政治社會情況與文士地位〉，頁6～32，北京大學出版社，1986年1月版）

的發現，隱逸生活中的垂釣弋鳥，採薪種作，步遊林間，醉臥巖下，臨流聽泉，觀月賞雪……，種種隱逸生活都和自然環境密切相關，也使主體心靈和自然客體更有相融的機會，當然也是自然思潮成為時代精神主體的原因。〔註30〕

以下就西晉前後的不同詩人，其隱逸詩作與自然山水的關係作說明：

（一）西晉以前，以隱避禍

曹魏及西晉初期的詩人，在作品中表現的對隱逸的企慕，普遍地含有政治逃避的意味，都是以身逢亂世，企圖避禍遠嫌或保命全身為隱逸的動機。這和當時混亂的政治局勢，以及個人的政治立場有密切的關係。由於他們深切關懷的，是自己在政治社會的處境與安危，因此對隱逸生活的細節，以及隱逸環境的自然山水往往是忽略的。例如曾經「辭疾避世」的阮瑀，在他的〈隱士〉詩中，只是列舉古代不堪政治敗壞而棲遁的隱士，並且通過對他們「安貧守真」的德行讚美，來表示自己「身在魏闕，心存江湖」之志而已：

> 四皓潛南岳，老萊竄河濱。顏回樂陋巷，許由安賤貧。伯夷餓首陽，
> 天下歸其仁。何患處貧苦，但當守明真。

又如為批判曹魏刑名之治，而高唱「無為」玄音的何晏，雖身居顯位，又是國戚，也曾作〈言志〉表示對隱逸的企慕，詩中揭露的是，因為詩人憂慮自身的安危，所以才嚮往逍遙放志、無憂無慮的隱逸：

> 鴻鵠比翼遊，群飛戲太清。常恐天網羅，憂禍一旦並。豈若集五湖，
> 順流唼浮萍。逍遙放志意，何為怵惕驚。（其一）

又如嵇康，亦曾作〈述志詩〉二首表示隱逸之志。其二表現的是詩人自知不能容身於世俗，於是為舒憤而求隱：

> 斥鷃擅蒿林，仰笑神鳳飛。坎井蜥蜴宅，神龜安所歸。恨自用身拙，
> 任意多永思。遠實與世殊，義譽非所希。往事既已謬，來者猶可追。
> 何為人事間，自令心不夷。慷慨思古人，夢想見容輝。願與知己遇，
> 舒憤啟其微。巖穴多隱逸，輕舉求吾師。晨登箕山巔，日夕不知饑。
> 玄居養營魄，千載長自綏。

詩中以神鳳、神龜自比，介然與俗世萎瑣肖小之輩劃分界限。他既不願委曲求全，也不願意以「朝隱」的方式混淆立場，他用的是果決的飄然遠舉。既

〔註30〕《魏晉自然思潮研究》，頁70，高師大博士論文，民國89年6月。

求道德的超越，又兼求身心的安寧。

　　又如阮籍，雖苟求性命於宦海，卻常以離世去俗之思來抒發憂生、憂世之情。他於〈詠懷〉其五十九中，以河上丈人與「繽紛子」的生活作為對比，抒發了詩人對趨炎赴勢、四處奔走謀利的「繽紛子」的鄙視之情，同時對河上丈人明於事理、安於貧賤的隱逸生活表示了嚮往之情：

> 河上有丈人，緯蕭棄明珠。甘彼藜藿食，樂是蓬高廬。豈效繽紛子？
> 良馬騁輕輿，朝生衢路旁，夕瘞橫術隅。歡笑不終宴，俛仰復欷歔。
> 鑒茲二三者，憤懣從此舒。

可知此期的隱逸企慕中，蘊含著政治的憂患意識，而較少去歌詠隱逸的自然環境。

（二）西晉之隱，俯仰山水

　　西晉統一後，司馬政權與世家大族的政治利益相合，社會和經濟地位日漸穩固的文人名士，試著調和儒、道，懷抱著名教與自然相融的處世態度，在政治漩渦中寄討生活。他們對隱逸的嚮往，雖然和個人的政治立場並沒有直接的關係，卻仍然不出逃避的心理。只是此期的逃避方式，已從阮籍等所代表的反儒家名教的政治性逃避，轉向更強調精神超越的逃避，也就是藉隱逸的遠離現實塵垢，追求老、莊的玄遠之境，以期獲得心靈的平靜與自由。

　　雖然《晉書·隱逸傳》中記載的有關西晉隱士的事跡，絕大多數都是避亂全身為隱逸的動機，〔註31〕可是一般西晉士人在他們的詩文中若表露求隱的意圖，強調的乃是個人內心和精神的需要。例如「見世方亂，無復進仕意，遂稱疾篤告歸」（《晉書》本傳）的張載，他的〈招隱詩〉末數句，頗能代表一般西晉文士對隱逸的看法：

> 去來捐時俗，超然辭世偽。得意在丘中，安事愚與智。

隱逸者「超然」於俗世的虛偽之外，「得意」於大林丘山之中——詩人對隱逸如此的推崇和讚美，他對隱逸的企慕與嚮往，顯然不是外在的境遇所能完全概括的。更重要的是，在老、莊思想的影響之下，清靜無為、逍遙自適的避世隱居生活，正符合個人內心的精神需要。

〔註31〕《晉書·隱逸傳》記載的隱士如孫登、夏統、范粲、魯勝、郭琦和郭文等，都是以遭逢亂世為隱逸的動機。他們的隱逸生活多半都有一種非社會的傾向，或佯狂、或不語、或杜絕人事，拒絕於現實社會認同，這種態度還強烈存有古風（詳見《晉書》卷九十四）。

隱者遠離俗世，棲遲山林，終日與自然造化為伍，他們流連山林丘壑，通過形跡的逍遙，進而可以達到精神的超越，乃至冥合於老、莊的玄遠之境。張華的〈贈摯仲洽詩〉，就是對棲隱丘谷之士，俯仰於山水之間，沈浸於玄虛、空無之道的讚美：

> 君子有逸志，棲遲於一丘。仰蔭高林茂，俯臨淥水流。恬淡養玄虛，
> 沈精研空猷。

張華在晉朝文人之中，仕途算是通達的，雖然最後難免殉身亂局，但一度還列班宰輔。雖身居顯位，仍時時存有歸隱之志。在〈招隱詩〉其一中，亦有「隱士託山林，遁世以保眞」的欣羨。在清談、玄學的風氣裏，文人名士因老、莊思想的啓發而企慕隱逸，為追求隱逸的逍遙而遊放山水，因此，尚隱逸與好山水成了許多追求老、莊玄遠之境的文士之生活標誌。他們在隱逸的企慕裏，山水的徜徉中，「專一丘之歡，擅一壑之美」（陸雲〈逸民賦序〉），接觸並觀賞自然造化的勝美，於是心情的鬱悶能夠獲得消散，精神的困擾可以得到慰藉。例如左思，早年曾經雄心萬丈，立志作壯士，最後卻只想作一個融心於自然的隱士，就在他的〈招隱〉二首之一中，描寫了他原是懷著悲涼的心情親往自然山水中去尋訪棲居巖穴、鳴琴丘中的隱士，卻因經歷了自然水山的詳和美景下，心情平靜下來，也發現了人為的絲竹之樂不如山水清音，人為的嘯歌不如自然天籟；於是領悟到隱逸山林、恬淡虛靜、與世無爭的價值和意義：

> 杖策招隱士，荒塗橫古今。巖穴無結構，丘中有鳴琴。白雲停陰岡，
> 丹葩曜陽林。石泉漱瓊瑤，纖鱗或浮沈。非必絲與竹，山水有清音。
> 何事待嘯歌，灌木自悲吟。秋菊兼餱糧，幽蘭間重襟。躊躇足力煩，
> 聊欲投吾簪。

全詩的主旨是通過對隱士的安居之所的自然山水形貌，色彩與音響的讚美，來傳達詩人對隱逸的欽慕。

由於隱逸山林既可超世絕俗，又能逍遙自得，而且還有山水美景為伴，是值得欣慕和讚賞的，因此在「隱」的思想中，逃避的性質逐漸地薄弱了。隱逸山林甚至可以是一種生活方式的選擇。例如左思在〈招隱〉二首之二中，描寫他的隱居生活時，即明白敘出，他的棄官退隱，築廬於東山、幽居於自然，是因為體認到人生富貴無常、善惡不定，仕宦又多纏牽，但他並不願像柳下惠、少連那樣「降志辱身」，食祿於亂朝，也不願像「求仁得仁」的伯夷、

叔齊那樣，雖「不降其志，不辱其身」，卻餓死於首陽；〔註32〕人各有志，他所要尋求的，只是恬靜、超脫地在大自然的崇峭青翠間，如竹柏般保持自己的高潔與純眞，觀覽大自然在永恆的季節變化中的顯現與活動，逍遙自適於美好的時光裏而已：

> 經始東山廬，果下自成榛。前有寒泉井，聊可瑩心神。峭蒨青葱間，
> 竹柏得其眞。弱葉棲霜雪，飛榮流餘津。爵服無常玩，好惡有屈伸。
> 結綬生纏牽，彈冠去埃塵。惠連非吾屈，首陽非吾仁。相與觀所尚，
> 逍遙撰良辰。

隱逸山林既然遠離俗世的纏牽，又與自然山水爲伍，因此可以說是一種高超的情趣，一種逍遙生活的享受。例如張華的〈答何劭〉三首之一，即表示對隱逸的嚮往，其中最後幾句就展示出退隱生活中，登臨山水，耳聞鳥鳴，目翫魚游，逍遙從容之樂：

> 散髮重陽下，抱杖臨清渠。屬耳聽鶯鳴，流目翫鯈魚。從容養餘日，
> 取樂於桑榆。

又如張協，因見「天下已亂，所在寇盜」，於是「棄絕人事，屈居草澤，守道不競，以屬詠自娛」（《晉書》本傳卷五十五），在他的〈雜詩〉十首之九中，刻意描寫隱居生活的情趣和享受：

> 結宇窮崗曲，耦耕幽藪陰。荒庭寂以閑，幽岫峭且深。淒風起東谷，
> 有渰興南岑。雖無箕畢期，膚寸自成霖。澤雉登壟雊，寒猿擁條吟。
> 溪壑無人跡，荒楚鬱蕭森。投耒循岸垂，時聞樵採音。重其可擬志，
> 迴淵可比心。養眞尚無爲，道勝貴陸沈。遊思竹素園，寄辭翰墨林。

詩人歌詠的是結廬於空山、耦耕於幽谷的生活，刻劃的是自然山水的寂靜之美，以及隱逸的自適之趣。

通過隱逸來享受逍遙自適的生活，在東漢時期還只是一種人生理想的寄託，但在西晉統一之後，已成爲一種可能實現的生活方式。這不僅是因爲士族出身的司馬氏篡魏之後，士族的社會地位較穩固，經濟狀況也漸豐裕，更

〔註32〕左思在此藉孔子對古代逸民進退出處的評價，來表示他另有其志。伯夷、叔齊「餓於首陽之下」（《論語‧季氏》），孔子稱讚他們爲「古之賢人也，……求仁而得仁」（《論語‧述而》），並以他們的隱逸爲「不降其志，不辱其身」（《論語‧微子》）。柳下惠和少連也是古代逸民之賢者，可是由於他們畢竟食祿於亂朝，孔子就以他們是「降志辱身」了。而這兩種行爲，皆非孔子本人所願體行的，所以說：「我則異於是，無可無不可。」（同上）

因為在肯定自我的老、莊思想影響之下，為了追求逍遙遊放的人生，可以比較自由地體行不同於傳統儒者「學而優則仕」的人生觀，可以隨性順情地選擇進仕或退隱的生活方式。

即使「性輕躁、趨勢利」（《晉書》本傳卷五十五）的潘岳，也曾在功名的追逐中，因為對京都生活感到厭倦，而「長嘯歸東山，擁耒耡時苗」，融身於「幽谷茂纖葛，峻巖敷榮條；落英隕林趾，飛莖秀陵高」（〈河陽縣作〉其一）的自然景色裏；或者優游閑居於自己的莊園，「築室種樹，逍遙自得」（〈閒居賦〉序）。而「出身望族，任心自適，不求當世」的張翰，因觸目洛都的秋景佳色，而遙思故鄉的鱸魚肥美，自謂「人生貴得自適爾，何能羈宦數千里，以要名爵」（《晉書》本傳卷九十二），於是決定駕還歸隱。他們選擇隱逸，不論是短暫的或長久的，雖然各有其客觀環境的因素，但是最重要的還是由衷地憧憬隱逸生活的逍遙自適。

（三）東晉之隱，悠遊吟詠

前敘西晉時期，士人逍遙自適的隱逸態度，在晉室渡江之後，更為顯著，並且成為東晉時期隱逸的特色。這是由於老、莊玄風的熾烈，文人名士即使身懷經世之才，也為欣慕老、莊之道，追求心神的超然無累，而縱跡山林、寄情隱逸。有的甚至輕蔑官職，視政治的參與為俗事；以避仕隱逸為高，游放山水為傲；或身在廟堂之上，卻心寄山林之中，以隱逸的無為逍遙為樂。此外南渡以後，江南山水的靈秀，更吸引了高門貴族之士，紛紛於山水佳美之處，廣置莊園別墅，坐享逸心事外的隱逸生活。他們與志同道合的文人名士，以及深識老、莊，精通詩文，並且摒絕俗務的高僧、道士，在琴棋書畫間飲酒、談玄、賦詩，並且暢遊山水。隱逸至此時已不再是清苦的，或孤獨的行為，而是一種可以結伴而赴的高級享樂；觀覽山水美景，就是享樂的隱逸生活中不可或缺的一部分。如《晉書‧王羲之傳》載：

> 羲之雅好服食養性，不樂在京師，初渡浙江便終有終焉之志。會稽有佳山水，名士多居之，謝安未仕時亦居焉。孫綽、李充、許詢、支遁等皆以文義冠世，並築室東土，與羲之同好。嘗與同志宴集於會稽山陰之蘭亭。……羲之既去官，與東土士人盡山水之遊，弋釣為娛。又與道士許邁共修服食，採藥石，不遠千里，遍遊東中諸郡，窮名山、泛滄海。

此亦從側面見出，山林至此已不是隱遁之所，而變為遊樂之處了。這些士族

之所以入山林，只是為求生活的新調濟、新刺激罷了。例如「性好山水……居職不留心碎務，縱意遊肆，名山勝川，靡不窮究」（《晉書》本傳卷五十六）的孫統（孫綽之兄，生卒年不詳），曾於永和九年參與文人名士在浙江會稽山陰的蘭亭遊宴，留下即景而賦的〈蘭亭〉詩二首，其二敘寫詩人因觸目山水而聯想隱逸，進而歌詠悠遊之樂與山水之美。詩人所觀覽的蘭亭山水，顯然是全詩的主要題材：

> 地主觀山水，仰尋幽人蹤。回沼激中逵，疏竹間脩桐。因流轉輕觴，
> 泠風飄落松。時禽吟長澗，萬籟吹連峰。

又如「遊放山水十有餘年」的孫綽，因為「少慕老、莊之道，仰其風流久矣！」（〈遂初賦〉序）於是築室東山，享受隱逸的逍遙。他的〈秋日〉詩，即是逍遙自適的幽居生活之歌詠。詩人描寫的是，在觀賞秋景佳色與垂釣閒處的經驗中，心接玄遠、情通濠上的理悟過程：

> 蕭瑟仲秋中，飆唳風雲高。山君感時變，遠客與長謠。疏林積涼風，
> 虛岫結凝霄。湛露灑庭林，密葉辭榮條。撫菌悲先落，鬱松羨後凋。
> 垂綸在林野，交情遠市朝。澹然古懷心，濠上豈伊遙。

詩中雖然流露時變之感，卻能客觀地描寫山水之自然現象，超越了傳統的悲秋之嘆。這是由於詩人能以虛心映像照自然，也就是在觀賞時，並沒有以個人的情緒去擾亂山中秋色的本來面目。詩中的秋景是大自然的呈現，也是全詩的主題。

孫統、孫綽等所歌詠的隱逸是榮貴士族的情趣與生活品味。在這群貴族遊集的風氣之下，往昔竹林七賢之悠遊任誕已蕩然不存，甚至於阮籍、郭璞那種恍惚逍遙的境界已淡薄。故而他們的登臨山水已從遠俗遺累的逃避而轉為賞心悅目的怡情作用了。

三、山水清音的怡情解憂

山水所以為充滿悲情的魏晉士人所歌詠喜愛，是因為自古以來，清麗蒼莽的大自然與人類相比，被認為是宇宙本體精神「道」的顯現。〔註33〕《莊

〔註33〕徐復觀先生在《中國藝術精神》一書中指出：「老莊所建立的最高概念是『道』；他們的目的，是在精神上與道為一體，亦即是所謂『體道』，因而形成『道的人生觀』，抱著道的生活態度，以安頓現實的生活。……他們所說的道，若通過思辨去加以展開，以建立由宇宙落向人生的系統，它固然是理論地，形上學的意義；此在老子，即偏重在這一方面。但若通過工夫在現實人生中加以體認，

子・知北遊》云：

> 天地有大美而不言，四時有明法而不議，萬物有成理而不說。聖人
> 者，原天地之美而達萬物之理，是故至人無爲，大聖不作，觀於天
> 地之謂也。

天地之所以爲大美，在於他是無爲無造、天工自然的，而人們的人爲造制與
其相比，便顯得做作，人的各種情緒在自然界的無情造化面前，又顯得可笑。
所以眞正的得道之人順從天地而不爲世態所拘；永恆廣袤的自然界，反襯出
了人類各種情感的虛幻性與短暫性。莊子又言：「山林與！皋壤與！使我欣欣
然而樂與！」（〈知北遊〉）山水丘林使人的境界昇華，感受到與天地同在的生
命力，洗卻了悲傷與苦悶。

又因爲入山採藥、服食求仙與自然山水的聯繫，可以引導人們逃避人世
間的煩惱、孤憤，因以魏晉以來的名士便十分嚮往這種生活樂趣。《魏氏春秋》
嘗載：

> 阮籍常率意獨駕，不由徑路，車跡所窮，輒慟哭而返。嘗遊蘇門山，
> 有隱者，莫知姓名，有竹實數斛，杵臼而已。籍聞而從之，談太古
> 無爲之道，論五帝三王之義。蘇門先生翛然曾不盼之。籍乃嘐然長
> 嘯，韻響寥亮。蘇門先乃迢爾而笑。籍既降，先生喟然高嘯，有如
> 鳳音。籍素知音，乃假蘇門先生之論，以寄所懷。

《竹林七賢論》中又指出：

> 籍歸，遂著〈大人先生論〉，所言皆胸懷間本趣，大意謂自生與己不
> 異也。觀其長嘯相和，亦近乎目擊道存。〔註34〕

可見，阮籍所推崇的逍遙傲世、凌超萬物的大人先生，是以自己所遇到的蘇
門先生爲原型的。《晉書・嵇康傳》亦載：

> 康嘗採藥，游山澤，會其得意，忽焉忘返。時有樵蘇者遇之，咸謂
> 神。至汲郡山中，見孫登，康遂從之遊。登沈默自守，無所言語。
> 康臨去，登曰：「君性烈而才俊，其能免乎！」

從這些記載觀之，阮籍與嵇康皆將山水視爲棲逸高蹈之所。在山水清音面前，

則發現他們之所謂道，實際是一種最高地藝術精神；這一直要到莊子而始爲顯
著。」（頁48）他又指出：「自然，尤其是自然的山水，才是莊學精神所不期然
而然地歸結之地。」（頁228）。台北，學生書局，民國72年1月版。

〔註34〕《魏氏春秋》及《竹林七賢論》乃見《世說新語・棲逸》劉孝標注引（余嘉
錫撰《世說新語箋疏》，頁648，台北，華正書局，民國82年10月版）。

人們忘卻了自我與萬物的差異，主體與客體的界限泯滅了，從而得到精神上的逍遙，擺脫了一切孤寂、憂患。如阮籍的〈達莊論〉云：

夫山靜而谷深者，自然之道也。得之道而正者，君子之實也。

又如王羲之〈蘭亭詩〉云：

代謝鱗次，忽焉已周。欣此暮春，和氣載柔。詠彼舞雩。異世同流。

乃攜齊契，散懷一丘。

三春啓群品，奇暢在所因。仰視碧天際，俯瞰淥水濱。寥朗無涯觀，

寓目理自陳。大矣造化工，萬殊莫不均。群籟雖參差，適我無非親。

古代風俗，農曆三月上旬巳日（後來定三月三日爲上巳節），人們應至水邊臨水洗濯，祓除不祥，稱爲「修禊」。東晉穆帝永和九年（西元 353 年）三月三日，王羲之與謝安、孫綽等四十一人，在山陰蘭亭集會，暢飲賦詩，並由王羲之作序，即其傳世名作〈蘭亭集序〉。〔註35〕上引二首蘭亭詩是作者紀遊志興之作。第一首由春秋代序、季節轉換周而復始寫至暮春風和日煦，佳節添興。作者在〈蘭亭集序〉中如此描寫：

此地有崇山峻嶺，茂林修竹，又有清流激湍，映帶左右，引以爲流

觴曲水，列坐其次。……是日也，天朗氣清，惠風和暢。

江南山水、風日共輝。大自然以其溫馨、暢朗的春之氣息，召喚著

人們投入它的懷抱，一散襟懷。

第二首由集會的興趣轉而抒寫寓目騁想的快意。在此暮春三月，天朗氣清的宜人季節中，詩人仰視高天晴碧，俯瞰淥水清流，感天地無涯，群籟參差；歎造化之工，萬物諧和。詩人對宇宙、自然之「理」便有一種詩意的領悟：春秋代序，光景常新，觸目所及，生意欣欣！化育、包孕萬物的宇宙讓人感到神奇的力量，它賜與萬物千差萬別、獨一無二的形貌，但無一不是充滿生機，故詩人忍不住要讚嘆「大矣造化工」。正如〈蘭亭集序〉中所言：

仰觀宇宙之大，俯察品類之盛，所以遊目騁懷，足以極視聽之娛，

信可樂也。

詩中「群籟雖參差，適我無非新」正寫出了此時士人以新鮮活潑自由自在的心靈領悟這世界，使萬物在其眼中都呈露新的風貌。〔註36〕故王羲之言「寓

〔註35〕《蘭亭集序》全文，見《晉書》卷八十，王羲之本傳中。

〔註36〕宗白華〈論世說新語與晉人的美〉一文中，有段敘述很可爲王羲之等士人以純淨的心襟和豐富深厚的感情來和自然山水的相親中，所得的體會作說明：

目理自陳」，不必多言玄理，就如「天地有大美而不言」一般，宇宙生機中包含了至深至理，靜觀體會，即有不盡的樂趣與滋味。山水自然與宇宙天地生生不息，流轉變易，人們只有將心融入這大化之道中，方能得到一種超越與安頓。

　　東晉士人目睹漢魏以來的世道滄桑，感慨極深，因對人世厭倦，故希冀在山水自然中得到心靈的平靜。但他們的山水賞會畢竟還是難脫士族大家的貴氣，與魏晉之時的士人借山水澆胸中塊壘不同。如嵇康、阮籍，他們的品賞山水固然有悟道會意與追求逍遙的企盼，但更主要的是當時嚴酷的政治局勢和人生憂患所致。山水與酒，同是他們胸中鬱悶的宣洩。嵇康的〈四言贈兄秀才入軍詩〉中可看出這份心曲：

> 輕車迅邁，息彼長林。春木載榮，布葉垂陰。習習谷風，吹我素琴。
> 咬咬黃鳥，顧儔弄音。感悟馳情，思我所欽。心之憂矣，永嘯長吟。
> （其十二）

詩人在和風拂照、春木向榮的美好時光，駕車來到林野山巒中遨遊，在山野中彈琴吟詩，高情逸趣，遺棄世俗，率然玄遠。可是他的內心卻流露難以抑止的憂愁和孤獨。又如：

> 流俗難悟，逐物不還。至人遠鑒，歸之自然。萬物爲一，四海同宅。
> 與彼共之，予何所惜。生若浮寄，暫見忽終。世故紛紜，棄之八戎。
> 澤雉雖飢，不願園林，安能服御，勞形苦心。身貴名賤，榮辱何在？
> 貴得肆志，縱心無悔。（其十八）

此詩更是直言熱愛山水，是爲了與道爲一，脫離世俗，拋棄功名利祿。塵世間的喧囂紛紜，虛僞矯詐使他極爲孤獨幽憤，只有在山水中與道合一，使心志清爽。

　　晉宋易代之際的謝靈運，其酷愛山水〔註37〕更是用以發洩在政治中的鬱憤。謝靈運是東晉謝玄的嫡孫，出身名門望族，才高性傲，自命不凡，胸懷大志，仕歷晉宋二代。但朝廷「唯以文義處之，不以應實相許。自謂才能宜

　　「晉人的文學藝術都浸潤著這新鮮活潑的『靜照在忘求』和『適我無非新』的哲學精神。大詩人陶淵明的『日暮天無雲，春風扇微和』，『即事多所欣』，『良辰入奇懷』，寫出這豐厚的心靈『觸著每秒光陰都成了黃金』。」（見《美從何處尋》，頁 197，台北，駱駝出版社，民國 84 年 6 月版）

〔註37〕 沈約《宋書》卷六十七〈謝靈運傳〉中載其「尋山涉水，必造幽峻。巖障千重，莫不備盡登躡」。他對山水熱衷愛好的情形在文學史上可謂罕見。

參權要，既不見知，常懷憤憤」（《宋書》本傳）。故懷才不遇，一生中屢仕屢隱，事與志違，徬徨矛盾，終身苦悶，終以四十九歲之齡棄世。他既不得志於宦途，又不滿於現實，故以登山涉水為憤悶發洩之方。白居易的〈讀謝靈運詩〉中稱他是「謝公才廓落，與世不相遇。壯士鬱不用，須有所洩處。洩為山水詩，逸運諧奇趣」。〔註38〕謝靈運的登山涉水，為的是求超越世纓的羈絆，以獲得個人的精神自由，乃至與莊、老所代表的玄遠之境冥合。然而他功名心切，故山水自美，而詩人情悲，如他的〈登上戍石鼓山〉即是一例：

> 旅人心長久，憂憂自相接。故鄉路遙遙，川陸不可涉。汨汨莫與娛，
> 發春托登躋。歡願既無並，戚慮庶有協。極目睞左闊，迴顧眺右狹。
> 日末澗增波，雲生巖逾疊。白芷競新苕，綠蘋齊初葉。摘芳芳靡諼，
> 愉樂樂不愆。佳期緬無像，聘望誰云慊。

此詩作於景平元年（西元 422 年）的春天，詩人貶至永嘉作太守，失意憂憤中，試圖以山水美景來解憂消愁、淨化精神；然而山水自美，詩人的悲哀並沒有化解。他登山後極目山澗、迴顧山嶺，所見為一片充滿生機「白芷競新苕，綠蘋齊初葉」的春色。但景雖是明麗春景，情卻是令人感傷的放逐悲情。雖然春景歡悅與人心悲傷的交錯感，正是詩人所要傳達的境界。然而揭露的正是黃節所言的：

> 山林不足以娛其情，名理不足以解其憂，學足以知之，才足以言之，
> 而力終不足以行之也。

徐復觀先生在《中國藝術精神》中也有所言：

> 「山水方滋」，正是老莊思想在文學上落實的必然歸結。因為謝靈運
> 並不曾真正安於老、莊的人生態度，所以他的山水詩，缺乏恬適自
> 然之致。老莊思想，尤其是莊子的自然思想，在文學方面的成熟、
> 只能首推陶淵明的田園詩了。〔註39〕

陶淵明身處晉宋之際，劉宋固非他心中的理想環境，而司馬晉朝也絕不是他所嚮往的。因為政權傾軋，宦海是非，「舉世少復真」（〈飲酒〉其二十），而自己

〔註38〕白居易〈讀謝靈運詩〉：「吾聞達士道，窮通順冥數。通乃朝廷來，窮即江湖去。謝公才廓落，與世不相遇。壯士鬱不用，須有所洩處。洩為山水詩，逸韻諧奇趣。大必籠天海，細不遺草樹。豈惟翫景物，亦欲攄心素。往往即事中，未能忘興論。因知康樂作，不獨在章句。」（見《白氏長慶集》，《四部叢刊》初編，卷七，頁37）

〔註39〕見《中國藝術精神》，頁230。

又沒有澄清天下的能力，故只好退隱於「多素心人」（〈移居〉詩語）的鄉間了。在農村田園中，陶淵明找回了眞我，和適合自己個性的純樸環境，以躬自耕讀爲樂。他的田園詩並不刻意描繪景色，而是隨意點染，但詩中除了田園風光外，還往往流露出詩人的生活與田園相即相融的情趣。而這份情趣呈現的是陶淵明悠閒、自適的人生態度和眞淳的品格。如〈歸園田居〉其一：

> 方宅十餘畝，草屋八九間。榆柳蔭後簷，桃李羅堂前。曖曖遠人村，
> 依依墟里煙。狗吠深巷中，雞鳴桑樹巔。

詩中既有田園風光之純美，又流露出詩人安閒適意的心境。詩中的山水田園，不是如王羲之等人的靜觀默會的客體，而是身心參與、生活在其中的自然環境。他並非刻意去記取其中的靈趣，而是在實踐中品味其中的境致。在〈飲酒〉其五中：

> 採菊東籬下，悠然見南山。山氣日夕佳，飛鳥相與還。

不必看詩末「此中有眞意，欲辨已忘言」句，其渾然忘我的情趣已含蘊其間。詩人以淳樸清淡的人生旨趣投入田園生活之中，達到了忘我的境地，洋溢著濃郁的生活氣息。在生活中，一草一木與一山一水都被賦與了愉悅的情調，詩人在田園風光中解脫了世俗羈絆，獲得了至眞至美的感受，也在某種程度上地消融了孤苦。觀其〈讀山海經〉其一云：

> 孟夏草木長，繞屋樹扶疏。眾鳥欣有託，吾亦愛吾廬。既耕亦已種，
> 時還讀我書。窮巷隔深轍，頗回故人車。歡言酌春酒，摘我園中蔬。
> 微雨從東來，好風與之俱。泛覽周王傳，流觀山海圖。俯仰終宇宙，
> 不樂復何如？

此詩眞實地呈現了詩人在田園生活中獲得了精神自由的意趣。他將「人生無根蒂，飄如陌上塵」（《雜詩》其一）的慨嘆與「棲棲失群鳥，日暮猶獨飛」（《飲酒》其四）的孤獨在田野自然中，得到解脫與超越。

　　魏晉士人從最初逃避險惡的社會現實而走向遊仙、隱逸，又在對仙人高士的企慕中發現了山水田園無盡之美，最終在自然山水中找到安頓身心的所在。王興華《中國美學論稿》中對魏晉自然美學的論述：

> 魏晉時期的許多知識份子是被險惡的政治迫害和齷齪的世故人情逼
> 進山林的，他們是抱著一定的人生理想和對自由的渴求，以眞正藝
> 術家的心靈和大自然發生精神交往的，因而對自然的這種交往本身
> 就是審美的和富於哲學意味的。他們對純眞、高潔、自由、永恆的

執著在大自然中得到美的領悟和滿足。他們的種種苦悶、追求、情懷，通過山林泉石的淨化而獲得審美的解悟。嵇康「目送飛鴻，手揮五弦；俯仰自得，遊心太玄」。這種種遊心於無限的自得之情，正是詩人的藝術心靈與宇宙爲一，化小我於蒼茫的審美領悟。陶淵明禮讚自然中難以明狀的「眞意」，他那著名的「采菊東籬下，悠然見南山」的詩句，和他蓄無弦琴一樣，都是一種心靈的寄託，是在追求天人一體的和諧境界。〔註40〕

回顧魏晉士人在山水中消解悲情的歷程，如同荊棘中開出的玫瑰。政治的混亂、社會的黑暗，卻因而激蕩出士人精神追求自由的渴望，在山水田園詩畫中留下了精采的人格與藝術典範。

第三節　泛此忘憂物，遠我遺世情──縱酒

亂與篡是漢末以來社會政治的主旋律。漢魏易代，魏晉更替，晉宋轉朝三次大的現實變動，均可見出悲情意識與酒結下了不解之緣。但是三個時期中士人以醉消憂的內容不盡相同，也各有代表性的酒人，以下分述之：

一、建安之醉，以樂解憂

從漢末到魏晉時期，在當時社會心理意識形態上具有重要位置，成爲人們世界觀人生觀核心部分的，是一種對時光飄忽，生命短促的悲情意識。這種對生死存亡的重視、哀傷，對人生短促的感慨、喟嘆，從建安直到晉宋，從中下層直到皇家貴族，在此時代的時間中和空間內彌漫開來，成爲整個時代的典型音調。

人生必死作爲一個驚嘆號出現在人們的心中，死之懼作爲最大悲情被突顯出來，生之樂便顯然珍貴，更值得追求。在時光飄忽、人生苦短的情境下在對人生之樂的追求裡，酒的排遣與消解（至少是淡化）的功能就重要起來。《古詩十九首》在感嘆人生短暫的同時，也在推崇美酒：

> 服食求神仙，多爲藥所誤，不如飲美酒，被服紈與素。（〈驅車上東門〉）

> 人生天地間，忽如遠行客，斗酒相娛樂，聊厚不爲薄。（〈青青陵上

〔註40〕見王興華《中國美學論稿》，頁256，天津，南開大學出版社，1993年3月。

柏〉）

在人壽的短暫，生命的無常，生活的憂患這一普遍的悲情意識中，人們追求
現實的各種快樂和享受，但最能使人樂起來的，就是酒的醉境了。酒的忘我
功能，才能眞正把人們帶入樂境：

> 對酒當歌，人生幾何。譬如朝露，去日苦多。慨當以慷，憂思難忘。
> 何以解憂，惟有杜康……（曹操〈短歌行〉）

杜康酒是當時的名酒，後成爲酒的代名詞。確實，面對時光飄忽，人生短暫，
人是無可奈何的。人對這個事實既然有了深厚的悲情意識，能夠消解它的。
恐怕也只有酒中短暫的醉境了。因此飲酒成爲曹操時代名士們的普遍的、帶
有時代和文化意義的現象。如孔融的：

> 賓客日盈其門，常嘆曰：「坐上客常滿，尊中酒不空，吾無憂矣。」
> （《後漢書・孔融傳》）

又如曹植「任性而行，不自雕勵，飲酒不節」（《三國志・魏志・陳思王植傳》）
其〈名都篇〉云：

> 歸來宴平樂，美酒斗十千……白日西南馳，光景不可攀。

其〈箜篌引〉也說：

> 置酒高殿上，親友從我游……驚風飄白日，光景馳西流。盛時不可
> 再，百年忽我遒。生存華屋處，零落歸山丘。先民誰不死，知命復
> 何憂！

在〈與吳質書〉中也有一段歌頌酣飲的文字：

> 願舉泰山以爲肉，傾東海以爲酒，伐雲夢之竹以爲笛，斬泗濱之梓
> 以爲箏，食若塡巨壑，飲若灌漏巵，…其樂固難量，豈非大丈夫之
> 樂哉！

曹丕在《典論・酒誨》中記敘河朔與南荆之飲的盛況言：

> 荆州牧劉表，跨有南土，子弟驕貴，並好酒。爲三爵，大曰伯雅，
> 次曰中雅，小曰季雅。伯雅受七升，中雅受五升……。大駕都許，
> 使光祿大夫劉松北鎮袁紹軍，與紹子弟日共宴飲。松嘗以盛夏三伏
> 之際，晝夜酣飲，極醉至於無知，云以避一時之暑，二方化之。故
> 南荆有三雅之爵，河朔有避暑之飲。

劉表、袁紹均是漢末名士，他們一南一北，爲地方軍政長官，文人趨歸者如
響應影從，其帳下所聚，都是當時的文化精英。故南荆、河朔之盛飲，皆爲

文人雅會。而孫權統治下的東吳，是另一個文人聚飲之所。《三國志·張昭傳》
載，孫權在武昌，常常招集臣下：

> 臨釣台，飲酒大醉。權使人以水灑群臣曰：「今日酣飲，惟醉墮台中，
> 乃當止耳」。

參與孫權此類聚會的文臣中，有著名的東吳酒徒鄭泉，《三國志·吳主傳》載
其：

> 博學有奇志，而性嗜酒。而閒居每曰：「願得美酒滿五十斛船，以四
> 時甘脆置兩頭，反復沒飲之。憊即住，而啖肴膳，酒有斗升減，隨
> 即益之，不亦快乎！」。

可知漢末之酒，與感官的享樂相連，在樂中忘憂，發為濃烈的豔彩。曹魏集
團是漢末腐朽分崩的土地上趁時興起的一股有生氣、有希望的新興政治勢
力。曹氏父子熱心事功，志安天下，他們招賢納士，組織軍隊，削平群雄，
撫慰地方，發展生產，三分天下有其二，終於代漢而立，建立魏朝。而整個
建安到魏初的時期，曹氏父子和依附於他們的文人詩客的精神，都處於昂揚
上升的狀態之中。對生命的強烈留戀，和對死亡的驚恐懼怕，使他們的飲酒
作詩都呈現出及時行樂的思想。但他們的悲哀，是英雄的悲哀；他們的頹靡
也是志士奮進中暫時的消沈。劉勰謂建安文士皆「慷慨以任氣，磊落以使才」
（《文心雕龍·明詩》），深得曹氏父子和建安七子的文心。因此曹操的《短歌
行》雖然始而低吟「何以解憂，唯有杜康」，但最終給酒激發出來的是「山不
厭高，海不厭深，周公吐哺，天下歸心」的美雄之懷。此較典型地說明了建
安時期，酒作為悲情意識消解因素的特定內容：它針對的是時光飄忽，人壽
短暫，人生無常的悲情意識。但能夠悲慨豪壯，雄放磊落。他們以樂解憂、
以醉解愁。好酒而不沈緬，酣飲而氣自豪，始終保持主體意識的清明。但因
為對生命的悲情與時代的感慨是不能改變的，只能以醉暫忘之。

二、竹林之飲，以醉避禍

作為悲情意識消解因素的飲酒之風盛行於漢末，流行到魏末時，形式上
愈演愈烈，內容上又有了重大的變化。正始嘉平間，曹魏政權已然衰朽，大
廈即將傾覆，志士無能為力，司馬氏集團勢焰日熾，咄咄逼人，並且排除異
己，殘害擁護曹氏的人士，加速了篡權奪位、改朝換代的步伐。竹林名士的
主要成員嵇康、阮籍等都是與曹魏政權淵源甚深的人物，身處政治黑暗、社

會混亂的易代前夕，陷入兩難的境地：既不能力挽曹魏政權於覆亡，又絕不願屈事虎狼般的司馬氏父子，——甚至，連消極地採取中立態度以擺脫朝中之人對他們的注意也不可能。於是他們不得不潛身於麴蘗之中，以酒避禍。他們的縱酒看似狂放愉悅、風神可羨，但其實是極為壓抑痛苦。

　　七位名士阮籍、嵇康、山濤、阮咸、向秀、王戎常在白虎山東南山陽縣嵇康園宅林中聚會，聚會的主要事情，就是飲酒。《世說新語‧任誕》載：「七人常集於竹林之下，肆酒酣暢，故世謂竹林七賢」。千載樂道的「竹林之遊」，其背後實有巨大的陰影。所以常故意悖乎常理，日夜荒酖於酒，以傲世抗世，這些被當時輿論所非議的行為，完全是他們執著於人生、執著於理想的高尚心靈被摧折扭曲之後，不得已採取的防衛手段。葉夢得在《石林詩話》中言：

> 晉人多言飲酒有至於沈醉者，此未必意真在於酒。蓋時方艱難，人各懼禍，惟託於醉，可以粗遠世故。……嵇阮劉伶之徒，遂全欲用此為保身之計。

王瑤的《中古文學史論集》對竹林名士以酒避禍之說作更詳盡的說明：〔註41〕

> 當時政治的腐化黑暗，社會的混亂無章，而且屬於易代前夕……一個名士，一個士大夫，隨時可以受到迫害，由他們的處境說，如果不這樣消極的話，只有兩條路可走，一條是如何晏、夏侯玄似地為魏室來力挽頹殘的局面，一條是如賈充、王沈似地為晉作佐命功臣，建立新貴的地位。但司馬昭之心，路人皆知，何晏為魏之姻親，夏侯玄為宗室，自當知其不可為而為之：竹林諸人明知其不可為，而魏的政治情形也並不能滿足他們的理想，那又何必呢？至於賈充、王沈，則自和竹林名士是兩種人：司馬氏雖然希望他們這樣，他們卻當然不屑為的。但這時是政治迫害最嚴重的時候，曹操可以誅孔融、楊修、甚至荀彧，司馬氏也一樣；嵇康、呂安就是例子。處在這種局勢下，不只積極不可能，單純地消極也不可能；因為很可能引起政治上的危害。那麼最好的辦法是自己來佈置一層煙幕，一層保護色的煙幕，於是終日酣暢，不問世事了；於是出言玄遠，口不臧否人物了。

是以阮籍在文帝欲為武帝求婚於他之時，乃連醉六十日以逃避；而鍾會數以時事向他請教，欲從中找出可治其罪的言論，也因其終日酣醉而免難。如他在〈詠懷〉第三十四首所嘆：

〔註41〕 王瑤：《中古文學史論集》，上海古籍出版社，1982年版，頁37。

　　一日復一朝，一昏復一晨，容色改平常，精神自飄淪。臨觴多哀楚，

　　思我故時人。對酒不能言，悽愴懷酸辛。願登東皋陽，誰與守其眞？

　　愁苦在一時，高行微傷身。曲直何所爲？龍蛇爲我鄰。

短短一首對酒感懷的詩，直接表示哀愁情思的詞即多達五個：「飄淪」、「哀楚」、「悽愴」、「酸辛」、「愁苦」，呈顯出詩人借酒消憂的心境，而其中「對酒不能言，悽愴懷酸辛」云云，更暗示了詩人在生死憂患外還有許多不便說、不能言的心酸感嘆藏在酒杯底下。

　　可知竹林名士確實以酒來避禍，並在痛飲的醉境中忘掉自己所處的臨禍之世。爲避禍痛飲達到忘禍，以忘禍的方式來避禍，如此循環，愈飲愈烈，爲避禍而飲，其飲時心靈的痛苦可想而知，既飲而醉，因醉而忘，其心畢竟是快意的。因此阮咸願與豬共飲，嵇康甘玉山自倒，劉伶要爛醉方休。故而酒構成了他們行爲舉止的特色風度。

　　他們不僅是飲酒有海量，如山濤「飲酒至八斗方醉」（《晉書・山濤傳》），並且縱酒任達，無視他人的評議，如：

　　諸阮皆能飲酒，仲容（即阮咸）至宗人間共集，不復用常杯斟酌，

　　以大瓮盛酒，圍坐，相向大酌。時有群豬來飲，直接去上便共飲之。

　　山公曰：嵇叔夜之爲人也，岩岩若孤松之獨立，其醉也，傀俄若玉

　　山之將崩。（《世說新語，任誕》）

如玉山之將崩是一種飄逸風度，與群豬共飲，也是一種狂野風度。

　　步兵校尉缺，廚中有貯酒數百斛，阮籍乃求爲步兵校尉。（《世說新語，任誕》）

　　於是入府署，與劉伶酣飲。（《晉書・文士傳》）

這是爲酒求官。

　　劉伶病酒，渴甚，從婦求酒，婦捐酒毀器，涕泣諫曰：「君飲太過，非攝生之道，必宜斷之」伶曰：「甚善。我不能自謀，唯當祝鬼神自誓斷之耳，便可具酒肉」婦曰：「敬聞命。」供酒肉於神前，請伶祝誓。伶跪而祝曰：「天生劉伶，以酒爲名，一飲一斛，五斗解醒。婦人之言，愼不可聽」。便飲酒進肉，隗然已醉矣。」（《世說新語，任誕》）

這是以酒爲命了。在竹林名士中，酒成了他們生活最主要的特徵。而他們又是社會上的知名人士，影響了整個社會風氣。故王孝伯言：

但使常得無事，痛飲酒，熟讀《離騷》，便可成為名士。(《世說新語·任誕》)

竹林名士既然不得不痛飲以忘憂，他們又是當時第一流的哲學家與文學家，很自然地就不僅是追求醉境中的忘，而講究追求醉境中的更為積極的一方面，具有文化哲學意味的一方面，從醉境中去體會一種玄學的自然之道。酣醉所造成的任達人格只是一種外在的風貌，更重要的是他們把酣醉的生理感覺和玄學任自然的哲學境界等同合一。〔註42〕如劉伶著〈酒德頌〉云：

有大人先生，以天地為一朝，萬期為須臾，日月為扃牖，八荒為庭衢，行無轍跡，居無室廬。幕天席地，縱意所如，止則操卮執觚，動則挈榼提壺，唯酒是務，焉知其餘……無憂無慮，其樂陶陶，兀然而醉，豁然而醒。

飲成了達到自然之道的一種方式。也就是後來王衛軍所云：「酒正自引人著勝地。」這也是竹林諸賢所追求的任真自然的境界。其實無論是從醉境而來的任達的人格風貌，還是從醉境而體驗到的道的精神境界，其實都是堅定和塑造中國士人持道以論政、不同流合污、任真守窮，獨善其身的信念。由痛飲酣醉所澆鑄的獨善之心一方面表現為嵇康的從容就義，〔註43〕一方面表現為阮籍的痛哭流淚。〔註44〕

〔註42〕 嵇、阮底劉伶都是人格高尚、學養深厚的至情至性之人，他們的飲酒，是有精神追求與寄託的文化活動。他們的昏酣和清狂，是他們反抗禮教、憎恨虛偽的思想情緒在酒後的自然外露，了解他們一生的經歷與內心的悲情及深刻的作品後，當會原其心而悲其志，而不會把他們的放縱任視為醜惡。但是嵇、阮謝世之後，晉代名士的飲酒，蛻變成一種無節制、無積極的文化意義的縱欲式享樂。魯迅先生對於魏末晉初這一酒風演化之跡反映在文學上有所說明：「何晏、王弼、阮籍、嵇康之流，因為他們的名位大，一般的人們學將起來，而所學的無非是表面，他們實在的心，卻不知道。因為只學他們的皮毛，於是社會上便很多了沒意思的空談和飲酒。許多人只會無端的空談和飲酒，無力辦事，也就影響到政治上，弄得玩『空城計』，毫無實際了。在文學上也這樣，嵇康、阮籍的縱酒，是也能做文章的，後來到東晉，空談和飲酒的遺風還在，而萬言的大文如嵇阮之作，卻沒有了。劉勰說『嵇康師心以遣論，阮籍使氣以命詩』這『師心』和『使氣』，便是魏末晉初的文章的特色。正始名士和竹林名士的精神滅後，敢於師心使氣的作家也沒了。」(《魏晉風度及文章與藥及酒之關係》，見張效民編《魯迅作品賞析大辭典》雜文卷，頁509，四川辭書出版社，1992年8月版)

〔註43〕 《世說新語·雅量》載：「嵇中散臨刑東市，神氣不變；索琴彈之，奏〈廣陵散〉。曲終，曰：『袁孝尼嘗請學此散，吾堅固不與，〈廣陵散〉於今絕矣』。」

〔註44〕 《晉書·阮籍傳》中載：「時率意獨駕，不由徑路，車跡所窮，輒痛哭而返。」

故知酒作爲悲情意識的消解因素，在竹林名士中乃是針對政治的黑暗與現實的無奈。政治、現實的不如意在時光飄忽、人生苦短的基礎上顯得特別沈痛。他們一方面以醉解憂，希望藉此逃避暫忘自己的不堪處境，同時又把醉境中的體驗感受爲道境的體驗，而堅定獨善的信念。

三、陶潛之酣，詩酒自娛

終晉之士，能得建安諸傑和竹林名士之眞髓，以自己的眞性情和大才氣來實現了詩與酒的完美結合的，是既享高士之名，又有高士之實的陶淵明。陶淵明處於晉宋易代之際，社會的混亂動蕩又如漢魏、魏晉交替之時，作爲深受儒學熏陶的有志之士，他的心情絕不可能平淡到超越於現實生活之外。故如昭明太子〈陶淵明集序〉中云：「有疑陶淵明詩篇篇有酒。吾觀其意不在酒，亦寄酒爲跡焉」。在「眞風告退，大僞斯興」（〈感士不遇賦〉）的現實中，陶淵明亦是將酒作爲悲情意識的消解因素來飲的。

但畢竟那時「風氣變了，社會思想平靜得多，各處都夾入了佛教的思想」，人們「亂也看慣了，篡也看慣了，文章便更平和」（魯迅《魏晉風度及文章與藥及酒的關係》）。遠累避禍、歸田隱居的陶淵明，是此期的代表。他雖亦「寄酒爲跡」，但確實有充裕的時間和足夠的興趣來品味和追求飲酒所導致的回歸自然、物我兩冥的高遠境界。這是因爲他的身份和地位與建安、正始諸名士不同，和現實政治的關聯較爲稀薄，可以超然事外，遠離塵囂，而安居於田園山林以縱其歸隱之趣。

故他與正始名士不同的是，雖嗜酒而不昏酣，他不需要麻醉身體來忘卻時世，而是本來就拋開了時世，而專心來品味酒的醇厚，達到形神相親的目的。故「理也可奈何，且爲陶一觴」（〈雜詩〉第八），天下事既然無法過問，發愁沒有用，生氣也無濟，不如從容感受酒中之勝地。他不求爛醉——神志昏迷如何領略酒的神妙之味。詩中多次言醉，但其實不是眞醉，而是酣適之境。如他在〈飲酒〉詩之序自敘言：「既醉之後，輒題數句自娛。」酒後仍能吟詩，可見只是微醺，若眞醉倒，就只能昏眠了。蘇軾嘗言：

> 陶潛詩「但恐多謬誤，君當恕醉人」。此未醉時說也，若已醉，何暇憂誤哉？然世人言醉時是醒時語，此最名言。（《苕溪漁詩話》前集卷四引）

唯其在酣飲之中能把持自己不致糊塗爛醉，重精神愉悅而不沈醉於口腹之

快，所以陶淵明能經常體會和享受到飲酒本身的情味。飲酒回歸到酒趣自身，醉翁之意就常在酒，而不一定都是借酒來驅愁排恨。

飲酒是他主要的生活樂趣，故常自己種秫釀酒，「酒熟，取頭上葛巾漉酒」（《宋書‧陶潛傳》）；甚至，與阮籍爲酒求步兵之職一樣，他出門求仕也是爲了有「公田之利，足以爲酒」（〈歸去來兮辭序〉）的原因。但陶淵明是貧窮的，「家貧不能常得，親舊知其如此，或置酒而招之，造飲輒盡，期在必醉。」（〈五柳先生傳〉），甚至好幾次「飢來驅我去」的求食，然亦「觴至輒傾杯」（〈乞食〉）。天氣好時，「今是天氣佳，……綠酒開芳顏」（〈諸人共游周家墓柏下〉）；天氣不佳，連雨綿綿亦「試酌百篇遠，重觴忽忘天。」（〈連雨獨飲〉），飲酒既是他生活中主要活動，故以酒入詩，詩酒相融。詩中多次稱頌飲酒之樂趣與深味，如：

> 忽與一觴酒，日夕歡相持。（〈飲酒〉其一）
>
> 不覺知有我，安知爲物貴。悠悠迷所留，酒中有深味。（〈飲酒〉其十四）
>
> 何以稱我情，濁酒且自陶。（〈己酉酉歲九月九日〉）

幾乎是在生活中恬然地沈酣於酒境。

陶淵明雖自稱性嗜酒，但與建安諸傑的好酒和竹林名士的縱酒是很不同的。漢末的嗜酒人是以樂忘憂，他們的酒是與肉肴歌宴相連的，重點在以酒忘憂。竹林名士在政治的沈重壓力下，他們重在痛飲本身，是屬於內心衝突的產物，因而不怕與豬共飲。陶淵明的悲情意識則是身逢亂偽之世，不能按文化理想去通達兼濟，因此避開政治，以酒寄意。因而他的嗜酒，更多地表現一種徹底而純粹的陶醉，一種對自然之道獨特的熱愛與把握表現方式。陶淵明委運任化的自然觀，使他能視身心俱爲自然的一部分，與自然之間玄冥相通，無彼我之別。飲酒之於陶淵明，是生活中一件平常的樂趣，也是與自然溝通的手段。故有時與音樂連在一起，自言：

> 不解音聲，而蓄素琴一張，無弦。每有酒適，輒撫弄以寄其意。（《宋書‧陶潛傳》）

他的酒又與詩相連，其〈飲酒詩二十首序〉云：

> 余閑居寡歡，兼比夜已長，偶有名酒，無夕不飲，顧飲獨盡，忽焉復醉。既醉之後，輒題數句以自娛，紙墨遂多，辭無詮次，聊命故人書，以爲歡笑爾。

他的酒亦時與菊相繫，古人一直有菊花益身延年長壽之說。菊花與酒同爲陶淵明的忘憂之物。〈飲酒〉其七云：

> 秋菊有佳色，裛露掇其姿，汎此忘憂物，遠我遺世情。一觴雖獨盡，
> 杯盡壺自傾。日入群動息，歸鳥趨林鳴；嘯傲東軒下，聊復得此生。

他的酒又與松相連〈飲酒〉其八云：

> 青松在東園，眾草沒其姿，凝霜殄異類，卓然見高枝。連林人不覺，
> 獨樹眾乃奇。提壺撫寒柯，遠望時復爲，吾生夢幻間，何事絏塵羈。

陶淵明的酒又是與自然相連，其〈遊斜川詩〉云：

> 開歲倏五十，吾生行歸休，念之動中懷，及辰爲茲游。氣和天惟澄，
> 班坐依遠流，弱湍馳文魴，閑谷矯鳴鷗。迴澤散游目，緬然睇曾丘。
> 雖微九重秀，顧瞻無匹儔。提壺接賓侶，引滿更獻酬，未知從此去，
> 當復如此否？中觴縱遙情，忘彼千載憂。且極今朝樂，明日非所求。

陶淵明的酒與樂、詩、菊、松、山水相連，貫串在整個田園生活中，他的醉境和他精神的努力重在體會道。但他的道，不是在富貴中求長壽、求超脫的道，而是儒家「憂道不憂貧」的守窮之道：「一簞食、一瓢飲、處陋巷……不改其樂」的孔顏樂境。正像他以仁者之心「時時流露出對好風、微雨、眾鳥、新苗以及田夫、稚子、親舊，近郊的一種親切對沖和的愛意」〔註45〕一樣，他的醉境猶如與之相連的詩、菊和無音之樂是沖淡的。他就是在沖淡的醉境中，體悟著道境；

> 故人賞我趣，挈壺相與至。班荊坐松下，數斟已復醉。父老雜亂言，
> 觴酌失行次。不覺知有我，安知物爲貴，悠悠迷所留，酒中有深味。
>
> （〈飲酒〉其十一）

酒中眞味使他體悟到文化的盈虛之道，以決心在僞亂之世獨善其身，顯出一種高風亮節、樂天知命的人格力量。酒之醉境本來只是悲情意識的緩解，因此竹林名士以酒澆愁之時顯得特別沈痛，也就特別放浪。但是陶淵明的嗜酒是與田園、山水、松、菊、琴、詩一起發揮作用的。因此他的平淡中雖包含著「二分梁甫一分騷」（龔自珍《雜詩》），但他終於運用文化給予的人格陶冶使自己「掙扎解脫出來，而做到了轉悲苦爲欣愉，化矛盾爲圓融」。〔註46〕因

〔註45〕葉嘉瑩《迦陵論詩叢稿》上集，台北，桂冠圖書公司，2000 年 2 月。

〔註46〕見葉嘉瑩《迦陵論詩叢稿》上集，台北，桂冠圖書公司，2000 年 2 月。而葉嘉瑩女士在《陶淵明飲酒詩講錄》（台北，桂冠圖書公司，2000 年 2 月）頁

而消解了悲情意識：

> 已矣乎，寓形宇內能復幾時，曷不委心任去留。胡爲乎遑遑欲何之？
> 富貴非吾願，帝鄉不可期。懷良辰以孤往，或植杖而耘耔。登東皋
> 以舒嘯，臨清流而賦詩。聊乘化以歸盡，樂夫天命復奚疑？（〈歸去
> 來兮辭〉）

中國傳統士人，一向奉守「達則兼濟天下，窮則獨善其身」的處世原則。陶淵明算是較爲瀟灑自在地實現了「獨善」理想的士人，他的詩酒自娛，由於逼眞而典型地反映了「獨善」生活的種種佳境和樂趣，因而獲得了歷代失意士人的尊崇和仿傚。但縱觀從漢末到晉末的三次與悲情意識相連的飲酒浪潮，基本上決定了酒作爲文化悲情意識消解因素的要點。漢末之酒，與感官的享樂相連，在樂中忘，發爲濃烈的豔彩；竹林之酒，專在痛飲，呈爲放浪無羈；陶淵明之酒與精神體悟有關，顯得淡泊沖和。但酒畢竟只是悲情意識的緩解，並不能眞正的消解痛苦。正如清代陳祚明在《採菽堂古詩選》中所言：

> 古今唯此失志之感，不得已而託之名，託之神仙，託之飲酒；唯知
> 道者，可以冥志；有所託以自解者，其不解彌深。〔註47〕

竹林名士痛飲酣醉，沒有誰眞正被消解過。陶淵明的悲情意識消解了，但主要起作用的是田園和自然，以及他對儒、道、佛家等文化思想中之精華的接受吸收而在內心產生持守穩定的力量，酒亦只是附麗於其上而已。

第四節　豈惜終憔悴，詠言著斯章──文藝

　　魏晉士人的悲情與時代的黑暗密不可分，而理想與現實的衝突、理智與情感的分裂，更是他們難以化解的苦痛。於是通過遊仙隱逸、山水賞會與縱酒任達來排遣心中的哀傷。除此之外，在文藝的境界中，他們現實中破滅的理想得到實現，情感與理智暫時得到合一，心靈與人格均得到昇華。與兩漢時期將文藝視爲政教的附庸不同，魏晉士人將文藝轉向內在的心靈抒寫，成

---

13 中亦指出，在中國的詩人中，內心最有持守，並最能掌握自己的詩人就是陶淵明，而他內心持守的力量是來自於對儒家、道家、佛家各種思想中最寶貴之精華的接受與吸收，他不但是掌握了那些外表的言辭、道理、形式，而是他眞正地在內心之中能夠掌握，接受各種思想中最有價值的東西。故他能在那種黑暗、混亂、充滿戰亂、痛苦的時代中，沒有被迷亂，沒有失落自己。

〔註47〕見王強模《古詩十九首》注中所引，頁 102，台北，建宏出版社，1996 年 3月。

為苦悶的象徵。與遊仙、山水、飲酒相比，文藝是從士人心靈中更為深刻地消解悲情、轉化心境的創作活動。〔註48〕廣義的文藝應包括詩文、音樂、雕塑、繪畫等等創作活動，而這些創作活動都是創作者在藝術天地中耕耘心靈的綠洲，在創作過程中得到心境的平和與轉化，在創作後得到情感的滿足與愉悅。而本節著重的則是詩文的部分，及略述音樂的止痛安神、怡情養性之效，以下先就詩文創作對心靈的淨化與提昇的發展做說明。

一、「發憤以抒情」的理論緣起

孔子曾言「詩可以怨」，但孔子的「怨」主要是指文學作品的功用，即表達對政治的不滿和對時事的憤慨而言，而非創作動機。屈原《九章・惜誦》「惜誦以致愍兮，發憤以抒情」，才是對創作動機的自我陳述。其後司馬遷提出「發憤著書」說，當是濫觴於屈原。

劉安的《淮南子》亦將哀樂之情視為創作動機，其〈齊俗訓〉中言：

　　　　且喜怒哀樂，有感而發者也。故哭之發於口，涕之發於目，此皆憤
　　　　於中而形於外者也。……情發於中而應聲於外。

劉安論創作動機，是「哀樂」並舉；而司馬遷則以「哀」（悲憤）為主。他的「憤而著書」，雖然有著歷史的淵源，如肇始於《易經》的憂患意識、孔子「詩可以怨」的理論命題、以及屈原「發憤以抒情」的浩歎等等。然而從根本上

〔註48〕宗白華先生在〈論文藝的空靈與充實〉一文中對「文藝」一詞定義，筆者深為認同，正是如此廣大深遠的文藝境界中，士人的悲情可以得到淨化與超越。宗白華先生如是是言之：「哲學求真，道德或宗教求善，介乎二者之間表達我們情緒中的深境和實現人格的諧和的是『美』。文學藝術是實現『美』的。文藝從它的『左鄰』獲得深厚熱情的灌溉，文學藝術和宗教攜手了數千年，世界最偉大的建築雕築和音樂多是宗教的。……文藝從它的右鄰『哲學』獲得深雋的人生智慧、宇宙觀念，使它能執行『人生批評』和『人生啟示』的任務。藝術是一種技術，……然而他們的技術不只是服役於人生（像工藝）而是表現著人生，流露著情感個性和人格的。生命的境界廣大，包括著經濟、政治、社會、宗教、科學、哲學。這一切都能反映在文藝裏。然而文藝不只是一面鏡子，映現著世界，且是獨立的自足的形相創造。它憑著韻律、節奏、形式的和諧、彩色的配合，成立一個自己的有情有相的小宇宙：這宇宙是圓滿的、自足的，而內部一切都是必然性的，因此是美的。文藝站在道德和哲學旁邊能並立而無愧。它的根基卻深深地植在時代的技術階段和社會政治的意義上面，它要有土腥氣，要有時代的血肉，縱然它的頭須伸進精神的光明的高超的天空，指示著生命的真諦，宇宙的奧境。」（見《美從何處尋》，頁52，台北駱駝出版社，民國84年6月版）

而言，司馬遷的「發憤著書」與他歷盡坎坷、受盡屈辱的獨特遭遇密切相關，是個體在與社會的激烈衝突中所閃現的思想火花，因此，它並非一種泛論，而是身世之感、切膚之痛！它既凝聚著司馬遷文藝心理學的感受、經驗與智慧，更飽含著司馬遷的屈辱、悲痛與憤懣。雖然，他從自身的生命經歷來抒發「李陵之禍」帶給他的痛，同時又以歷史學家的眼光考察了前代創作者的寫作心態。在《史記‧太史公自序》中列舉了西伯拘而演《周易》、孔子厄陳蔡作《春秋》、屈原被逐而著《離騷》等事例之後，得出「《詩》三百篇，大抵賢聖之所爲作也。此人皆意有所鬱結，不得通其道也，故述往事，思來者。」之論。他說「大抵」、「皆」，表明「憤而著書」並非是個別的現象，而是具有普遍意義的創作規律。

東漢的王逸承接司馬遷以「哀」爲主的創作理論，並在對屈原的評價中反覆訴論「憤書」的理論價值：

> 屈原執履忠貞，而被讒邪，憂心煩亂，不知所愬，作〈離騷經〉。(〈離騷經〉序)

> 屈原放逐，竄伏其域，懷憂苦毒，愁思沸鬱……因爲作〈九歌〉之曲。(〈九歌〉序)

> 〈天問〉者，屈原之所作也，……屈原放逐，憂心愁悴，彷徨山澤，經歷陵陸，嗟號昊旻，仰天嘆息。(〈天問〉序)

> 遭時闇亂，不見省納，不勝憤懣，遂復作〈九歌〉以下凡二十五篇。(〈楚辭章句序〉)

概言之，他認爲屈原的作品，大都是因「憤」而作，「憤懣」之情，「愁悴」之感，是屈原最根本的創作動機。

自東漢末年起，中國進入了「一個政治上最混亂，社會上最痛苦的時代」，〔註49〕頻繁的骨肉相殘、改朝換代，常年的戰火硝煙、割據分裂，所謂「世積亂離，風衰俗怨」，從建安以來，這二百年間，悲哀，已釀成了一種時代的氣氛，並成爲士人的普遍意識，故「抒憤懣」必然成爲這一個時代文人的寫作動機。此期代表詩人的作品大都彌漫著悲哀之感，憂怨之情。其間「以悲爲美」的思想，不僅揭示了創作動機的普遍規律，而且也是這個時代的特有

〔註49〕見宗白華〈論世說新語和晉人的美〉，《美從何處來》，頁187，台北駱駝出版社，民國84年6月版。

精神。

　　時至西晉，陸機作〈文賦〉，首章即言：

　　　　遵四時以嘆逝，瞻萬物而思紛；悲落葉於勁秋，喜柔條於芳春。

他繼承了先秦《樂記》「心感物而動」的傳統，而言「詩緣情而綺靡」，將「情」視為詩歌創作之心理緣由。陸機的「情」其實包含了「喜」與「悲」，但觀他的身世經歷，作為吳國顯貴之後，目睹國家的滅亡，身懷亡國之痛，羈旅從宦，又親歷了西晉黑暗政治的種種艱險，一生懷才不遇，以四十二歲之壯年而死於非命，臨刑嘆曰「欲聞華亭鶴唳，可復得乎？」（事見《世說新語·尤悔》）。因此，陸機所云之「情」，雖意兼「哀樂」，但仍以「哀」為主。此在其作品中表現得十分明顯。如〈述思賦〉抒寫其人世情懷：

　　　　嗟余情之屢傷，負大悲之無力。……觀尺景以傷悲，俯寸心而淒測。

〈感思賦〉寫由觀覽萬物（天霧雲雪風，山川魚猿鳥）而生悲情：

　　　　矧余情之含悴，恆睹物而增酸，……撫傷懷以鳴咽，望永路而汍瀾。

又如〈思歸賦〉中「悲緣情以自誘，憂觸物而生端」；〈嘆逝賦〉中「樂哀心其如忘，哀緣情而來宅」。〔註50〕可見陸機的創作，大都是緣悲哀之情而起。因此，陸機的「緣情」說，在「言哀」此點上，直接繼承了「憤書」的理論傳統。

　　其後鍾嶸《詩品序》中指出創作對悲情的淨化與消解，當詩人或親身遭受或耳聞目睹了人間種種悲慘苦難的人事，深深為之「感蕩心靈」時，眞有無盡哀怨激憤悵觸於心懷，非長歌不足以騁其哀怨悲愴之情，非陳詩不足以展其激憤不平之氣，其文曰：

　　　　至於楚臣去境，漢妾辭宮；或骨橫朔野，或魂逐飛蓬；或負戈外戍，
　　　　殺氣雄邊；塞客衣單，孀閨淚盡；或士有解佩出朝，一去忘返；女
　　　　有揚娥入寵，再盼傾國。凡斯種種，感蕩心靈，非陳詩何以展其義；
　　　　非長歌何以騁其情。故曰：「詩可以群，可以怨。」使窮賤易安，幽
　　　　居靡悶，莫尚於詩矣。

鍾嶸認為詩人將一腔怨憤之情發而為詩，如此才產生巨大的美感力量，同時作者心靈因受創傷而感到的愁悶、寂寞亦獲得排遣、慰藉的功能。鍾嶸此說可謂總結了漢魏以來「書以抒憤」的理論精華。

〔註50〕均見清·嚴可均校輯，《全上古三代秦漢三國六朝文》，《全晉文》卷九十六。
　　　　中華書局，1958 年版。

二、「長歌當哭」至「蚌病成珠」

　　前敘司馬遷在論屈原創作〈離騷〉的心理動機時指出，人於「勞苦倦極」、「疾痛慘怛」，便產生一「呼天」、「呼父母」的心理需要。他認為對聖賢來說，著書立說，托諸文字是一種擺脫心理積鬱的途徑。在《史記‧太史公自敘》中即言：

> 《詩》三百篇，大抵聖賢發憤之所作也。此人皆意有所鬱結，不得
> 通其道也，故述往事、思來者。

也就是說，周文王、孔子、屈原、左丘明、孫臏、呂不韋和《詩》三百篇的作者，他們因為在自身生命中遭逢不幸，感受到苦悶、孤獨、失望、悲憤等情感，「意有所鬱結」，於是通過著書立說來「通其道」，以「述往事、思來者」。

　　《樂府古辭‧悲歌行》中亦言：「悲歌可以當泣，遠望可以當歸」，古往今來，多少詩人賦家都是用他們的作品來「長歌當哭」的，誠如清代劉鶚在〈老殘遊記自敘〉中言：

> 《離騷》為屈大夫之哭泣，《史記》為太史公之哭泣。

而日本近代著名的文藝理論家廚川白樹認為「生命力受了壓抑而生的苦悶懊惱乃是文藝的根抵」，而文藝「是能夠全然離了外界的壓抑和強制，站在絕對自由的心境上，表現出個性來的唯一世界」。〔註51〕而哀怨之情，便是生命受了壓抑，是外在刺激與主體精神的失衡。由哀怨而生的「欲哭」之需要，使詩人藉由創作來排遣痛苦、消彌哀怨，於是有了真誠可感的文學作品，此即是李白所言的「哀怨起騷人」！

　　魏晉士人通過創作，或舒憤懣、或發哀怨，或遣窮愁，或鳴不幸，長歌以發抒的背後，往往有著更深的心理需求。如司馬遷著書，是為了「抒其憤」。他在腐刑之後，悲憤之至，幾近於狂：「居則忽忽若所亡，出則不知所如往」（〈報任安書〉），他曾想到自盡，但「所以隱忍苟活，幽糞土之中而不辭者，恨私心有所不盡，鄙沒世而文采不表於後也」（同上）。可見，忍辱負重寫《史記》，不僅僅是為了「舒其憤」，更是為了避免「文采不表於後」。他欲「究天人之際，通古今之變，成一家之言」，把自己的著作「藏之名山，傳之其人通邑大都」，在身後樹立一座不朽的豐碑。可知「舒憤懣」是一種直接而短暫的情感滿足，而「文采表於後」，則是永久和更為深層的企求。故曹丕《典論‧論文》言：

〔註51〕見《苦悶的象徵》，頁21，頁15，魯迅譯，人民出版社，1988年版。

> 蓋文章經國之大業，不朽之盛事。年壽有時而盡，榮華止乎其身，
> 二者必至之常期，未若文章之無窮。是以古之作者，寄身於翰墨，
> 見意於篇籍，不假良史之辭，不託飛馳之勢，而聲名自傳於後。

他所追求的正是這種深層的滿足。使文藝創作成為延伸生命意識的途徑，使聲名自傳於後。他慨嘆世俗之人只知道為目前事務所迷，貧賤時為艱苦所懾，富貴時為逸樂所溺。於是一生庸碌即逝，無所做為。

然而魏晉士人之創作未必全是為了追求死後的不朽與永恆，而是看重創作時得到的平和與喜悅，此即是鍾嶸《詩品序》所云「使窮賤易安，幽居靡悶」。儒家正統詩教言「發於情，止乎禮義」，而「禮義」非但不能滿足人們舒憤的需求，禮教的虛偽反而更增心靈的重負與苦痛。士人們只好「託詩以怨」，用詩歌慰藉窮愁困痛，用文章排遣苦思煩憂。陶淵明在〈感士不遇賦〉中慨嘆世風日下，立行之難時亦有為文以導達意氣之說，其言曰：

> 自真風告逝，大偽斯興，閭閻懈廉退之節，市朝驅易進之心。懷正志道之士，或潛玉於當年；潔己清操之人，或沒世以徒勤。故夷、皓有「安歸」之歎，三閭發「已矣」之哀。悲夫！寓形百年，而瞬息已盡；立行之難，而一城莫賞；此古人所以染翰慷慨，屢伸而不能已者也。

陶淵明鞭撻了當時爭名於市、爭立於朝、廉恥喪盡、道德墮落的風尚，而士處其間，立身進退實難，而人生百年，瞬息已盡，心中的孤獨與悲哀，只有以文學抒之了。

劉勰《文心雕龍・才略篇》言：

> 敬通（馮衍）雅好辭說，而坎壈盛世；《顯志》自序，亦蚌病成珠矣。

《後漢書・馮衍傳》載：「衍得罪，不得志，乃作賦自厲，命其篇曰《顯志》」。可見，馮敬通也是憤而著書。悲怨之情，不僅成為其創作動機，而且進一步形成其作品的藝術價值。此其所謂「蚌病成珠」。〔註52〕

鍾嶸品詩，以情涉哀怨者為上。被列為上品的十二位詩人（包括「古詩」的作者），竟有七人是以「哀怨之情」為主要特色，如論「古詩」言：

〔註52〕北朝劉晝說過一段話，可視為劉勰「蚌病成珠」的注解：「梗柟鬱蹙以成縟錦之瘤，蚌蛤結痾而銜明月之珠，鳥激則能翔青雲之際，矢驚則能逾白雪之嶺，斯皆仍瘁以成明文之珍，因激以致高遠之勢」。此更加說明了作家之哀怨最終能成為作品之美。（參見李建中《心哉美矣——漢魏六朝文心流變史》，頁285所引，台北，文史哲出版社，民國82年9月初版）

文溫以麗，意悲而遠，驚心動魄，可謂幾乎一字千金。

論李陵則言：

文多悽愴，怨者之流。陵名家子，有殊才，生命不諧，聲頹身喪。

使陵不遭辛苦，其文何能至此。

言班倢妤時則謂：

團扇短章，詞旨清捷，怨深文綺，得匹婦之致。

又評曹植爲：

骨氣奇高，詞采華茂；情兼雅怨，體被文質。

言王粲則是：

發愀愴之辭，文秀而質羸。

論阮籍時稱：

言在耳目之內，情寄八荒之表，洋洋乎會於風雅，使人忘其鄙近，

自致遠大。頗多感慨之詞。厥旨淵放，歸趣難求。

又論左思詩言：

文典以怨，頗爲精切，得諷喻之致。

可見鍾嶸品評漢魏以來的詩人，發現他們作品中的悲怨之情，反而成爲藝術生命和美感魅力所在。然而「蚌蛤結痾」而成「明月之珠」的原因何在？正如韓愈在〈送孟東野序〉所言：

大凡物不得其平則鳴：草木之無聲也，風撓之鳴；水之無聲，風蕩之鳴，──其躍也或激之，其趨也或梗之，其沸也或炙之：金石之無聲，或擊之鳴。人之於言也亦然：有不得已者而後言，其歌也有思，其哭也有懷，凡出乎口而爲聲者，其皆有弗平者乎！

水激破舟，鳥激翔雲，而人呢？人「激」則「搖蕩性情，形諸舞詠」，陳詩展義，長歌騁情。對於文士而言，「病」或「激」都是人生的窮愁苦痛，魏晉士人站在時代的高度，下視社會的矛盾衝突，上索人生的價值。「然則士雖才，必小不幸而身處厄窮，大不幸而際危亂之世，然後其詩乃工也。」（清·歸莊《吳餘常詩稿序》），他們因不平則鳴，所鳴的，既是「身處窮厄」的「小不幸」，更是「際危亂之世」的「大不幸」，後者蘊含在前者之中，並通過前者而具體形象地表現出來。

魏晉文士的苦痛哀怨，激蕩出他們的創作才情，而在發憤著書的同時又淋漓盡致地抒解了哀怨之情。於是悲情與才情成爲他們在藝術的天地中自由

翱翔的雙翼，並最終凝聚成作品的美學價值與藝術魅力——此即是「蚌病成珠」的深層原因，同時也說明了魏晉時期文采煥然的原因所在。

三、音樂的怡志養神之效

魏晉時代文藝的興盛，時代動亂的衝擊是主因，而從另一角度視之，則是士人們為求心靈的平靜、精神的自由所致，而音樂便是其中重要的方式。

竹林名士多半是精通音樂，阮籍著有〈樂論〉，能簫、善彈琴；阮咸著有〈律議〉，《晉書》本傳言其「妙解音律，善彈琵琶」；嵇康更是精通樂理，他與琴，幾乎是不可分離的。在〈與山巨源絕交書〉中自敘生平志向：

> 但願守陋巷，教養子孫，濁酒一杯，彈琴一曲，志願畢矣。

《晉書》本傳亦稱他：

> 常修養服食之事，彈琴詠詩，自足於懷。

他在臨刑東市前顧視日影，索琴彈奏〈廣陵散〉的氣度，久久仍激蕩人心。他之愛琴，實因剛直與物多忤的性格，唯有在琴音中得到舒緩的撫慰，故言「彈琴賦詩，聊以忘憂」（〈贈兄秀才入軍〉其十六）在〈琴賦序〉中亦言：

> 余少好音聲，長而不倦，以為物有盛衰，而此無變，處獨窮而悶者，
> 莫近於音聲也。

說明他嗜好琴音，在其中寄託了自己的幽憤，用以排遣孤獨，他在詩中描寫了這種以琴詩消愁寄興的心情：

> 琴詩自樂，遠遊可珍，含道獨往，棄智遺身，寂乎無累。何求於人。
> 長寄靈岳，怡志養神。（〈贈兄秀才入軍〉其十七）

琴志與山水遊覽使人進入忘我的自由境界。在這種境界中，人世間的煩惱、孤寂都溶解了，從而得到一種「怡志養神」的效果。而詩云：

> 目送歸鴻，手揮五弦，俯仰自得，游心太玄。（〈贈兄秀才入軍〉其
> 十四）

更是刻劃了嵇康在琴樂中逍遙怡神、與物為一的高遠志向。透過音樂所想達到的境界亦如同醉境，是一種任真自然的真實體會。

竹林名士之一的劉伶以飲酒放蕩著稱，其實他內心是很苦悶孤獨的，他用飲酒彈琴來消除內心的孤悶，其〈北芒客舍詩〉云：

> 何以除斯嘆，付之與琴瑟，長笛響中夕，聞此消胸襟。

只有在詩酒與音樂中，他們的靈魂才能暫時得到平靜。又如阮籍〈詠懷〉詩

第一首，開篇就描寫了詩人以琴宣洩內心苦悶的心境：

> 夜中不能寐，起坐彈鳴琴。薄帷鑒明月，清風吹我襟。孤鴻號外野，
> 翔鳥鳴北林。徘徊將何見，憂思獨傷心。

在淒清的月夜，詩人為難以言明的煩悶所困擾，不能成眠，於是起床彈琴。滿腔的憂傷，溶入了這如泣如訴的幽怨琴聲中，也化進了朦朧的月色裡，……。詩中表露了詩人深重的孤寂之感，在他最無助、孤獨的時刻，琴是最佳的良伴，所有的不平、哀思都從弦上流逝，憤怒、傷悲也於音聲的蕩漾裡發洩。在此刻，生活中的積憂可以在美的旋律裏停息。

又如《世說新語，言語》載：

> 謝太傅語王右軍曰：「中年傷於哀樂，與親友別，輒作數日惡。」王
> 曰：「年在桑榆，自然至此，正賴絲竹陶寫」。

謝安晚年頗傷於親友的生離死別、死生契闊，常感孤獨，王羲之於是提議他用絲竹之樂來「寄興消愁」。

琴為心聲，音樂的激越淒切與婉轉悠揚，替代了人心的訴泣，發散久結的纏擾，舒展鬱積的情思，使得心胸暫時坦蕩而無累，思想脫俗而飄然。嵇康〈琴賦〉即談到琴音對於淨化心靈的作用：

> 性潔淨以端理，含至德之和平，誠可以感蕩心志，而發抒幽情矣。

琴音使人心境平和，情緒淨化，而不僅在於感動人心和政教的作用而已。上述事例皆說明了音樂在魏晉士人眼中是一副安神劑，人們在其中暫時止弭心中的憂苦，以維持精神的平衡。

總體而言，魏晉士人普遍存在的悲情意識往往不同程度地在他們的心中鬱結成難以化解的塊壘。但除非是選擇死亡的徹底解脫，否則在生命之火一息尚存之時，主體必須正視它、撫慰它，並以各種方式來調節它、緩和它。最終的目的無非是，既不放棄悲情以降志辱身，也要在這黑暗的世界裡生存下來，顯示人格獨立的價值。

嚴酷的現實環境，使充滿悲情的士人無法真誠地顯露壯志熱情，也無法物化為實在的現實力量。因此他們的才智膽識大多被壓抑了，道德情感被扭曲了。但內心中仍然要維持那正直而高潔的理想，這就形成了一種深情兼智、身心分離的，融痛苦於狂放的人生實踐。就像是一株懸崖縫隙中生長的青松，軀幹虯曲，高高依倨，在寒風嚴霜中低了頭，彎了腰，然而根依然緊緊扎著岩石，堅韌地生存下來，仍不失為一株青松。於是遊仙隱逸、登臨山水、縱

酒全眞、寄情詩樂，都作爲一種穩住根本的助力。上述魏晉士人消解悲情的方式，並不是孤立存在的，而是一個有機的整體。他們之間的關係有如一首龐大的交響曲，悲情意識作爲魏晉時期士人文化意識的主旋律，而他們消解悲情意識的種種方式，則是這首交響曲的不同樂器，它們以自己獨特的風貌，從不同的角度共同演奏出時代的總體精神。

第十一章 結 論

　　人的存在、人的追求、人的幻想、人的無奈、人的荒謬；人的眞實與虛僞，高尚與卑微，豐富與偏狹，超然與世俗；人生、人性、人情、人格⋯⋯所有與人相關的問題，實在是如同浩瀚宇宙般，充滿了未知的神秘與探索不盡的樂趣。而歌德曾言：

　　　　凡是値得思考的事情，沒有不是被人思考過的；我們必須做的只是

　　　　試圖重新加以思考而已。

如果在這重新思考中可以使吾人多一番對人生自我的體悟，則反觀古人以明鑒來者的初衷，或許亦有其意義存在。

　　而在中國歷代的文人中，魏晉士人是極具魅力的一群。他們處在特別重視精神生活的時代，其時，玄風大暢，道體自然，人們通過哲學、文學、藝術抒發自身對宇宙，對人生的感悟與領會。將生活視爲思想價值的體現，而人的行爲也成爲獨立的審美對象。因此魏晉士人的魅力乃在於他們具有瀟灑飄逸、曠達超遠、嘯傲人生的氣質。但是在這種特立獨行的舉止、性情的背後，那難以言說的悲情其實更讓我們動容。他們的思想與行爲表現出雙重性：〔註1〕一方面心神不安而渴望無限與永恆，另一方面又呈現出堅定從容的姿

〔註1〕 劉再復在〈論人物性格的二重組合原理〉以爲：「任何一個人，不管性格多麼複雜，都是相反兩極所構成的。這種正反兩極，從生物進化角度看，有保留動物原始需求的動物性一極，有超越動物性特徵的社會性一極；從個人與人類社會總體的關係來看，有適於社會前進要求的肯定性的一極，又有不適應社會前進要求的否定性一極；從人的倫理角度來看，有善的一極，也有惡的一極；從人的社會實踐角度來看，有眞的一極，也有假的一極；從人的審美角度來看，有美的一極，也有醜的一極；此外，還可以從其他角度展示悲與

態；一方面真實地表現個人的情感，另一方面又不斷地壓抑矯飾自我；一方面超然物外，遺世獨立，另一方面又囿於世俗，自閉塵網；一方面要求如實的表現生命，一方面又勇於不斷內省，因而他們性格矛盾異常尖銳。這些正與反、肯定與否定、積極與消極、高傲與謙遜、浪漫與剛毅……等對立的力量，塑造了他們鮮活而具張力的生命。這種種雙重性，固然體現了道家思想與儒家思想的衝突，然而這何嘗不是人類總體的永恆矛盾呢？這真實的掙扎與激盪，才是提供我們省思借鏡的價值所在。

而這樣智慧兼深情的組合，註定了魏晉士人的悲情。自由的追求，本就是帶著悲情的。因為獨立、自主、自我的另外一面，往往要承負孤獨、痛苦和冒險；而絕對的自由，始終只是人類無法實現的終極理想。士人超越的智慧，使他們比任何人都迫切地希望獲得自由，脫出這人世的糾葛；然而他們深摯的情感，卻又使他們不能忘情於這個世界。於是這智慧非但不能使他們無累於應物，反而使他們對人世的種種，有著更深的穿透力，因而更有著無可如何的悲感。

他們的穿透力，使他們在檢視兩漢以來所建構的價值體系時，便不免有著縱肆嘲笑的疏狂。然而他們又無法找到真正的安頓，所以在縱肆狂笑的背後，時時透露著無所依歸的大愴痛。因而如蔣勳在《美的沈思·唯美的時代——魏晉名士風流》〔註2〕中所言：

> 魏晉的名士風流，不是輕薄的佯狂，而是從生命底層呼叫出的痛貫心肝的哀號。在瀰漫著政治污陷、戰亂、道德虛偽的人世，唱出了他們不屑、激憤的高亢之音。

本章結論乃就悲情意識的正面價值與時代意義作為一個切入點，以見出魏晉士人「意悲而遠」的時代心聲之文化內蘊。

第一節　悲情意識的正面價值

一、困境中的反思覺醒

對生命短促、人生無常的悲傷，構成了魏晉時期士人悲情意識的基調。

喜、剛與柔、粗與細、崇高與滑稽，必然與偶然等等的性格兩極。……性格的二重組合，就是性格兩極的排列組合。」（收在《生命精神與文學道路》，風雲時代，民國78年，頁4～5。）

〔註2〕《美的沈思》，頁60，雄獅美術，民國79年版。

它們與友情、離別、相思、懷鄉、行役、命運、勸慰、願望、勉勵……結合在一起，使這種生命短促、人生坎坷、歡樂少有、悲傷常多的感喟，愈顯其沈鬱和悲涼。這種對生死存亡的重視、哀傷，對人生短促的感慨、喟嘆，表面看來似乎是如此頹廢、悲觀、消極，但深藏著的意識卻恰好是對人生、生命、命運、生活的強烈的欲求和留戀。而它們正是在對原來佔據統治地位的意識形態——從經術到宿命、從鬼神迷信到道德節操的懷疑和否定基礎上產生出來的。正是對外在權威的懷疑和否定，才有內在人格的覺醒和追求。

士人們意識到，以往所相信和服從的倫理道德、鬼神迷信、讖緯宿命、煩瑣經術等等規範、標準、價值，都是虛假而值得懷疑，它們並不可信。只有短促的人生中總充滿著如此多的生離死別哀傷不幸才是真的。既然如此，何以不抓緊生活，盡情享受呢？為什麼不珍重自己珍重生命呢？所以，「晝長苦夜短，何不秉燭遊」；「不如飲美酒，被服紈與素」；「何不策高足，先據要路津」；說得乾脆、坦率、直接和不加掩飾。表面看來似是貪圖享樂、墮落沈淪，其實，它是在當時特定歷史條件下深刻地表現了對人生、生活的極力追求。生命無常，人生易老本是古往今來一個普遍命題，使魏晉詩篇中這一永恆命題的詠嘆具有如此感人的審美魅力而千古傳誦。

從黃巾起事前後起，整個社會日漸動盪，接著便是戰禍不已，疾病流行，死亡枕藉，連上層貴族也在所不免。「徐（幹）陳（琳）應（瑒）劉（楨），一時俱逝」（曹丕《與吳質書》），榮華富貴，頃刻喪落，曹植曹丕也都只活了四十歲……。既然如此，而上述傳統、事物、功業、學問、信仰又並不怎麼可信可靠，那麼個人存在的意義和價值就突顯出來，如何有意義地自覺地充分把握住這短促而多苦難的人生，使之更為豐富滿足？它實質上標誌著一種人的覺醒，即在懷疑和否定舊有傳統標準和信仰價值的條件下，人對自己生命、意義、命運的重新發現、思索、把握和追求。正因如此，才使得那些公開宣揚「人生行樂」的詩篇，內容也仍不同於後世腐敗之作。而流傳下來的大部分優秀詩篇，卻正是在這種人生感嘆中抒發著蘊藏著一種向上的、激勵人心的意緒情感，它們隨著不同的具體時期而各有不同的具體內容。在「對酒當歌，人生幾何」底下的是「烈士暮年，壯心不已」的老驥長嘶，建安風骨的人生哀傷是與其建功立業「慷慨多氣」結合交融在一起的。在「死生亦大矣，豈不痛哉」後面的是「群籟雖參差，適我無非新」，企圖在大自然的懷抱中去尋找人生的慰藉和哲理的安息。其間如正始名士的不拘禮法，太康、

永嘉的「撫枕不能寐，振亡獨長想」（陸機）、「何期百煉剛，化爲繞指柔」（劉琨）的政治悲憤，都有一定的具體積極內容。正由於有這種內容，便使所謂的「人的覺醒」沒有流於頹廢消沈；正由於有人的覺醒，才使這種內容具備美學深度。《古詩十九首》、建安風骨、正始之音直到陶淵明的自挽歌，對人生、生死的悲傷並不使人心衰氣喪，相反，獲得的恰好是一種具有一定深度的積極感情。

二、生命意識的選擇

魏晉士人的生命光采並不附麗在道德、言論和事功；故他們只是知識份子而不一定是聖賢或道德宗教家、學問家或思想家、政治家或軍事家。如果我們把生命的價值定位在社會責任的承擔和社會活動的參與上，那麼，魏晉士人全然以自我爲中心的生命態度，無疑便是「四不著邊，任何處掛搭不上」、「雖顯一逸氣而無所成」的（牟宗三《才性與玄理》）。這並不表示他們就沒有了生命的價值觀，只是他們自由的心靈，使他們絕對不會將自己的人生意義，確定在任何格局中。所以，這種自由的人生態度，本身就透著一股虛無的荒涼感。而且人類的心靈本身是極其複雜的系統。魏晉士人的心靈世界，是一個「智慧兼深情」的特殊情理結構。這結構在根本處便顯發了名士人格的矛盾性。因爲超越，他們表現出忘情、狂放和從容；因爲深情，他們又表現出鍾情、莊嚴和激昂。這矛盾性正是生命的如實呈現，是源於對生命珍惜的自覺而開發出來的。面對狂瀾難獨挽的歷史悲歌，他們自覺到生命依附於外在價值的不可得，爲了實現自我，只能向內開發。因而我們在接觸魏晉士人時，很難不被他們的音容神貌所吸引。他們那強而有力的質疑和反抗，總是讓我們心中激起一圈又一圈的漣漪，和他們一起思索著生命的困頓。

從現實的價值體系來看，魏晉士人無所成、無所立的悲情人格，誠然是有缺憾的。然而天地之美，不也美在萬物各有其偏至嗎？而且，就人類文明的進化發展而言，魏晉士人的悲情人格雖不是我們所欲追尋的理想人格，但對於他們具有獨特生命而又能確實以他們的生命再現了儒道精神所強調的生命自主性。正是我輩在他們的悲情世界中提昇進化自己的地方。「活出自我」，是他們給我們的最大啓示。大多數的人除了聖潔光輝的一面外，也有那卑微脆弱的一面。因此，人可以在聖潔和沈淪之間，做各種選擇，也就在這選擇的過程中成就了自己的生命價值。因爲，人要在這樣充滿困頓艱辛的生命經歷中、充滿使

生命下墜沈淪的誘因中，努力超拔自己到最光亮的生命境界。在魏晉士人的悲情意識中，我們從他們理想與現實的矛盾衝突中更了解到生命的本質；也在他們情感與理智的痛苦掙扎中看到生命多樣開發的各種可能。可以說，魏晉士人的悲情意識其實是他們忠於自己、超拔人世的自我選擇。

第二節　探索魏晉士人悲情意識的時代意義

魏晉時期是中國歷史上一段巨烈變動的時期，社會的黑暗動亂、人生的苦難、思想的探索過程中，價值準則的無確定性、道德標準與社會風氣紛亂變易，都使處於其間的士人在精神上感受到惶惑、悲哀。但是，在舊有的社會準則和文化規範已難於滿足或駕馭士人的心靈之際，空前動蕩的心理與巨大的價值衝突反而呼喚著貼近自己、理解自己，振奮自己的文化型態，在思想、藝術以及人生態度上激蕩出璀璨的魏晉風範來。

> 而今我們也正處在海峽兩岸分裂、歷史轉折的關鍵時代，一個動蕩、敏感以及脆弱的時代中，任何年齡、性格或職業，每個人的心中都難免有過焦慮和悲傷。因為時代把紛繁複雜、撲朔迷離的矛盾堆積在人們的面前，迫使人們去思考、選擇。老年人面對故土的變遷、時光的流逝，在對過往的戀舊之外，更多的是不安；而青春飛揚的年輕人，社會混亂的價值體系，心靈更加動蕩，看不清自己前進的目標，無法把握未來；而作為承先啟後的壯年人而言，他們面對政治上的分合統獨諸論的莫衷一是，並且承受著新舊矛盾的痛苦，在夾縫中努力適應環境。即使是處在人生仕途或事業的顛峰、正享受成就的人而言，他們亦承受著巨大的壓力，必須以更多的精力，小心地把握住現在，謹慎地估計未來，以避免可能出現的風險。外在世界的快速變動、轉化，科技文明一日千里，在此同時，良莠並存、新舊交替、陰錯陽差的社會現實正展現在人們的面前，於是，大多數的人必須在實踐中痛苦的摸索、調適、選擇。心理上的猶豫、徘徊，乃至孤獨、寂寞、痛苦由此而生。

歷史告訴我們，社會經濟政治總是昇華凝聚為一定的文化型態〔註3〕並作為社會規範和準則沈澱在人們的心靈中，支配著人們的日常行為和生活。而新的

〔註3〕 在此所指的「文化型態」，是包含經濟、政治、文化的思想意識和觀念領域。

社會價值開始萌發時，它首先為知識份子的心理所感知，從而要求社會環境對此作出新的應對方式，即是回應社會變動所帶來的挑戰，並以此調整新的行為模式與規範。文化和心理的這種互動，反映著人的感性與理性的矛盾，也反映著個性發展和社會規範的矛盾。由於歷史社會的發展是由人的行為來實現的，而人的行為實踐又是以觀念的變革作為先導的，文化和心理的衝突作為觀念變革的直接體現，它往往最先反映著社會價值的變遷，並進而直接推動著社會文明的變遷。在歷史轉折和社會變革的時期，它表現得更加明顯劇烈。魏晉時期的社會文化如此，今日海峽兩岸的情勢亦如此。

　　文化心態的變革同時意味著文化心態的撕裂，即新的文化心態在同舊的文化心態的分離決裂中，艱難地生長起來，而這種決裂意味著痛苦。此即悲情意識為魏晉士人生命的主旋律的重要原因。作為現代知識份子，敏感的心靈感受著文化規範的改變，並負起創造出適應新的文化時代的價值體系。但社會的變革中必然有一些先知先覺者痛苦的覺醒存在。若是看不到這種痛苦背後的各種改革理想及由此產生的希望，則只會產生急功近利的行為模式，從而給改革本身帶來破壞。只有正視這份孤獨的痛苦，才能對改革有足夠的心理準備和承受能力，從而更積極堅定的推動改革。李勇鋒在《變革中的文化心態》〔註4〕中指出：

> 要推動文化心態的變革，首先要揭示出變革的痛苦和代價。如果只是批判舊觀念，而不去考察舊觀念在人們心理以及行為模式中的積澱和撕裂它的巨大痛苦，那麼這種批判很難不成為清談泛論；如果只是一味地鼓吹樹立新觀念而必然要付出的代價（包括外在的損失和心靈的失落），那麼這種樹立新觀念的幸福很難不成為奢望，並且註定會轉化為消極悲觀情緒。

故本文在探索魏晉時期士人的悲情意識此一文化心態，乃重在揭示具有文化使命感的士人處在歷史變革中的痛苦歷程。揭示了痛苦、懂得了痛苦發生的必然發生的歷程，才能對痛苦的發生有心理準備並自覺地找到減少痛苦、避免痛苦的方式，以取得文化或個人生命的覺醒成長。

　　文化的力量在於打動人心，並激蕩起新的文化生命。總結人心發展的軌跡，才能找到文化上除舊佈新的現實依據，有益於促進成新的理論和新的文化誕生。二十一世紀初的中國整體文化心態正處在一個巨大變革的關鍵時

〔註4〕見李勇鋒《變革中的文化心態》引言。北京：新華書店，1988年8月出版。

期，何去何從，將決定中國人文化生命的未來走向。此亦是我們考察魏晉時期的文化心態，並冀能以古鑑今的緣由所在。本文通過分析魏晉時期士人悲情意識產生的文化淵源、核心因素、呈顯的基調、呈現的型態以及消解因素與正面意義，來反省魏晉時期傳統文化的積澱和滲透作用及其撕裂新生的巨大痛苦，希冀爲身處在海峽兩岸分合變革的歷史關鍵的知識份子作出一份學術上的努力與省思。

另外，朱光潛在《悲劇心理學 ── 各種悲劇理論快感理論的批判研究》〔註5〕一書中指出，當人們欣賞文藝作品的悲劇時，心中往往反而湧現出一種壯越的情感，享受到精神境界的至樂。書中並引亞里斯多德在《詩學》第六章中所言：「悲劇的作用是激起憐憫和恐懼，從而導致這些情緒的淨化」。若將此文藝美學意義上的悲劇快感理論移用於人生的角度，當我們在人生旅程中經歷痛苦時，能否也激發出一種力量？這種精神上的超越，將是戰勝痛苦的動力。當然，欣賞文藝作品中的悲情能產生快感，乃是因讀者和作品中的情境有現實上的距離，而當自己人生旅程中產生挫折痛苦時，能否有智慧去超越和提昇？從魏晉士人的心態探索中，可以肯定的是，人的生命因能面對痛苦而有所成長。直面痛苦，生命才能顯得深沈；回避痛苦，人生可以平靜，卻終究膚淺。當人們有勇氣對自己的命運負責之時，也是他能超越痛苦的時候。〔註6〕故本文探索悲情意識不僅是學術上的努力，也是個人作爲淨化超越苦難的功課。謹以此書獻給在文化長河、人生歷程中不願沈淪的心靈。

〔註5〕 見朱光潛：《悲劇心理學 ── 各種悲劇理論快感理論的批判研究》，張隆溪譯，北京：人民出版社，1987 年 4 月出版。

〔註6〕 鄭玉英女士在《家庭會傷人 ── 自我重生的新契機》的譯序中指出：「當我們能夠勇敢地咀嚼生命中的苦難，不再被殘障的意志力所欺騙；承認自己的軟弱之後，就會自然產生一種向上天的仰望，那是一種真正的謙遜和天人合一的境界，也是一種成熟的宗教態度，與『躲入』宗教的心態是不同的。」（頁5，台北，張老師出版社，民國82年5月）。

附　錄

附錄一：魏晉大事年表及學術年表

帝 王 年 號	西 元	重 要 事 件 及 學 術 活 動
東漢靈帝 中平元年	181 年	黃黃巾 黃巾大起義
東漢獻帝 初平元年	190 年	董卓燒洛陽，劫漢獻帝西行
初平二年	191 年	董卓佔據長安
初平三年	192 年	王允、呂布殺董卓 曹操佔據衮州 文學家曹植出生
東漢獻帝 建安元年	196 年	獻帝被兵隊劫至洛陽。又被曹操挾至許昌。 曹操始募民屯田許下
建安四年	200 年	官渡之戰，曹操打敗袁紹
建安八年	203 年	曹操首次下達「求才令」，提出「治平尚德行，有事尚功能」的主張
建安十年	205 年	「竹林七賢」之一山濤生
建安十三年	208 年	赤壁之戰，孫權、劉備聯軍擊敗曹操
建安十四年	209 年	「清理識要，好論才性」的名理學家傅嘏生
建安十五年	210 年	曹操秘第二次下達「求才令」，強調要「明揚仄陋，唯才是舉」。 「竹林七賢」之一阮籍生

建安十九年	214 年	曹操第三次下達「求才令」，把能否「進取」作爲選拔人才的依據
建安二十二年	217 年	曹操第三次下達「求才令」，要求對「有治國用兵之術」的人才，堅持「各舉所知，勿有所遺」的原則
魏文帝 黃初元年	220 年	曹操卒，曹丕繼位稱魏文帝，東漢亡，三國始。 魏實施九品中正制
黃初二年	221 年	劉備稱帝，建蜀漢。諸葛亮爲丞相
黃初四年	223 年	劉備死，託孤於諸葛亮。劉禪繼帝位 「竹林七賢」之一嵇康生
黃初七年	226 年	曹丕死，曹叡繼位
魏明帝 太和三年	229 年	吳國孫權稱帝
魏明帝 太和六年	232 年	文學家曹植卒 傅嘏與荀粲會談，魏晉清談始
青龍二年	234 年	諸葛亮病死 「竹林七賢」之一王戎生
景初元年	237 年	劉邵受詔擬定都官考課的方法和條例。傅嘏曾與論難
景初三年	239 年	魏明帝曹睿卒，其子曹芳繼位。曹爽、司馬懿輔政
魏齊王芳 正始元年	240 年	玄學家何晏、王弼開始倡導玄學
嘉平元年	249 年	高平陵事件，曹爽、何晏等被誅，司馬懿專政 玄學家王弼病死
嘉平三年	251 年	魏都督揚州諸軍事王凌謀立楚王曹彪，司馬懿率兵擊之，王凌自殺 司馬懿卒，其子司馬師繼位擅政
嘉平四年	252 年	玄學家郭象生
魏高貴鄉公 正元元年	254 年	司馬師殺中書令李豐、太常夏侯玄 司馬稍廢魏帝曹芳、立高貴鄉公曹髦
甘露元年	256 年	王衍生
甘露三年	258 年	魏征東大將軍諸葛誕于壽春舉兵反魏，被司馬昭所殺
魏元帝 景元元年	260 年	司馬昭殺曹髦，立曹奐 朱立行出家爲僧，是漢地有僧人之開始
景元二年	261 年	文學家陸機生

景元三年	262 年	嵇康被殺，「臨刑東市，神氣不變，索琴彈之，奏〈廣陵散〉」，「太學生三千人上書，請以爲師，不許」
景元四年	263 年	蜀亡 阮籍病卒
西晉武帝 泰始元年	265 年	司馬昭卒，其子司馬炎代魏稱帝，是爲西晉武帝。魏亡
太康元年	280 年	晉滅吳，統一中國
太康二年	281 年	煉丹家葛洪出生
太康四年	283 年	山濤卒，活了七十九歲
西晉惠帝 永熙元年	290 年	西晉武帝卒，子司馬衷繼位是爲惠帝。肯舅楊駿輔政
永平元年	291 年	賈后殺晉皇族大臣，自行專政
永康元年	300 年	趙王司馬倫殺賈后，並害張華及「善談名理」著〈崇有論〉的裴頠
永寧元年	301 年	晉皇族的八王之亂開始
永興元年	304 年	樂廣卒
永興二年	305 年	王戎卒
西晉懷帝 永嘉元年	307 年	西域人密教始祖帛多密多羅來華
永嘉四年	310 年	西域名僧佛圖澄來華
永嘉五年	311 年	匈奴軍攻佔洛陽，俘晉懷帝
永嘉六年	312 年	「獨化論」思想提倡者郭象卒 創立「本無宗」的高僧道安生
西晉愍帝 建興二年	314 年	「即色論」的提倡者支道林法師生
建興四年	316 年	匈奴軍劉曜攻陷長安，俘西晉愍帝，西晉亡
東晉元帝 建武元年	318 年	司馬睿在建康即位稱帝，東晉開始 晉祖逖北伐
太興二年	320 年	祖逖破石勒軍
太興三年	321 年	書法家王羲之生
東晉成帝 咸和九年	334 年	高僧釋慧遠生

東晉康帝 建元元年	343 年	《抱朴子》葛洪卒
東晉穆帝 永和元年	345 年	以「清虛寡欲，尤善玄言」而著聞的清談中心人物會稽王 簡文帝開始清談
永和三年	347 年	清談名士王濛卒，年僅三十九歲
永和四年	348 年	畫家顧愷之生 名僧佛圖澄卒
永和十二年	356 年	揚州刺史、清談名士殷浩因北伐失敗曾被免職。是年卒 晉桓溫北伐，取洛陽
東晉哀帝 興寧三年	365 年	文學家陶潛生
東晉海西公 太和元年	366 年	是年即前秦建元元年 沙門樂僔營建敦煌莫高窟 清談主將支道林卒
東晉孝武帝 太元八年	383 年	秦晉淝水之戰，秦兵大敗
太元十年	385 年	釋道安卒
太元十一年	386 年	鮮卑人拓拔珪建立北魏
東晉安帝 隆安二年	398 年	北魏建都平城
隆安三年	399 年	晉孫恩、盧循起義 荊州刺史、清談名士殷仲堪卒 高僧法顯往印度求佛經
隆安五年	401 年	龜茲名僧鳩羅摩什來到後秦長安，住西明閣、逍遙園譯經
義熙八年	412 年	名僧法顯自天竺返國
義熙九年	413 年	名僧鳩摩羅什卒
義熙十年	414 年	南涼亡 年青有爲的佛徒僧肇卒 晉高僧法顯從印度經爪哇回國
義熙十三年	417 年	後秦亡 釋慧遠卒
宋武帝 永初元年	420 年	劉裕即皇帝位，國號宋，東晉亡。 南北朝開始

附錄二：魏晉士人生卒年及卒因簡表（依卒年先後排列）〔註1〕

姓　名	生　年	卒　年	卒　因	歲　壽
阮　瑀	漢桓帝延熹八年左右（165年）	漢獻帝建安十七年（212年）	病卒	年四十八歲左右
王　粲	漢獻帝熹平六年（177年）	漢獻帝建安二十二年（217年）	罹染時疫卒	年四十一
陳　琳	不詳	同上	同上	
劉　楨	不詳	同上	同上	
徐　幹	漢獻帝建寧四年（171年）	同上	同上	年四十六
應　瑒	不詳	同上	同上	
曹　植	漢獻帝初平三年（192年）	魏明帝太和六年（232年）	悒鬱而卒	年四十一
何　晏	漢獻帝建安十二年（207年）左右	魏齊芳嘉平元年（249年）	被司馬懿所殺	年四十三左右
應　璩	漢獻帝初平元年（190年）	魏齊王芳嘉平四年（252年）		年六十二
嵇　康	魏文帝黃初四年（223年）	魏元帝景元三年（262年）	被司馬昭所殺	年三十九
阮　籍	漢獻帝建安十五年（210年）	魏元帝景元四年（263年）	憂憤病卒	年五十四
成公綏	魏明帝太和四年（230年）	晉武帝泰始九年（273年）		年四十三
傅　玄	漢獻帝建安二十三年（218年）	晉武帝咸寧四年（278年）	免官卒	年六十二
趙　至	不詳	晉武帝太康中	嘔血憤卒	年三十七
棗　據	不詳	同上		年五十餘
夏侯湛	不詳	晉惠帝元康初		年四十九
孫　楚	不詳	晉惠帝元康三年（293年）		
傅　咸	魏明帝景初三年（239年）	晉惠帝元康四年（294年）		年五十六

〔註1〕 以上三份簡表乃引至大陸學者景蜀慧所著《魏晉詩人與政治》，頁7～11。

張　華	魏明帝太和六年（232 年）	晉惠帝永康元年（300 年）	八王之亂中被趙王倫所殺	年六十九
潘　岳	魏齊芳五始八年（247 年）	同上	同上	年五十三
歐陽建	不詳	同上	同上	年三十餘
束　皙	不詳	晉惠帝永康元年以後	八王之亂中辭疾歸，卒於家	年四十左右
何　劭	不詳	晉惠帝永寧元年（301 年）		
陸　機	魏元帝景元二年（261 年）	晉惠帝太安二年（303 年）	八王之亂中被成都王穎所殺	年四十三
陸　雲	魏元帝景元三年（262 年）	同上	同上	年四十二
嵇　紹	魏齊芳嘉平五年（253 年）	晉惠帝永興元年（304 年）	蕩陰之役中被成都王穎所殺	年五十二
嵇　含	魏元帝景元三年（262 年）	晉惠帝永興三年（306 年）	陳敏之亂中被殺	年四十四
阮　脩	魏元帝咸熙二年（265 年）	同上	避亂南行被害	年四十二
左　思	魏齊芳嘉平四年左右	晉惠帝永興三年左右	張方縱暴都邑，舉家遷冀州，後病卒	年五十五左右
張　翰	不詳	晉惠帝末年	八王之亂中稱病歸，卒於家	年五十七
張　載	不詳	西晉後期	見世方亂，無仕進意，稱疾篤還，卒於家	
繆　播	不詳	永嘉初年	被東海王越所殺	
張　協	不詳	永嘉中	托疾不仕，卒於家	
曹　攄	不詳	晉懷帝永嘉二年（308 年）	討流人敗死	
摯　虞	不詳	晉懷帝永興三年左右	方縱暴都邑，舉家遷冀州，後病卒	
潘　尼	不詳	同上	洛陽將亂時，欲攜家還故里，病卒	
潘　滔	不詳	同上	死於戰亂	
棗　嵩	不詳	晉愍帝建興二年（314 年）	被石勒所殺	

劉　琨	晉武帝泰始七年 （271 年）	晉元帝太興元年 （318 年）	被鮮卑段匹磾所殺	年四十八
王　鑒	不詳	元帝時期	王敦請爲記事參軍，未就而卒	年四十一
郭　璞	晉武帝咸寧二年 （276 年）	晉明帝太寧二年 （324 年）	被王敦所殺	年四十九
庾　闡	不詳	約成帝時期		年五十四
袁　喬	晉懷帝永嘉六年 （312 年）	晉穆帝永和三年 （347 年）	從桓溫西征，尋卒	年三十六
盧　湛	晉武帝太康六年 （287 年）	晉穆帝永和七年 （351 年）	冉閔誅石氏時被殺	年六十七
許　詢	不詳	不詳	早卒	當爲四十歲以下
王羲之	晉惠帝太安二年 （303 年）	晉穆帝升平五年 （361 年）		年五十九
苻　朗	不詳	孝武帝太元十五年 （390 年）	被王國寶所譖，被殺	
戴　逵	不詳	孝武帝太元二十年 （395 年）		
顧愷之	晉穆帝永和元年 （345 年）左右	晉安帝義熙二年 （406 年）		年六十二
謝　混	不詳	晉安帝義熙八年 （412 年）	被劉裕所殺	
陶淵明	晉哀帝興寧三年 （365 年）	宋文帝元嘉四年 （427 年）	病卒	年六十三

卒因 總人數	被　殺	因疾病、飢饉、憂憤、悒鬱而卒	免官、辭官、避亂後卒	不　詳
54 人	19 人	15 人	5 人	15 人
百分比	35.2%	27.8%	9.3%	27.8%

享年 統計人數	在 60 歲以下	在 50 歲以下	在 40 歲以下
39 人（表內可考知卒年者）	32 人	22 人	5 人
百分比（分段）	82.5%	56‧4%	12.8%

主要參考書目

一、專著部分

（一）經學類

1. 《周易》（十三經注疏本），台北：藝文印書館，民國 78 年 1 月。
2. 《詩經》（十三經注疏本），台北：藝文印書館，民國 78 年 1 月。
3. 《禮記》（十三經注疏本），台北：藝文印書館，民國 78 年 1 月。
4. 《左傳》（十三經注疏本），台北：藝文印書館，民國 78 年 1 月。
5. 《論語》（十三經注疏本），台北：藝文印書館，民國 78 年 1 月。

（二）史學類

1. 《二十二史箚記》，趙翼，台北：世界書局，民國 47 年 11 月。
2. 《高士傳皇甫謐》，台北：中華書局，民國 67 年 5 月。
3. 《漢書》，班固，台北：鼎文書局，民國 70 年 5 月。
4. 《後漢書》，范曄，台北：鼎文書局，民國 70 年 5 月。
5. 《晉書》，房玄齡，台北：鼎文書局，民國 70 年 5 月。
6. 《三國志》，陳壽撰，裴松之注，台北鼎文書局，民國 76 年 5 月。
7. 《讀通鑑論》，王夫之，台北：里仁書局，民國 74 年 4 月。
8. 《宋書》，沈約，台北：鼎文書局，1990 年 5 月。
9. 《中國思想通史侯外廬》，北京：人民出版社，1957 年。
10. 《魏晉南北朝思想史》，張仁青，台北：文史哲出版社，民國 67 年 12 月。
11. 《中國人才史稿》，李樹喜，石家莊，河北人民，1984 年 3 月。
12. 《中古文學史論》，王瑤，台北：長安，民國 75 年 6 月。

13. 《中古文學史論文集》，曹道衡，北京：中華書局，1986 年 7 月。

14. 《陳寅恪魏晉南北朝演講錄》，萬繩楠整理，黃山書社，1987 年年 4 月。

15. 《魏晉玄學史》，許杭生，李中華，陳戰國，那薇，陝西師範大學出版社，1989 年 7 月。

16. 《新史學》，雅克‧勒高夫，姚蒙編譯，上海：譯文出版社，1989 年 2 月。

17. 《中國美學思想史敏澤》，山東：齊魯書社，1989 年 8 月。

18. 《史記通論》，韓兆琦，北京：師範大學出版社，1990 年 9 月。

19. 《魏晉南北朝史‧上、下冊》，王仲犖，上海：人民出版社，1990 年 3 月。

20. 《中國文學史綱要》，袁行霈，北京大學出版社，1990 年 9 月。

21. 《歷史的悲劇意識》，許蘇民，上海：人民出版社，1992 年 1 月。

22. 《兩晉史話》，王文清，許輝，北京出版社，1992 年 8 月。

23. 《治亂世替 —— 魏晉卷》，曹文柱，台北：書泉出版社，1992 年 10 月。

24. 《魏晉思想史》，許杭生，台北：桂冠圖書公司，1992 年 12 月。

25. 《歷史的頓挫——人物篇》，范炯生，台北：雲龍出版社，1993 年 6 月。

26. 《中國史官文化與史記》，陳桐生，廣東：汕頭出版社，1993 年 9 月。

27. 《中國悲劇史綱》，謝柏梁，學林出版社，1993 年 12 月。

28. 《中國魏晉南北朝思想史》，羅宏曾，北京：人民出版社，1993 年 12 月。

29. 《中國文學思想史》，青木正兒，北京：人民出版社，1993 年 12 月。

30. 《中國魏晉南北朝文學史》，景蜀慧，北京：人民出版社，1993 年 12 月。

31. 《中國魏晉南北朝宗教史》，楊耀坤，北京：人民出版社，1993 年 12 月。

32. 《中古文學史論文集續編》，曹道衡，台北：文津出版社，民國 83 年 7 月。

33. 《歷史的頓挫 —— 事變篇》，范炯生，台北：雲龍出版社，1994 年 7 月。

34. 《歷史的祭品 —— 悽怨的忠魂》，范炯，台北：昭明出版社，1999 年 10 月。

35. 《陳寅恪魏晉南北朝史講演錄萬繩楠整理》，台北：昭明出版社，1999 年 11 月。

36. 《魏晉南北朝文化史》，萬繩楠，台北：昭明出版社，2000 年 2 月。

37. 《歷史研究》，湯恩比著，陳曉林譯，台北：遠流出版社，2000 年 4 月。

（三）哲學類

1. 《老子‧周易》，王弼注，樓宇烈校釋，台北：華正書局，民國 72 年 3

月。

2. 《荀子集釋》，李滌生，台北：學生書局，民國 73 年 9 月。

3. 《呂氏春秋校》，陳奇猷，台北：華正書局，民國 74 年 5 月。

4. 《老子今註今譯》，陳鼓應註釋，台北：台灣商務印書館，1988 年 1 月。

5. 《莊子今註今譯》，陳鼓應註釋，台北：台灣商務印書館，1991 年 1 月。

6. 《先秦倫理學概論》，朱伯崑，北京大學出版社，1984 年 2 月。

7. 《才性與玄理》，牟宗三，台北：學生書局，民國 74 年 4 月。

8. 《中國人才思想史第一卷（先秦部分）》，雷禎孝，北京：中國展望書店，1986 年 6 月。

9. 《自我實現──主體論人生哲學》，蕭雪慧，韓東屏，河南人民出版社，1988 年 10 月。

10. 《魏晉三大思潮論稿》，田文棠，陝西：人民出版社，1988 年 12 月。

11. 《玄學與魏晉士人心態》，羅宗強，台北：文史哲出版社，民國 81 年 11 月。

12. 《儒道人生哲學》，邵漢民，吉林：教育出版社，1992 年 12 月。

13. 《魏晉玄學與六朝文學》，陳順智，湖北：武漢大學出版社，1993 年 7 月。

14. 《才性與玄理》，牟宗三、，台北：學生書局，民國 82 年 7 月。。

15. 《魏晉清玄》，李春青，北京：師範大學出版社，1993 年 10 月。

16. 《魏晉玄談》，孔繁，台北：洪葉文化事業，1994 年 2 月。

17. 《中國哲學範疇精粹叢書──道》，張立文，台北：漢興書局，1994 年 5 月。

18. 《人心與人生》，梁漱溟，上海：學林出版社，1994 年 12 月。

19. 《魏晉思想（甲編三種）》，賀昌群，劉大杰，袁行霈，里仁書局，民國 84 年 8 月。

20. 《魏晉思想（乙編三種）》，魯迅，容肇祖，湯用彤，里仁書局，民國 84 年 8 月。

21. 《魏晉的自然主義》，容肇祖，北京：東方出版社，1996 年 3 月。

22. 《中國古代思想史論》，李澤厚，台北：三民書局，民國 85 年 9 月。

23. 《魏晉名士與玄學清談》，蔡振豐，台北：黎明文化事業，民國 86 年 8 月。

24. 《魏晉儒道互補之研究》，蔡忠道，台北：文津出版社，2000 年 6 月。

25. 《中國思想與人文關懷》，韋政通，台北：洪葉文化事業出版，2000 年 11 月。

（四）文學類

1. 《嵇中散集》，嵇康，台北：台灣，商務印書館，民國 54 年 5 月。

2. 《陸士衡詩注》，郝立權，台北：藝文印書館，民國 60 年 9 月。

3. 《太平廣記》，李昉，台北：新興書局，1973 年 3 月。

4. 《詩康樂詩注》，黃節注，台北：藝文印書館，民國 64 年 9 月。

5. 《魏武明帝詩注》，黃節注，台北：藝文印書館，民國 66 年 7 月。

6. 《嵇康集校注》，戴明揚，台北：河洛圖書公司，1978 年 8 月。

7. 《阮嗣宗集》，阮籍，台北：華正書局，民國 68 年 3 月。

8. 《詩藪》，明·胡應麟，上海：古籍出版社，1979 年 4 月。

9. 《詩品校注》，楊祖聿，台北：文史哲出版社，民國 70 年 1 月。

10. 《陶淵明集》，鍾優民，湖南：人民出版社，1981 年 5 月。

11. 《昭明文選》，蕭統編李善等六臣注，台北：漢京文化事業，民國 72 年 3 月。

12. 《陶淵明集》，逯欽立校注，台北：里仁書局，民國 74 年 4 月。

13. 《陶淵明年譜》，宋·王質等撰、許逸民校輯，北京：中華書局，1986 年 4 月。

14. 《陶淵明集校箋》，楊勇校，台北：正文書局，民國 76 年 1 月。

15. 《人物志及注校證》，劉邵撰，台北：文史哲出版社，民國 76 年 7 月。

16. 《阮籍集校注》，陳伯君，北京：中華書局，1987 年 7 月。

17. 《曹丕集校注》，夏廣才，唐紹平，鄭州：中州古籍出版社，1992 年 6 月。

18. 《楚辭注釋》，馬茂元，主編，台北：文津出版社，民國 82 年 9 月。

19. 《世說新語箋疏》，余嘉錫，台北：華正書局，民國 82 年 10 月。

20. 《陶靖節集》，陶澍注，戚煥塤校，台北：華正書局，民國 82 年 10 月。

21. 《曹子建集評注》，清·丁晏編，黃節注，台北：世界書局，1998 年 12 月。

22. 《陶淵明研究資料彙編》，北京大學、北京師範大學中文系教師同學編，北京：中華書居，1962 年版。

23. 《陶淵明作品研究》，黃仲崙，台北：帕米爾，民國 58 年 5 月。

24. 《全漢三國晉南北朝詩》，台北：世界書局，民國 58 年 8 月。

25. 《陶淵明研究資料彙編、詩文彙評》，台北：明倫出版社，民國 59 年 12 月。

26. 《迦陵論詞叢稿》，葉嘉瑩，上海：古籍出版社，1980 年 2 月。

27. 《魏晉風氣與六朝文學》，朱義雲，台北：文史哲出版社，民國六十九年8月。

28. 《魯迅全集》，魯迅，北京：人民出版社，1981 年 6 月。

29. 《三曹資料彙編》，顧俊，台北：木鐸出版社，民國 70 年 10 月。

30. 《建安七子學述》，江建俊，台北：文史哲出版社，民國 71 年 2 月。

31. 《中古文學概論》，徐嘉瑞，台北：莊嚴，民國 71 年 2 月。

32. 《屈原論稿》，聶石樵，人民出版社，1982 年 2 月。

33. 《先秦漢魏晉南北朝詩》，逯欽立輯校，台北：木鐸出版社，民國 71 年 12 月。

34. 《漢魏樂府風箋》，黃節箋，台北：學海出版社，民國 72 年 3 月。

35. 《中國古代文學理論論稿》，張文勛，上海古籍，1984 年 4 月。

36. 《漢魏六朝文學論文集》，逯欽立，陝西：人民出版社，1984 年 11 月。

37. 《楚辭資料海外編》，陳世驤、尹錫康、周發祥主編，1986 年 4 月。

38. 《建安文學論稿》，張可禮，山東：教育出版社，1986 年 9 月。

39. 《先秦漢魏南北朝詩（上、中、下）》，台北：木鐸出版社，民國 77 年 7 月。

40. 《中國文學理論史‧六朝篇》，王金凌，台北：華正，民國 77 年 4 月。

41. 《中國山水詩研究》，王國瓔，台北：聯經出版社，民國 77 年 4 月。

42. 《古詩十九首彙說賞析與研究》，張清鐘，台灣：商務印書館，民國 77 年 10 月。

43. 《中古文學論叢》，林文月，台北：大安出版社，民國 78 年 6 月。

44. 《古詩十九首集釋》，陳樹森編注，香港，中華書局，1989 年 10 月。

45. 《管錐篇》，錢鍾書，台北書林出版公司，民國 79 年 8 月。

46. 《建安七子詩文集校注譯析》，韓洛平，長春：吉林文史出版社，1991 年 3 月。

47. 《魯迅全集》，魯迅，北京：人民出版社，1991 年 4 月。

48. 《中國十大隱士》，常金倉主編，延吉：延邊大學出版社，1991 年 5 月。

49. 《中西比較詩學體系》，黃藥眠、童慶炳，北京：人民出版社，1991 年 9 月。

50. 《魏晉士人與政治》，景蜀慧，台北：文津出版社，民國 80 年 11 月。

51. 《建安文學概論》，王巍，遼寧：教育出版社，1991 年 12 月。

52. 《陶詩繫年》，錢玉峰，台北：中華書局，民國 81 年 6 月。

53. 《漢樂府研究》，張永鑫，江蘇古籍出版社，1992 年 6 月。

54. 《魯迅作品賞析大辭典》，張效民，四川：辭書出版社，1992 年 8 月。

55. 《六朝文學觀念叢稿》，顏崑陽，台北：正中書局，民國 82 年 2 月。

56. 《陶淵明之人品與詩品》，陳怡良，台北：文津出版社，民國 82 年 3 月。

57. 《魏晉玄學與六朝文學》，陳順智，武漢大學出版社，1993 年 7 月。

58. 《心哉美矣——漢等六朝文心流變史》，李建中，彭正雄，民國 82 年 9 月。

59. 《詩馨篇（上）（下）》，葉嘉瑩，台北：書泉出版社，1993 年 9 月。

60. 《魏晉南北朝文學與思想學術討論會論文集·第二輯》，國立成功大學主編，台北：文津出版社，民國 82 年 11 月。

61. 《詩經勝境及其文化品格》，許志剛，台北：文津出版社，民國 82 年 12 月。

62. 《詩與酒》，劉揚忠，台北：文津出版社，民國 83 年 1 月。

63. 《中國古代文學十大主題》，王立，台北：文史哲出版社，民國 83 年 7 月。

64. 《屈原與楚辭》，姜亮夫，姜昆武，安徽教育出版社，1994 年 4 月。

65. 《詩經的文化闡釋——中國詩歌的發生研究》，葉舒憲，湖北人民出版社，1994 年 6 月。

66. 《中國詩歌藝術研究》，袁行霈，台北：五南圖書公司，民國 83 年 11 月。

67. 《漢末士風與建安詩風》，孫明君，台北文津出版社，民國 84 年 1 月。

68. 《對酒當歌——六朝文學與曹氏父子》，張鈞莉，台北：幼獅文化廣場，民國 84 年 10 月。

69. 《中國詩詞風格研究》，楊成鑒，台北：洪葉文化，1995 年 10 月。

70. 《多情自古傷離別——古典文學別離主題研究》，蕭端峰，台北：文史哲出版社，民國 85 年 6 月。

71. 《陶淵明探索》，陳美利，台北：文津出版社，民國 85 年 6 月。

72. 《山水與古典》，林文月，台北：三民書局，民國 85 年 6 月。

73. 《田園詩人陶潛》，郭銀田，台北：里仁書局，民國 85 年 9 月。

74. 《竹林七賢》，李富軒，台北：志一出版社，民國 85 年 9 月。

75. 《漢代文人與文學觀念的演進》，于迎春，東方出版社，1997 年 6 月。

76. 《六朝唯美詩學》，王力堅，台北：文津出版社，1997 年 7 月。

77. 《魏晉南北朝文學與思想學術討論會論文集·第三輯》，國立成功大學中文系，台北文津出版社，民國 86 年 9 月。

78. 《仕隱與中國文學——六朝篇》，王文進，台北：台灣書店，民國 88 年 2 月。

79. 《全上古三代秦漢三國六朝文》，嚴可均輯，北京：中華書局，1999 年 5 月。

80. 《三曹與中國詩學》，孫明君，北京：清華大學出版社，1999 年 9 月。

81. 《阮籍詠懷詩講錄》，葉嘉瑩，台北：桂冠圖公司，2000 年 2 月。

82. 《漢魏六朝詩講錄（上）（下）》，葉嘉瑩，台北：桂冠圖公司，2000 年 2 月。

83. 《陶淵明飲酒詩講錄》，葉嘉瑩，台北：桂冠圖公司，2000 年 2 月。

84. 《嵇康》，曾春海，台北：萬卷樓，民國 89 年 3 月。

（五）文化類

1. 《中古門第論集》，何啓民，台北：學生，民國 71 年 2 月。

2. 《兩晉南朝的士族蘇紹興》，台北：聯經出版社，民國 76 年 3 月。

3. 《憂患意識的體認》，高明等，台灣：文津，民國 76 年 4 月。

4. 《人才學通論》，王通訊，天津：人民出版社，1987 年年 6 月。

5. 《中國傳統文化的反思》，楊煦生，廣東：人民出版社，1987 年年 7 月。

6. 《近代中國的知識份子》，吳廷嘉，北京：人民出版社，1987 年年 11 月。

7. 《士與中國文化》，余英時，上海：人民出版社，1987 年年 12 月。

8. 《悲患與風流——中國傳統人格的道德美學世界》，陳晉，國際文化出版社，1988 年 5 月。

9. 《走向避難所——精神勝利的源流考察與效應分析》，董炳月，劉晴，國際文化出版社，1988 年 6 月。

10. 《變革中的文化心態》，李勇鋒，北京：新華書店，1988 年 8 月。

11. 《爲自己的人》，美·弗洛姆，北京：三聯，1988 年 11 月。

12. 《中國文化與悲劇意識》，張法，北京：中國人民大學出版社，1989 年 1 月。

13. 《建安風流人物》，鄭孟彤，山西：人民出版社，1989 年 3 月。

14. 《抒情傳統與政治現實》，呂正惠，台北：大安書局，民國 78 年 9 月。

15. 《放達不羈的士族》，王曉毅，陝西：人民出版社，1989 年 12 月。

16. 《中古學術論略》，張蓓蓓，台北：大安出版社，1991 年 5 月。

17. 《士人與社會》，劉澤華，天津：人民出版社，1992 年 8 月。

18. 《中古文人風采》，何滿子，上海：古籍出版社，1993 年 2 月。

19. 《憂鬱是中國人之宗教》，史作檉，台北：書鄉文化出版，民國 82 年 10 月。

20. 《中國古代人才觀》，朱耀廷，北京：新華書局，1993 年 12 月。

21. 《鄴下風流──英雄、文士、才子與文學革命》，潘嘯龍，山西：教育出版社，1994 年 1 月。

22. 《中國文學的人文精神》，暢廣元，陝西：人民出版社，1994 年 3 月。

23. 《中國傳統人格批判》，劉廣明，王志躍，江蘇：人民出版社，1994 年 10 月。

24. 《狂與逸──中國古代知識份子的兩種人格特徵》，張節末，北京：東方出版社，1995 年 1 月。

25. 《中國古代文化的特質》，許倬雲，台北：聯經出版社，民國 84 年 3 月。

26. 《禪宗與中國文化》，葛兆光，上海人民出版社，1995 年 4 月。

27. 《瀟灑與敬畏──中國士人的處世心態》，張毅，岳麓書社出版社，1995 年 8 月。

28. 《歸去來兮──隱逸的文化透視》，張立偉，北京：三聯書局，1995 年 9 月。

29. 《學術救國──知識份子歷史觀與中國政治》，黃敏蘭，河南：人民出版社，1995 年 12 月。

30. 《文化與行為》，李亦園，臺灣商務書館，1995 年 12 月。

31. 《中國人的處世藝術》，李軍，河南：人民出版社，1996 年 9 月。

32. 《論中國人現象》，孫蓀主編，河南：人民出版社，1996 年 9 月。

33. 《魏晉風度──中古文人生活行為的：文化意蘊》，寧稼雨，北京：東方出版社，1996 年 12 月。

34. 《中國知識階層史論（古代篇）》，余英時，台北：聯經出版社，1997 年 4 月。

35. 《佛教與中國文化》，陳仲奇等，北京：中華書局，1997 年 10 月。

36. 《世說新語的名士風度》，胡友鳴，台北：大村文化出版，1998 年 3 月。

37. 《魏晉名士人格研究》，李清筠，台北：文津出版社，2000 年 10 月。

（六）美學類

1. 《中國藝術精神》，徐復觀，台北：學生書局，民國 72 年 1 月。

2. 《藝術魅力的探尋》，林興宅，四川：人民出版社，1985 年 5 月。

3. 《中國美學史》，李澤厚、劉綱紀主編，台北：漢京文化公司，民國 75 年 8 月。

4. 《美的歷程》，李澤厚，台北：谷風出版社，民國 76 年 11 月。

5. 《中國詩歌美學》，蕭馳，北京大學出版社，1986 年 11 月。

6. 《悲患與風流──傳統人格形象的道德美學世界》，陳晉，北京：國際文化出版社，1988 年 5 月。

7. 《華夏美學》，李澤厚，台北：時報文化出版社，民國 78 年 4 月。

8. 《史記美學論》，何世華，西安：陝西師範大學出版社，1989 年 7 月。

9. 《六朝美學》，袁濟喜，北京大學出版社，1989 年 8 月。

10. 《鍾嶸詩歌美學》，羅立乾，台北：東大圖書公司，民國 79 年 3 月。

11. 《人‧自然──中國藝術的自然精神》，馮曉，北京：人民出版社，1990 年 7 月。

12. 《山水審美：人與自然的交響曲》，謝凝高，北京大學出版社，1992 年 6 月。

13. 《中國古代的人學與美學》，成復旺，北京：中國人民大學出版社，1992 年 7 月。

14. 《藝苑篇（上）》，李希凡，台北：書泉出版社，1993 年 9 月。

15. 《藝術創造工程》，余秋雨，台北：允晨文化出版社，民國 82 年 11 月。

16. 《中國古代心理詩學與美學》，童慶炳，台北：萬卷樓圖書公司，民國 83 年 8 月。

17. 《境生象外》，寧成春，北京：三聯書店，1995 年 4 月。

18. 《美從何處尋》，宗白華，台北駱駝出版社，民國 84 年 6 月。

19. 《盡善盡美──儒學藝術精神》，李明泉，四川：人民出版社，1995 年 9 月。

20. 《六朝美學史》，吳功正，江蘇：美術出版社，1996 年 4 月。

21. 《論中國人現象》，孫蓀主編，河南：人民出版社，1996 年 9 月。

22. 《美的覺醒──高爾泰文選之二》，高爾泰，台北：東大圖書，1997 年 3 月。

23. 《嵇康音樂美學思想研究》，張蕙慧，台北：文津出版社，1997 年 4 月。

24. 《六朝情境美學》，鄭毓瑜，台北：里仁書局，民國 86 年 12 月。

25. 《魏晉玄學人格美研究》，高華平，成都：巴蜀書社，2000 年 8 月。

26. 《中國美學論稿》，王興華，天津：南開大學出版社，1993 年 3 月。

27. 《美的沈思》，蔣勳，台北：雄獅美術出版社，1995 年 5 月。

（七）心理學

1. 《人格心理學》，朱道俊，台北：商務書局，民國 76 年 10 月。

2. 《悲劇心理學──各種悲劇理論快感理論的批判研究》，朱光潛，人民出版社，1987 年年 4 月。

3. 《文學心理學概論》，王先霈，華中師範大學出版社，1988 年 1 月。

4. 《心理學》，張春興、楊國樞合著，台北：三民書局，民國 77 年 2 月。

5. 《家庭會傷人——自我重生的新契機》，約翰布雷蕭，鄭玉英譯，台北張老師出版社，民國 82 年 5 月。

6. 《心靈現實的藝術透視》，韓經太，北京：現代出版社，1990 年 2 月。

二、論文類

（一）學位論文

1. 《魏晉名士人格研究》，李清筠，台灣：師大國研所博士論文，民國 80 年 6 月。

2. 《世說新語呈現之魏晉士人審美觀研究》，徐麗真，政大中研所博士，民國 84 年 6 月。

3. 《魏晉玄論與士風新探——以「情」爲綰合及詮釋進路》，吳冠宏，台大中研所博士，民國 86 年 4 月。

4. 《阮籍審美思想研究》，孫良水，高師大國研博士論文，民國 87 年 1 月。

5. 《魏晉玄學儒道互補思想之研究》，蔡忠道，高師大國研博士論文，民國 87 年 6 月。

6. 《魏晉自然思潮研究》，李玲珠，高師大國研博士論文，民國 89 年 6 月。

（二）期刊論文

1. 〈評阮籍的生命情調〉，張火慶，《鵝湖月刊》，第四卷第一期，民國 66 年 7 月。

2. 〈治學補說〉，繆鉞，《文史哲》，1983 年第三期。

3. 〈"情"在中國古典美學中的地位〉，王又平，《華中師院學報》，1984 年 3 月。

4. 〈魏晉人的道德觀〉，陳戰國，《社會科學戰線》，1985 年第四期。

5. 〈古典文學札記一則〉，李澤厚，《文學評論》，1986 年第四期。

6. 〈憂患感：從屈原、賈誼到杜甫〉，程千帆，莫礪峰，《文藝理論研究》，1986 年第二期。

7. 〈論賈誼不遇〉，李大明，《四川師範大學學報》，1987 年年第二期。

8. 〈《世說新語》是志人小說成熟的標志〉，寧稼雨，《天津師專學報》（社科版），1988 年 5 月。

9. 〈古典美學與人格〉，張節末，《文藝研究》，1989 年 3 月。

10. 〈"縱橫"流爲文士說〉，熊憲光，《北京師範大學學報》（社會科學版）1990 年第一期。

11. 〈中國傳統美學與人〉，成復旺，《中國人民大學學報》，1990 年第二期。

12. 〈陶淵明與晉宋之際的政治風雲〉，袁行霈，《中國社會科學》（京），1990年2月。

13. 〈論情感在審美中的作用〉，鄒祖興，《中南民族學院學報》（哲社科版），1990年第五期。

14. 〈面對時代的文化美學〉，鄒廣文，孟憲忠，《吉林大學社會科學學報》，1991年第一期。

15. 〈六朝人的審美素質剖析〉，吳功正，《中州學刊》，1991年第一期。

16. 〈中國古代審美範疇的融合性特徵〉，夏昌瓊，《華中師範大學學報》（哲社版），1991年第一期。

17. 〈陶淵明的歸隱與玄學的人格本體論〉，朱家馳，《河北大學學報》，1991年第四期。

18. 〈建安時期士人的政治地位、社會意識與文學思潮〉，詹福瑞，《天府新論（成都），1991年4月。

19. 〈"竹林七賢"之有無與中古文化精神〉，劉康德，《復旦學報》（社科版），1991年5月。

20. 〈先秦儒學和道家的理想人格〉，劉輝揚，《華東師範大學學報》（哲社版），1991年第五期。

21. 〈藝術的文化參與和精神審美功能〉，陳池瑜，《華中師範大學學報》（哲社版），1991年第六期。

22. 〈二千多年來中國士人的兩個情節〉，繆鉞，《中國文化》，1991年8月第四期。

23. 〈中國古代詩人的人格養成〉，吳野，《天府新論》（成都），1992年1月。

24. 〈論古代文人的生命意識〉，程自信，王友勝，《江淮論壇》（合肥），1992年6月。

25. 〈魏晉南北寓朝賦的憂思精神〉，吳兆路，《復旦學報》（社科版），1992年5月。

26. 〈玄學與魏晉風度 —— 魏晉士人的人生之在淺探〉，翁家禧，《湛江師範學院學報》（哲社版），1994年1月。

27. 〈人格自由論〉，沈曉陽，《江海學刊》，1994年1月。

28. 〈論人格〉，楊千樸，《江海學刊》，1994年1月。

29. 〈漢末魏晉的名士風度〉，《河北學刊》，1994年3月。

30. 〈從濃烈到淡泊 —— 由六朝詩歌看魏晉名士生命情感的變遷〉，張建華，《人文雜誌》，1994年第三期。

31. 〈儒家人格境界向文學價值範疇的轉換〉，李春青，《北京師範大學學報》（社科版），1994年3月。

32. 〈時空寂寞——士大夫憂患意識的詩語言〉，林繼中，《成都天府新論》，1994 年 5 月。

33. 〈論晉名士對屈原的解讀及其意義〉，蔣方，《荊州師專學報》（社科版），1994 年 6 月。

34. 〈煥然精粹的美麗與哀愁——魏晉時期的審美自覺〉，何畫瑰，《國文天地》，第十卷第七期，民國 83 年 12 月。

35. 〈試論晉宋山水詩形成的兩點內在規定性〉，王玫，《廈門大學學報》（哲社版），1995 年第一期。

36. 〈從人的覺醒到價值迷失〉，張平，《河北學刊》，1995 年 2 月。

37. 〈多元發展的基礎，五彩人生的底色——論孔子對古代作家主體人格形成之影響〉，劉振東，《文學遺產》，1995 年 2 月。

38. 〈魏晉風度與盛唐氣象的轉換〉，林繼中，《人文雜誌》，1995 年第二期。

39. 〈論中國古代作家藝術人格的建構〉，暢廣元，《人文雜誌》，1995 年第二期。

40. 〈再辨“人格”之義——答徐少錦先生〉，鄧曉芒，《江海學刊》，1995 年 3 月。

41. 〈略論中國古代詩人的人格類型〉，李春青，《學術月刊》，1995 年 3 月。

42. 〈魏晉九品官人法再探討〉，陳長琦，《歷史研究》，1995 年 6 月。

43. 〈魏晉南朝奢侈之風述論〉，高衛星，《許昌師專學報》（社科版）1995 年第十四卷第三期。

44. 〈嵇康、阮籍的「理想士人論」——由「宏達先生」與「大人先生」的形象談起〉，陳美朱，《孔孟月刊》，第三十四卷第二期，民國 84 年 10 月。

45. 〈漢晉時期的穎川士人集團〉，王大勝，《許昌師專學報》（社科版）1996 年第十五卷第一期。

46. 〈從性格氣質看陶淵明的歸田〉，魏娟莉，《許昌師專學報》（社科版）1996 年第十五卷第一期。

47. 〈魏晉玄學對傳統名教的“否定之否定”〉，馬中，《西北大學學報》（哲社科版），1996 年第一期。

48. 〈論漢魏思想的演變〉，袁峰，《西北大學學報》（哲社科版），1996 年第一期。

49. 〈解體‧重建‧平衡——魏晉南北朝美學發展軌跡述評〉，莫其遜，《西北師大學報》（社科版）1996 年第三十三卷第一期。

50. 〈論魏晉名士關於理想人格的理論與實踐〉，孔毅，《西南師範大學學報》（哲社科版），1996 年第二期。

51. 〈貴真：魏晉時代的一種人生價值觀〉，王群力，《瀋陽師範學院學報》（社科版），1996 年第二期。

52. 〈淺談孫權選用人才的特點〉，王德福，《西南師範大學學報》（哲社科版）1996 年第二期。

53. 〈試論陶淵明的"曠"與"真"〉，陳慧芳，《上海師範大學學報》，1996 年第二期。

54. 〈在人格與詩境相通處 —— 論中國古代詩學的文化心理基礎〉，李春青，《文學評論》，1996 年 2 月。

55. 〈魏晉美學與魏晉文化 —— 評《嵇康美學》和《狂與逸》及其他〉，游牧，《杭州大學學報》，1996 年 3 月第二十六卷第三期。

56. 〈陶淵明和他的田園建構 —— 兼論陶淵明的終極關懷及現代屬性〉，章海生，《蘇州大學學報》（哲社版），1996 年第三期。

57. 〈魏晉之際名教自然之爭與詩人心態〉，魏娟莉，《許昌師專學報》（社科版）1996 年第十五卷第三期。

58. 〈三國鼎立和江南人才崛起及其盛衰之評析〉，葉哲明，《台州師專學報》（臨海），1996 年 4 月。

59. 〈八十年代以來魏晉南北朝大族個案研究綜述〉，容建新，《中國史料研究動態》（京），1996 年 4 月。

60. 〈魏晉政治風雲與"名教自然之辨"〉，孔毅，《許昌師專學報》（社科版），1996 年第十五卷第四期。

61. 〈屈原與中國文人的悲劇性〉，周憲，《文學遺產》，1996 年第五期。

62. 〈後漢風謠、清議與士人品格〉，王保頂，《孔孟月刊》，第三十四卷第十一期，民國 85 年 7 月。

63. 〈人格理論研究論綱〉，王沛，《西北師大學報》，1996 年 7 月第三十三卷第四期。

64. 〈傳統價值理想和現代人格塑造 —— 兼論中西傳統人格塑造比較〉，謝龍，《《北京大學學報》（哲社科版），1997 年第一期。

65. 〈知性與盡分 —— 論陶淵明對自我的體認〉，建業，《華中師範大學學報》，1997 年 1 月第三十六卷第一期。

66. 〈古代美學中的藝術人格論〉，陳德禮，《北京大學學報》（哲社科版），1997 年第二期。

67. 〈人學何以可能〉，《江海學刊》，1997 年第二期。

68. 〈人學研究的歷史轉向〉，韓震。同上。

69. 〈人的成熟與人學的自覺〉，衣俊卿。同上。

70. 〈當代中國人學邏輯僭越和缺失的反思 —— 黎明、黃昏與月亮的辯證

法〉，張一兵。同上。

71. 〈哲學的"人學"形態之可能〉，張曙光。同上。

72. 〈人的發展規律〉，黃楠森。同上。

73. 〈人的自然個性〉，王銳生。同上。

74. 〈人學與自然文明建設的實效性〉，韓慶祥。同上。

75. 〈生命自我與現實自我的糾葛與幻化——陶淵明《飲酒》詩七言意象結構探索〉，祝菊賢，《西北大學學報》（哲社版）1997 年第二十七卷第二期。

76. 〈論荀彧——兼論曹操與東漢大族的關係〉，王永平，《揚州大學學報》（人社科版），1997 年 3 月。

77. 〈難以"忘情"與魏晉士人的人生傷痛——讀《世說新語》札記〉，高建新，張維娜，《語文學刊》，1997 年 3 月。

78. 〈"人文精神"討論的學術品位及現實意義〉，楊世眞，《杭州大學學報》，1997 年 3 月第二十七卷第一期。

79. 〈論西方文論中人物論的五種模式〉，劉道全，《許昌師專學報》（社科版）1997 年第十六卷第二期。

80. 〈魏晉玄學的衰落及其與佛教的合流〉，孔毅，李民，《許昌師專學報》，1997 年第十六卷第二期。

81. 〈悲喜怫鬱，雜集於中——從《詠懷》看阮籍詩學意識〉，李耀南，《安徽大學學報》（哲社版），1997 年第二期。

82. 〈人、人性、美——先秦儒家美育思想理論基礎初探〉，張德文，《孔孟月刊》，第三十五卷第六期，民國 86 年 2 月。

83. 〈突圍的合力——朱光潛、宗白華美學的互補〉，鄧華，《西北師大學報》（社科版）1997 年第三十四卷第二期。

84. 〈莊子思想與陶淵明的人生境界〉，張瑞君，《西南師範大學學報》（哲社版），1997 年第三期。

85. 〈"縱橫"流爲俠士說〉，熊憲光，《西南師範大學學報》（哲社版）1997 年第四期。

86. 〈忠奸之爭與感士不遇——論屈原賈誼的意識傾向及其在貶謫文化史上的模式意義〉，尚永亮，《社會科學戰線》（長春），1997 年 4 月。

87. 〈復仇之心與功業之念——魏晉六朝"年少慕俠"心態略探〉，王立，《西南師範大學學報》（哲社版），1997 年第四期。

88. 〈走向裂變——透視魏晉南朝之"興"〉，何旺生，《安徽大學學報》（哲社版）1997 年第二十五卷第四期。

89. 〈非理性：人學研究的一個重要領域〉，胡敏中，《江海學刊》，1997 年

第五期。

90. 〈人學研究的若干理論問題——全國首屆人學討論會述評〉，韓璞庚，《江海學刊》，1997 年第五期。

91. 〈人學與人文精神〉，陳新夏，《江海學刊》，1997 年第五期。

92. 〈從人的實存論人學對象及內容〉，衡彩霞，《江海學刊》，1997 年第五期。

93. 〈人文視野中的中國封建道德〉，趙紅梅，《湖北大學學報》（哲社版），1997 年第六期。

94. 〈人文精神的歷史演進及其當代主題〉，熊在高，《湖北大學學報》（哲社版），1997 年第六期。

95. 〈當代中國人文知識分子的責任與義務——兼論人文知識分子與新時期的精神文明建設〉，張斌峰，《湖北大學學報》（哲社版），1997 年第六期。

96. 〈關於“哲學終結”之後的人文精神——對人文精神倡導者思維前提的初步批判〉，魏敦友，《湖北大學學報》（哲社版），1997 年第六期。

97. 〈從“整體的人”論人學成立的根據〉，衡彩霞，《鄭州大學學報》，1997 年 7 月第三十卷第四期。

98. 《《莊子》的自然人本精神對中國文人的影響〉，哈嘉瑩，《西北師大學報》，1997 年 9 月第三十四卷第五期。

99. 〈“抱利器而無所施”的悲劇人物曹植〉，李景琦，《文史知識》，1997 年 10 月。

100. 〈魏晉文人精神流變形態與軌跡〉，高浦棠，《陝西大學學報》，1997 年 12 月第二十六卷第四期。

101. 〈陶淵明五官三休的痛自懺悔〉，魏耕原，《陝西大學學報》，1997 年 12 月第二十六卷第四期。

102. 〈對人際的超越與關懷——再論陶淵明歸隱〉，戴建業，《華中師範大學學報》，1998 年 1 月第三十七卷第一期。

103. 〈關於人的本質的幾個問題〉，余常德，《西南師範大學學報》，1998 年第一期。

104. 〈“人的價值”實現的條件及其特點〉，趙文峰，《西南師範大學學報》（哲社版）1998 年第一期。

105. 〈辛棄疾與陶淵明〉，鄧紅梅，《蘇州大學學報》（哲社版），1998 年第二期。

106. 〈試論陶淵明之悲情與解脫〉，曹慶鴻，《河北大學學報》，1998 年 3 月第二十三卷第一期。

後　記

　　對人的觀察和對生命的思考，一直是我十分關注的人生課題。其中又特別容易對他人或作品中沈鬱孤絕的心境有直覺的感動。這或許是因為個人的潛在特質與它們在生命的底層相應。

　　心理學家認為一個人的童年（特別是六歲以前）經驗對其一生性格的影響十分巨大。回溯個人性格中易憂鬱傷感的特質，大概也與童年經驗有關。年幼時期的我，長得黑瘦且又靦腆畏生，故常被長輩拿來與姊姊的慧黠可人和妹妹們的嫩白嬌憨作比較。其間，有位妹妹因意外喪生，以致於當時母親無法承受喪女的打擊，無能也無暇照顧其他的幼兒，我遂被送往外婆家。幼小的心靈無法消解分離的焦慮恐懼，遂認定必因貌醜訥言而被雙親所棄，總趴在窗櫺上企盼父母的身影，或許因此形成我自幼憂鬱自卑的性格。所幸，成長過程中，雙親的慈愛及生活的順遂，使我日益開朗自信。

　　直到就讀博士班的那段時期，生活上又遭遇了一些難以化解的挫折，那潛在的悲傷特質遂找到沃土萌發，我於是經常陷在很深的自憐與自責的情緒中。當時上課時，有位老師提及日本的三島由紀夫或川端康成等作家，在得到諾貝爾文學獎後遇到創作的瓶頸時選擇自殺，而中國文人不管面對如何挫敗的情境也很少尋短。老師認為這和民族性有關，而儒家「內聖外王」的薰陶，使得中國知識份子在外在事功不能順心時，選擇轉向對個人身心的修養，因此比較懂得轉化外在的挫折。〔註1〕這段無意中的閒聊引起我的思考，中國

〔註1〕其後筆者在楊煦生《莊子與民族性格》中看到一段相近的論述，只是作者將原因更多歸於道家思想，尤其是莊子齊生死的思想對中國文人的深層影響：「中國是一個所謂文人極多而文人中的自殺者和自殺事件又極少的國度，例

歷代的文人是如何面對自身生命的挫折？他們如何在理性的哲學思悟與實際
人生的挫敗中取得諧調？情感敏銳豐富的人容易受到環境與他人的影響，也
因此比他人容易受傷，而這些眞誠易感的詩人是如何消解自身的困境？就在
此時，我看到葉嘉瑩女士爲現代詩人周夢蝶的詩集《還魂草》作序時，提到
她在講授詩詞時，常好論及詩人對自己感情的處理態度與方法，由於其等對
感情之處理與安排的不同，因此詩人們所表現的境界與風格也各異，她舉一
些重要的詩人爲例證：

> 陶淵明之簡淨眞淳，是由於他能夠將其一份悲苦，消融化解於一種
> 智慧的體悟之中，如同日光之融於七彩而爲一白，不離悲苦之中，
> 而脫於悲苦之外，這自然是一種極難達致的境界，其次則如唐之李
> 太白，則是以其一份恣縱不羈的天才，終生作著自悲苦之中，欲騰
> 擲跳躍而出的超越；杜子美則以其過人之強與過人之熱的力與情，
> 作著面對悲苦的正視與擔荷；至於宋之歐陽修，則是以其一份遣玩
> 的意興，把悲苦推遠一步距離，以保持其所慣用的一種欣賞的餘裕；
> 蘇東坡則以其曠達的襟次，把悲苦作著瀟灑的擺落，以上諸人其類
> 型雖儘有不同，然而對悲苦卻似乎都頗有著一種足以奈何的手段。
> 此外更有著一種從來對悲苦無法奈何的詩人，如「九死其未悔」的
> 屈靈均，「成灰淚始乾」的李商隱，他們固未嘗解脫，也未嘗尋求解
> 脫，他們對於悲苦只是一味的沈陷和耽溺。另外，更有著一種有心
> 尋求安排與解脫，而終於未嘗得到的人，那就是「言山水而包名理」
> 的謝靈運，大謝之寫山水與言名理，表現雖爲兩端，而用心實出於
> 一源，他對山水幽峻的恣遊，與對老莊哲理的嚮往，同樣出於欲爲
> 其內心凌亂矛盾之悲苦，覓致得一排解之途徑。然而佛家有云：「境
> 由心造」，若非由內心自力更生，則山水之恣遊既不過徒勞屐齒，老
> 莊之哲理亦不過徒托空言，所以大謝詩中的哲理，若非自其「不能

外者，從屈原到李贄到王國維，即使加上譚嗣同這多少可屬『變相自殺』之
列者，是如此之寥寥！（儒家在這方面的重大作用當然也自不待言，本文不
擬詳論——但不妨想想在生死問題上，厄於陳蔡、八面困窘的孔丘與蘇格拉
底的差別。）正因爲有了部《莊子》，我們於是有的是得意時『仰天大笑出門
去』的狂放，失意時『明朝散髮弄扁舟』的佻達；窮愁時當然有『乘桴浮於
海』之思，顯達時也不泯『小舟從此逝』之念。」（見《中國傳統文化的反思》，
廣東人民出版社，1987 年 7 月版，頁 19）。

得道」作相反之體認，而欲於其中尋覓「得道」的境界，就未免南
轅而北轍了。〔註2〕

　　她認為大謝之不得解脫的感情，乃得之於現實生活中與政治牽涉的一份
凌亂與矛盾，他之言哲理，只不過是在矛盾凌亂中聊以自慰的空言，而其所
言之哲理，並未曾在其感情與心靈之間發生作用。

　　葉嘉瑩女士的這番剖析，對我當時憂鬱悲憐的情緒有極大的撫慰，上引
的那些偉大的詩人，他們同具一份高貴真誠的心靈，但同時也在自身的遭際
中面對無法解脫的困境，而苦苦掙扎於其間，最終獲得不同程度的超越。且
在化解自身的困境時所產生的哲學思考與信念，必須真實地內化在心中，並
在日常生活中實踐，否則只會如謝靈運一般，終生處在矛盾凌亂之中。

　　而這段話同時也使我對葉嘉瑩女士更加敬佩，因她自身就是一個典範。
她在許多雜文中都曾提及自己一生的顛沛流離與苦難的遭遇：年少時母親病
歿，而父親又在後方重慶工作，她獨自在淪陷區照顧年幼的弟妹，也度過那
段孤獨恐懼的年少青春。婚後隨夫婿來台，又遇上白色恐怖，雙雙入獄。其
後雖被釋放，但卻找不到工作，只好帶著四個月大的女兒寄住在親戚家的走
廊上。一年後，丈夫被釋放，卻因而性情大變，又加上失業，葉女士成了情
緒發洩的對象。更在她產下第二個女兒時，因為失望，一言不發地掉首離去，
將她棄置在醫院中。產後的瘦弱，又要肩負家計，回家還要忍受精神上的凌
虐責怨。當時葉女士若非心中念著老父及幼女，早就無法支撐下去了。中年
之後，生活漸入平順之境，卻又遭遇了當時相依為命的女兒在車禍中喪生，
如此白髮人送黑髮人的人倫慘境。這些人生的艱苦辛酸，是依靠著平日對古
代那些真誠受苦的詩人的同情理解與欽遲仰慕而從悲苦中走出來，最後終將
她自身的悲觀沈鬱作了某種程度的消解與超越，並且在古典詩歌的文化長流
中，發出她曖曖的導引之光。

　　至此，我確定了以中國文人的「悲情意識」作為論文的主題，最後鎖定
在魏晉這段波濤洶湧的時期。希望以魏晉時期士人的情感心態作為觀察，將
這篇對魏晉士人悲情意識的探究作為自我治療的儀式。以「悲情意識」為題
並非祈求苦難，也不是歌頌眼淚，只是期望藉著了解前賢內心的憂鬱、苦悶，
能夠消解此生的挫折傷痛，使心柔軟，用愛來理解、包容一切！

　　在寫作過程中，幾度質疑自己這篇論文的可讀性與學術性，因此中斷停

〔註2〕　見《葉嘉瑩雜文集》，頁139。台北，桂冠圖書公司，2000年2月。

筆了數次。幸而指導教授何老師總是鼓勵我：博士論文並不是學術生涯的完成，反而是學問之路的開始。因此仍硬著頭皮將它完成，但論文之淺陋粗疏仍令我心虛汗顏。我想，儘管這是一份不成熟的論文，但它呈現的正是我在這個年齡、這個階段的思考成果。我仍然期許自己能以此作為起步，而能更用功、更謙虛地深入魏晉乃至中國文化的精神內涵。有朝一日，也能真正地成為真誠的知識份子，為文化的承先啓後奉獻自己的些微力量。

感謝這一路行來給予支持與鼓勵的師友與家人！

民國九十年六月